Hannes Androsch

NIEMALS AUFGEBEN

Lebensbilanz und Ausblick

Aufgezeichnet von Peter Pelinka

FSC
www.fsc.org

MIX

Papier aus ver-
antwortungsvollen
Quellen

FSC® C012536

Das für dieses Buch verwendete FSC-zertifizierte Papier
EOS lieferte Salzer, St. Pölten.

Medieninhaber, Verleger und Herausgeber:
Red Bull Media House GmbH
Oberst-Lepperdinger-Straße 11–15
5071 Wals bei Salzburg, Österreich

Gesamtherstellung: Buch.Bücher Theiss, www.theiss.at
Printed in Austria
ISBN 978-3-7110-0068-2

1 2 3 4 5 6 7 8 / 18 17 16 15

Inhaltsverzeichnis

Meinen Kindern und Enkelkindern gewidmet

Prolog

Ich gehöre der ersten glücklichen Generation an, die den größten Teil ihres Lebensweges in Frieden, Freiheit, steigendem Wohlstand und einigermaßen gesicherter Wohlfahrt gestalten konnte. Meine Generation ist zwar eine, die das »Zeitalter der Extreme«, wie mein Freund Eric Hobsbawm das 20. Jahrhundert charakterisiert hat, in ihren Grundzügen miterlebt hat, aber eben nicht in allen grauenvollen Konsequenzen. Wer wie ich vor 1945 geboren ist, gehört zur Generation, die zwar den Zweiten Weltkrieg und seine Folgen noch erlebt hat, aber danach ohne Unterbrechung auch den scheinbar unaufhaltsamen Aufstieg Österreichs. Das ist Grund zur Demut und Dankbarkeit. Aber auch ein Grund, sich selbst sowie Alters- und Weggefährten in Form einer rückblickenden Zusammenschau Rechenschaft abzulegen. Und ein Grund, ja eine Verpflichtung, den nachkommenden Generationen persönliche Erfahrungen nahezubringen, aus denen sie ihre eigenen Schlüsse ziehen können. Ich will, dass unsere Kinder und Enkel stolz sind auf die Erfolgsstory der Zweiten Republik und sie verstehen. Wir tragen auch die Verantwortung, den nachkommenden Generationen ähnliche Möglichkeiten zu bereiten.

Es gibt zwei unschöne Dinge im Leben: das Erinnern und das Vergessen. Und es gibt zwei schöne Dinge: Erinnern – und Vergessen. Über meinen Lebensweg spannt sich der Bogen von den Überlieferungen aus der Habsburgermonarchie und ihrem Zerfall im und nach dem Ersten Weltkrieg, dem Bedeutungsverlust des »Staates, den keiner wollte« (Helmut Andics) und dem daraus resultierenden suizidären Bürgerkrieg samt autoritärer Ausschaltung der Demokratie, der Weltwirtschaftskrise, der Nacht des Nazifaschismus, Zweiter Weltkrieg inklusive, bis hin zur Wiederauferstehung eines »Staates, den jeder wollte«, eines Österreich, das freier und wohlhabender werden sollte als je ein Gebilde auf diesem Gebiet. Ich habe als Kind die Leiden und die Opfer, die Vertreibungen und die Zerstörungen des Zweiten Weltkriegs mitbekommen, als Jugendlicher die Erholung Österreichs und sein Aufblühen. Ich konnte sein Geschick eine Zeitlang politisch und wirtschaftlich als Finanzminister und Vizekanzler mitgestalten, nicht die schlechteste Periode der Zweiten Republik; dann als Generaldirektor der CA und als Industrieller eine andere wesentliche Rolle spielen; und hoffentlich weiter eine Zeitlang als politischer Mensch, der dazu kein politisches Amt benötigt.

Die Jahrzehnte meines bisherigen Lebens waren auch für mich persönlich höchst bewegt, eine Sammlung zahlreicher Erfolge und mancher Niederlagen, wobei ich mich stets bemüht habe, nie von Triumphen verblendet oder von Resignation übermannt zu werden. Ich kann für mich in Anspruch nehmen, auch in den bittersten Stunden nie aufgegeben zu haben, stets wieder aufgestanden zu sein. Persönliche Eigenschaften, die ihre Wurzeln haben: geprägt von einer glücklichen Kindheit in einer liebevollen Familie, von zahlreichen Jugend- und Studienfreunden, regional stets gut verankert in Wien-Floridsdorf, später im steirischen Ausseerland. Und geistig in den humanistischen Grundwerten der Sozialdemokratie. Verpflichtet den Zielen der Aufklärung, heute aktualisiert: Frieden, Freiheit, Toleranz, Rechtsstaatlichkeit, Demokratie, Achtung der Menschenrechte, der Marktwirtschaft und der sozialstaatlichen Sicherheit und Verantwortung in dem Sinn, dass keiner zurück- oder alleingelassen wird, wenn er Pech hat, aus welchem Grund auch immer. Und verpflichtet jenem weltoffenen Internationalismus, der oft genug kleingeistigem Provinzialismus und opportunistischem Populismus geopfert wurde und wird. Mehr denn je bin ich seit dem Ende des Kalten Kriegs überzeugt: Österreich hat von der trotz aller Rückschläge zunehmenden westeuropäischen Integration enorm profitiert, Europa wird nur dann (s)eine positive Rolle im globalen Konzert spielen können, wenn trotz aller realpolitisch bedingten Verzögerungen diese Integration auf alle Teile unseres Kontinents ausgedehnt wird – und auf alle Ebenen. Seit 1989 ist mehr als ein Vierteljahrhundert mit großen Umwälzungen vergangen, dramatischen Veränderungen, schrecklichen neuen Gefahren, alles in rasantem, stets noch zunehmendem Tempo. Die folgenden Generationen haben dennoch die gleiche Herausforderung wie die meine: das nächste halbe Jahrhundert für sich und gemeinsam erfolgreich zu gestalten. Unter Berücksichtigung des allzeit gültigen Mottos von Willy Brandt: »Friede ist nicht alles. Aber ohne Frieden ist alles nichts.«

Ich habe viele Gründe, dem Schicksal dankbar zu sein. Und allen, die diesen Weg in unterschiedlicher Länge und Weise ermöglicht haben, Großeltern und Eltern, meiner Gattin Brigitte und meiner Schwester Sonja, meinen Töchtern Claudia und Natascha, ihren Kindern – meinen Enkelkindern Maximilian, Niklas, Clemens und Valerie –, meiner Partnerin Claudia und dem gemeinsamen Sohn Gregor sowie zahlreichen Freunden und Weggefährten aus dem In- und Ausland. Ihr Verdienst kann man erst voll ermessen, wenn sich der Lebensweg durch stürmische Schlechtwetterfronten bewegte. Ihnen allen möchte ich danken und mich entschuldigen, wenn ich sie gekränkt habe. Es mag nicht immer leicht gewesen sein, mich zu begleiten, ich bin wahrlich nicht frei von Fehlern. Zu meiner Entschuldigung bleibt mir nur, mit Pablo Neruda zu sagen: »Ich bekenne, ich habe gelebt!«

1. Die frühen Jahre: 1938–1959

Ich wurde am 18. April 1938, einem Ostermontag, in eine wild bewegte Welt hinein geboren, in einem wild bewegten Land: 37 Tage zuvor war Österreich vom nationalsozialistischen Deutschland annektiert worden, die Regierung Kurt Schuschnigg hatte sich dem übermächtigen Diktator Adolf Hitler ergeben. Geschwächt durch interne Auflösungserscheinungen, durch hohe Arbeitslosigkeit, den Druck der Straße, vor allem auch durch die selbst betriebene Spaltung des Landes: Nach dem Bürgerkrieg vom Februar 1934 hatte Schuschniggs Vorgänger Engelbert Dollfuß, dessen christlich-soziale Partei zuvor schon autoritär unter Ausschaltung der parlamentarischen Demokratie seit dem März 1933 regiert hatte, die sozialdemokratische Arbeiterpartei (SDAP) aufgelöst und ihre Anhänger in den Untergrund oder ins Exil gedrängt. Auch nach der Ermordung von Dollfuß im Zuge des nationalsozialistischen Putschversuches im Juli 1934 verabsäumten es die regierenden Austrofaschisten, auf die »roten« Erzfeinde zuzugehen und gemeinsam die Chance zu wahren, den Ansturm der Nationalsozialisten abzuwehren und damit das Ende der österreichischen Eigenstaatlichkeit mindestens hinauszuzögern.

Die illegalen Sozialdemokraten wollten wenigstens knapp vor dem militärisch erzwungenen – wenn auch von Teilen der heimischen Bevölkerung begrüßten – »Anschluss« Österreichs an Nazi-Deutschland einen versöhnlichen Handschlag versuchen: Bei ihrer geheimen »Vertrauensleutekonferenz« im Floridsdorfer Arbeiterheim am 7. März 1938 (auch mein Vater war Teilnehmer) beschlossen sie, die von Schuschnigg angekündigte Volksabstimmung für die Unabhängigkeit Österreichs trotz ihrer eigenen Unterdrückung zu unterstützen.

Bekanntlich ist es dazu nicht mehr gekommen: Fünf Tage später marschierte die deutsche Wehrmacht ein, Hitler ließ sich wieder drei Tage später, am 15. März, am Heldenplatz unter dem Jubel Tausender Österreicher triumphal feiern, während Tausende andere besorgt daheim saßen und weinten und sich wieder Tausende andere auf dem Weg in Gefängnisse und Konzentrationslager befanden. Allein zwischen dem Tag des »Anschlusses« Österreichs an Hitler-Deutschland und dem 10. April, dem Tag der inszenierten positiven Volksabstimmung darüber, wurden – wenn sie sich nicht gerade noch in die Emigration retten konnten – 76.000 oppositionelle Österreicher von der Gestapo festgenommen, 360.000 von jeglicher Wahl ausgeschlossen, ab 1. April rollten die ersten Züge mit Österreichern in das KZ Dachau. Wer von den 58.000 Angehörigen des österreichischen Bundesheeres den Fahneneid auf Hitler verweigerte, wurde gleich hingerichtet.

Die sozialdemokratisch geprägte Familie

Schon zuvor haben diese Entwicklungen in meiner sozialdemokratisch geprägten Familie ihre tiefen Spuren hinterlassen. Sowohl mein Vater Johann (Hans), Jahrgang 1903, als auch meine Mutter Julia (Lia), Jahrgang 1912, wurden in Wien geboren. Sie hatten mährische und auch böhmische Wurzeln. Mütterlicherseits lassen sich die Wiener Wurzeln bis in die Zeit des Dreißigjährigen Krieges zurückverfolgen. Meine aus Mähren gekommenen Großeltern haben ihre kleinen Ersparnisse mit der Kriegsanleihe des Ersten Weltkriegs verloren, aus ihren Erzählungen habe ich die Probleme von Weltwirtschaftskrise und Arbeitslosigkeit kennengelernt. Sie zählten zu den Anhängern Victor Adlers, des Arztes und Parteigründers der österreichischen Sozialdemokratie. Ein Urgroßvater war bei deren von berittener Polizei gewaltsam aufgelöster erster Arbeiter-Demonstration am 1. Mai 1890 im Wiener Prater dabei, mein Großonkel, der Konsum-Direktor Georg Sailer, kandidierte 1913 noch für den Reichsrat und war in der Ersten Republik von 1922 bis 1930 sozialdemokratischer Abgeordneter zum Nationalrat für das Burgenland. Also bin ich in der vierten Generation sozialdemokratisch sozialisiert.

Er war es auch, der seiner Nichte Lia Sailer, meiner späteren Mutter, 1932 eine Anstellung bei der eigentlich »schwarzen« Wiener Molkerei WIMO vermitteln konnte. Deren Filialen in der Windmühlgasse und in der Liechtensteinstraße leitete sie bis 1937, dort vertrieb sie nicht nur Milch, sondern auch »unter der Budl« die verbotene, aus Tschechien nach Österreich geschmuggelte »Arbeiter-Zeitung«, das frühere Zentralorgan der SDAP. Zuvor hatte sie, Tochter eines Schlossers bei der Straßenbahn, das Kindergartenseminar besucht und unter anderem Vorlesungen der heute weltberühmten Psychologen Alfred Adler und Charlotte Bühler verfolgt. Kindergärtnerin konnte sie aber nur ein Jahr in einem Hort der Kinderfreunde sein, dann musste der Hort aus finanziellen Gründen geschlossen werden. Daneben nahm sie an der Wiener Urania Schauspielunterricht und konnte mit einigen Engagements ihr kleines Einkommen aufbessern.

Die Eltern

Bei solch einer Aufführung anlässlich des 100. Todestages von Franz Schubert lernte sie im November 1928 als 16-Jährige meinen Vater kennen und lieben. Lia spielte in einem von einer Freundin verfassten Stück über Schubert eine griechische Göttin, der neun Jahre ältere Fünfhauser Kinderfreunde-Funktionär Hans Androsch einen Lebzelter. Aufgrund einer Rückgratverkrümmung war er nur etwas größer als eineinhalb Meter, die Behinderung bescherte ihm zusätzlich eine Herzschwäche, an der er 1965 schließlich verstarb. Er hatte die Handelsakademie absolviert und war als Prokurist bei einer Textilhandelsfirma tätig. Zu seinem Leidwesen konnte er das begonnene Welthandelsstudium nicht beenden, umso mehr war es ihm ein Anliegen, dass dies sein Sohn tun möge.

Meine späteren Eltern kamen einander rasch näher, auch familiär: Lias Onkel Georg Sailer vermittelte auch Hans Androsch eine Stelle, diesmal – politisch passend – beim »roten« Konsum. Lia wiederum half beim Hausbau der künftigen Schwiegereltern auf einem Grundstück an der Gerasdorfer Straße, ebenso im Bezirk Floridsdorf – heute Donaustadt – gelegen wie ihre kleine elterliche Wohnung in einem Straßenbahnerhaus in der Wagramer Straße.

Am 28. Dezember 1933 wurde geheiratet, natürlich »nur« standesamtlich im Wiener Rathaus. Meine Mutter – ihr Vater Rudolf Sailer war als Atheist bei den Freidenkern – hatte die katholische Kirche aus Protest gegen deren politische Ausrichtung verlassen, mein Vater war nie gläubig. Beide traten bald darauf wie viele andere Sozialdemokraten der altkatholischen Kirche bei, im Ständestaat war speziell in einem »christlich-sozialen« Unternehmen wie der WIMO generelle Konfessionslosigkeit nicht gern gesehen. Sie hatten das Glück, noch vor den Februarkämpfen eine Gemeindewohnung im Speiserhof nahe dem Wasserpark an der oberen Alten Donau zu bekommen, ein Musterexempel für das 60.000 Wohnungen umfassende Erfolgsprogramm des »Roten Wien«. Es war eine von zahlreichen Wohnungen, die 1934 von der Artillerie des Bundesheeres beschossen und schwer beschädigt wurden – ein Schock, ebenso wie die zeitweilige Verhaftung des Vaters von Lia, die Hinrichtung eines seiner Freunde sowie die Tatsache, dass der verwundete Schutzbund-Gruppenführer Karl Münichreiter auf einer Bahre zum Galgen getragen und justifiziert wurde.

»Onkel Gusti«

In der Folge erlitt mein Vater zweimal eine Lähmung. Sie wurde ursprünglich als Multiple Sklerose behandelt. Die schlimme Diagnose bestätigte sich erfreulicherweise nicht, mein Vater musste aber aus diesen gesundheitlichen Gründen seine Stelle beim Konsum aufgeben und ließ sich zum Steuerberater ausbilden. Die eigene Kanzlei konnte er freilich erst 1941 als »Helfer in Buchführungs- und Steuerfragen« eröffnen. Behandelt wurde er vom Arzt Gustav Steiner, dessen Eltern in der Floridsdorfer Hauptstraße ein kleines Geschäft betrieben, ehe sie in ein KZ gebracht und dort getötet wurden. Meine Großmutter konnte ihnen davor noch gelegentlich Lebensmittel bringen. Gustav Steiner selbst konnte 1938 als Jude gerade noch mit seiner Frau nach England emigrieren.

Nach ihrer Rückkehr entwickelte sich zwischen beiden Familien wieder eine enge Freundschaft. »Onkel Gusti«, der später in meinem Steuerverfahren eine wesentliche Rolle spielen sollte, gründete mit meiner Mutter nach dem Tod ihrer beiden Partner eine Wohngemeinschaft in der Gerasdorfer Straße. Sein Dienst in der Habsburger-Armee hatte ihn sehr geprägt: Anlässlich einer Geburtstagsfeier für meinen Großonkel bat er den Kapellmeister der Blasmusik zu sich, gab ihm ein großzügiges Trinkgeld, ließ ihn den Kaiserjägermarsch spielen und legte die Hände an die Hosennaht, dabei kullerten ihm einige Tränen über die Wangen. Als ich ihn später dazu befragte, erklärte er: »Ich war zwar bei der Akademischen Legion des Schutzbundes. Aber ich habe im Ersten Weltkrieg dem Kaiser die Treue geschworen, die werde ich bis zum Lebensende halten.« Und dann sarkastisch: »Ich war mein ganzes Leben lang ein Schwein, zuerst für die Italiener ein österreichisches, dann für die Nazis ein jüdisches, dann im englischen Internierungslager ein deutsches.« Jedenfalls kehrte er mit seiner Frau nach Ende des Krieges nach Wien zurück, beide nahmen ihre ärztliche Tätigkeit wieder auf.

Die Geburt

Ich wurde im inzwischen aufgelassenen Brigittaspital nahe dem Höchstädtplatz geboren, meine Schwester Sonja folgte 1944 in Piesling an der Thaya in Mähren. Meinen Vornamen Hannes verdanke ich nicht nur meinem Vater, sondern auch Hannes Schneider, dem damals verehrten »Skikönig« vom Arlberg – meine Eltern waren von seinem Film »Sonne über dem Arlberg« begeistert. Zufall oder nicht: Lech am Arlberg zählt bis heute zu meinen winterlichen »Lebensmittelpunkten«, den ich mindestens einmal jährlich – inzwischen meist öfter – besuche. Ein zweiter ergab sich mit meinen Eltern: Erstmals fuhren sie mit mir 1942 nach Altaussee ins steirische Salzkammergut, heute mein zweiter Hauptwohnsitz. Auch meine Schwester, bis zu ihrer Pensionierung Verwaltungsdirektorin der Heilanstalt für Alkoholkranke in Kalksburg, besitzt dort ein Haus, es war auch das meiner Mutter bis zu ihrem Tod 2010. Mit Sonja habe ich mein ganzes Leben eine enge Beziehung, ich dürfte mit sechseinhalb Jahren Altersunterschied doch ein netter großer Bruder sein. Ein einziges Mal habe ich ihr eine körperliche Tortur angetan: Sie hat mich irgendwie sehr geärgert, ich wusste nicht, was tun – man konnte doch ein kleines Mädl nicht schlagen. Ich biss ihr in den Popo, sie lief schreiend zu Eltern und Großeltern. Natürlich bekam dann auch ich meinen Teil ab.

»Trotz oder gerade wegen des Altersunterschiedes von mehr als sechseinhalb Jahren hatten und haben wir ein ungebrochen gutes geschwisterliches Verhältnis. Er hat als großer Bruder stets auch bei meiner Entwicklung mitgeredet. Dass unser Vater nicht normal gewachsen war, war nie ein Thema daheim, zu Hause war er die dominante Person ... Wie stark unsere Mutter war, haben wir erst gemerkt, als er schwerkrank wurde und natürlich nach seinem Tod ... Ich wurde als Nachfolgerin von Erich Schmidt, dem späteren Minister, Ob-

frau einer Gruppe bei den Mittelschülern, die Fraktions-
kämpfe bei den Studenten hab ich nur vom Hannes mitbe-
kommen. Rechts gegen Links, das hieß für uns: Androsch
gegen Fischer ... Der Vater war schon sehr ehrgeizig und hat
den Hannes extrem gepusht. Einmal hat er ihm gesagt: Der
Fischer hat schon wieder einen Artikel veröffentlicht, warum
veröffentlichst du keinen?«
Sonja Schneider, Jahrgang 1944, Schwester, später unter an-
derem Verwaltungsdirektorin der Krankenanstalt Kalksburg

Vaters Behinderung

Vaters Behinderung bekam auch ich später immer wieder indirekt
zu spüren, direkt zu hören, Kinder können grausam sein: Einmal
habe ich einem älteren Buben, der zwei Köpfe größer war als ich,
einen großen Stein in den Rücken geworfen – das hätte böse ausgehen können, für ihn wie für mich. Er hatte meinen Vater einen
»buckligen Maikäfer« genannt. Dieser war trotz oder gerade wegen seiner Behinderung sehr strukturiert und zielstrebig. Ich habe
von meinem Vater eine einzige Ohrfeige bekommen, weil ich
»vorlaut« war, es ging um eine Nebensächlichkeit. Tags darauf
habe ich mich entschuldigt, aber dazugesagt, ich fühle mich nicht
schuldig. Daraufhin ist mein Vater in Tränen ausgebrochen. Eine
völlige Ausnahme, sonst wurden Konflikte anders ausgetragen.

Mutters Stärke

Natürlich wurde meine Mutter immer mehr zur starken Persönlichkeit in der Familie, je schlechter es meinem Vater gesundheitlich ging. Ihr Einfluss scheint mir heute im Elternhaus deutlich
stärker gewesen zu sein, aber das mag auch daran liegen, dass sie
meinen Vater um 45 Jahre überlebt hat. Meine Mutter muss mei-

nen Vater sehr gern gehabt haben, schließlich hat sie ihn trotz seiner körperlichen Behinderung und der Skepsis ihres eigenen Vaters geheiratet. Sie war sicher strenger als er, fast so streng wie die Mutter meines Vaters, die bis zu ihrem Tod 1951 in unserem gemeinsamen Haus lebte. Die Großmutter war sehr sparsam, ist daheim oft in geflickten Kleidern herumgelaufen, hat aber darauf geachtet, dass man immer gut gekleidet aus dem Haus ging. Bürgermeister Karl Seitz sei der bestangezogene Mann von Wien gewesen, daran hätte man sich zu halten. Das predigte meine Oma mir, ähnlich meine Mutter meinem Vater. Diese Predigten wirken bei mir heute noch nach.

1941 waren meine Eltern aus der kleinen Gemeindebauwohnung nahe dem Wasserpark in der Freytaggasse mit den Eltern meines Vaters in das größere Haus in der Gerasdorfer Straße gezogen, das bis dahin vermietet war. Dort lauschte mein Vater, untauglich für den Krieg, dem Schweizer Radiosender Beromünster, ein für die Nazis schweres Verbrechen. Er verfolgte nach diesen Meldungen auf einer großen Landkarte den Frontverlauf des Krieges in Europa, die anfänglichen Erfolge und dann die vorhersehbare Niederlage des Dritten Reiches. Ich erinnere mich auch noch daran, dass meine Mutter ganz aufgeregt mit der Meldung über das Ende der Schlacht um Stalingrad ins Wohnzimmer gekommen ist, im Februar 1943, da war ich knapp fünf Jahre alt. Das alles war schon allein gefährlich – noch gefährlicher war, dass mein Vater Franz Plöch, einen Bekannten aus der Siedlung, warnte, allzu konkret die schrecklichen Erlebnisse zu schildern, die er als Chauffeur für die SS in Polen mitbekommen hatte.

Ich war natürlich von der antinazistischen Einstellung meiner Eltern geprägt, erkannte aber als fünfjähriges Kind nicht die volle Tragik der Entwicklung. Im Gegenteil: Ich hatte mir angewöhnt, stets laut mit »Heil Hitler« zu grüßen, wenn an unserem Haus in der Gerasdorfer Straße Soldaten der Wehrmacht vorbeimarschierten. Dieser »Zauber der Montur« wurde mir aber bald ausgerechnet von einem Hitlerjungen ausgetrieben: Er zwang mich unter Zuhilfenahme seines Dolches, Erde und Gras zu schlucken – eine lehrreiche Erniedrigung, spätestens ab da war ich vor jeder autoritären Verlockung gefeit. Diese Konsequenz entsprach völlig der Tradition meiner Familie: In ihr gab es keine Austrofaschisten, keine Nationalsozialisten, keine Kommunisten. Ihre Sympathie für die Sozialdemokratie hat sich voll auf mich übertragen: Sie war im vergangenen Jahrhundert mit seinen zwei Weltkriegen und zahlreichen autoritären Systemen die einzige politische Bewegung in Kontinentaleuropa, aus der sich nie eine Diktatur entwickelt hat.

Ab Sommer 1944 wurden die alliierten Luftangriffe häufiger und gefährlicher. Meine Mutter war mit meiner Schwester schwanger und wir fuhren im Herbst zu unserem Schutz ins süd-mährische Piesling, einen kleinen Ort nahe der damals »ostmärkischen« Grenze, wo der Bruder meiner Großmutter väterlicherseits einen Bauernhof besaß. Ich mochte den Ort: Bereits die Jahre zuvor hatte ich mich immer wieder als kleiner Bauer verstanden und versucht. Einmal wurde es für mich dramatisch: Im Herbst 1943 fiel ich in den Feuerwehrteich. Wie ich als Nichtschwimmer herauskam, ist mir bis heute nicht ganz erklärbar. Jedenfalls versteckte ich mich durchnässt und geschockt, bis ein Nachbar vorbeikam und meine Eltern alarmierte: »Euer Bub steht triefend da draußen.« 1944, nach der kurzen Einschulung in der Wiener Brünner Straße, durfte ich das erste verkürzte Schuljahr in Piesling absolvieren. Der Direktor war ein SA-Mann, der seine Gesinnung vor allem an den Schülern demonstrierte, indem er sie mit Weidenruten schlug. Später ereilte ihn die von mir damals als gerecht empfundene Rache der Geschichte: Während der Vertreibung der Deutschsprachigen aus Südmähren wurde er von tschechischen Gendarmen mit einer Hundepeitsche geschlagen.

Kriegsende in Südmähren

In Piesling erlebte ich auch das Ende des Zweiten Weltkriegs. Vorerst dominierte ungetrübte Freude: Zu Ehren der Roten Armee hisste mein inzwischen nachgekommener Vater – wegen seiner Behinderung kriegsdienstuntauglich –, allerdings unter Missbilligung meines Großonkels, auf dem Haus eine rote Fahne, offenbar hatte er das Hakenkreuz herausgeschnitten. Da das Haus über das einzige Badezimmer im Ort verfügte, wurde es zunehmend auch von russischen Offizieren benutzt, meine Mutter musste sich als Bademeisterin bewähren. Die Situation im Ort spitzte sich zu, als alle Deutschsprachigen entsprechend der diesbezüglichen Punkte in den Beneš-Dekreten Südmähren zu verlassen hatten. Am Vormittag des 7. Juni 1945 verkündete das auch in Piesling ein Dorftrommler. Alle Reichsdeutschen sollten in zwei Stunden das Dorf verlassen, sie konnten nur das mitnehmen, was sie am Körper tragend retten konnten, mein Großonkel und meine Großtanten zogen an diesem heißen Tag ihr Sonntagsgewand an und küssten die Türschwelle ihres Hauses, in das sie nie mehr zurückkehren sollten. Ich werde nie vergessen, wie die Bewohner eines Dorfes nach dem anderen um die S-Kurve vor unserem Haus vorbeizogen und die tschechischen Organe über ihre Köpfe hinweg Schüsse abfeuerten. Meine Mutter stellte mich an diesem 7. Juni 1945 aufs Fensterbrett: »Bub, schau dir genau an, was hier passiert. Das darfst du nie vergessen.« Ich habe es auch nicht vergessen: Auch wenn dieses Unrecht eine Reaktion auf ein früheres, »gegenteiliges« Unrecht war, hat es mich später lange einige Überwindung gekostet, in die Tschechoslowakei zu reisen. Nach der Vertreibung aus Südmähren wurde mein Großonkel übrigens Wein-Sensal im Weinviertel. Von ihm lernte ich als Jugendlicher die Weinwirtschaft kennen, noch nicht das edle Getränk: Ich war als Hand- und Fußballer lange Zeit abstinent.

Als Österreicher wurden uns zwei Tage mehr Zeit für die Ausreise gelassen, die tschechischen Gendarmen gaben uns sogar noch Güter aus dem nun enteigneten Haus meines Großonkels ins Gepäck. Wir reisten über mehrere Zwischenstationen nach Wien zurück, zuerst zu Verwandten nach Weikertschlag, dann nach Drosendorf, stets Verbindungen nach Wien suchend. Die gab es zwar, aber die Züge waren so überfüllt, dass sich Menschen sogar auf den Waggondächern drängten, keine Chance auf einen Platz mit einem Kinderwagen. Diese Möglichkeit konnten wir dann auf einem Tankzug in Großsiegharts ergreifen, wohin uns Bekannte mit einem Fuhrwerk gebracht hatten. Aber diese letzte Etappe hätte mir beinahe das Leben gekostet. Die Plattform war überfüllt, meine Mutter band mich und den Kinderwagen mit einem Strick an das Geländer. Groß war mein Entsetzen, als sich in Großjedlersdorf beim Aussteigen das vom Regen durchnässte Seil um meine Hand nicht lösen ließ und ich beinahe mitgeschleift worden wäre. Ein Passagier rettete mich, indem er im letzten Moment vor der Weiterfahrt des Zuges den Knoten mit seinem Messer durchschnitt. Gleich neben mir wurden zwei blutüberströmte Frauen vorbeigetragen – ihnen hatte der Zug die Beine abgetrennt. Seit diesem traumatischen Erlebnis trage ich stets ein Taschenmesser mit mir – in jedem Anzug, in jeder Freizeithose.

Rückkehr nach Wien

Umso freudiger war unsere Rückkehr nach Floridsdorf. Erst recht, als wir sahen, dass unser Haus in der Gerasdorfer Straße unversehrt geblieben war. Wir waren am Bahnhof sitzen geblieben, der Vater mit einem Leiterwagerl zurückgekommen: Haus steht, Großeltern leben! Als wir das Haus verlassen hatten, war die deutsche Wehrmacht in der Kaserne daneben gewesen, nun war in Teilen davon die Sowjetarmee. Wien war zerbombt, ein Bogen der Floridsdorfer Brücke lag in der Donau, der Mangel war allgegenwärtig. Dennoch spürte man bald den Geist eines »Neuen Österreich«, das von den Alliierten sowohl befreit als auch besetzt worden war. Ein sozialdemokratisches Urgestein bildete die erste provisorische Regierung: Karl Renner, bereits nach dem Ersten Weltkrieg österreichischer Staatskanzler der Ersten Republik. Ab Dezember 1945 fungierte er bis zu seinem Tod Ende 1950 als erster Bundespräsident der Zweiten Republik.

Nach den ersten freien Wahlen im November wurde eine Allparteienregierung gebildet: aus der ÖVP (die Nachfolgerin der Christlich-Sozialen erreichte mit 85 Mandaten die absolute Mehrheit von damals 165 und stellte mit Leopold Figl den ersten Bundeskanzler), der SPÖ (sie trug anfangs den Untertitel »Sozialdemokraten und Revolutionäre Sozialisten« und erzielte 76 Mandate, ihr Parteichef Adolf Schärf wurde Vizekanzler) und der KPÖ (sie schnitt mit nur vier Mandaten überraschend schlecht ab und schied zwei Jahre später aus der Regierung aus). Das historisch »dritte« Lager, in dem sich früher Deutschnationale und später Nazis gesammelt hatten, durfte vorerst nicht kandidieren. Es durfte sich erst 1949 im VdU (Verband der Unabhängigen), der 1955 zur FPÖ umgetauft wurde, wieder politisch betätigen.

Schulzeit an mehreren Orten

Nun kehrte ich nach dem »Zwischenspiel« in Südmähren wieder in meinem Heimatbezirk Floridsdorf in die Volksschule Brünner Straße zurück. Eine Reihe vor mir saß der später Weltruhm erlangende Hermann Nitsch. Seine späteren Erfolge als Maler lagen sicher nicht daran, dass ich ihm einmal eine Schachtel Buntstifte überließ, Preis für zahlreiche »Motivationsgutscheine«, die unsere Lehrerin austeilte.

Bereits im Frühjahr 1946 folgte eine neue Volksschulstation. Obwohl wir in unserem Siedlungshaus mit Garten, Obst- und Gemüseanbau sowie Hühnern und Kaninchen vergleichsweise gut ausgestattet waren, zählte auch ich als mageres »Bürscherl«

zu jenen Wiener Stadtkindern, die zwecks »Aufpäppelung« in bäuerliche Regionen verschickt wurden. In meinem Fall war das die Ortschaft Andelsbuch, mit etwa 1300 Bewohnern im Bregenzerwald gelegen. Die Bahnfahrt, von Unwettern unterbrochen, war lang, die Aufnahme in eine Bergbauernfamilie freundlich, das Heimweh dennoch sehr groß. Bald war ich dort als »Hüterbub« und beim Heumachen eingesetzt. Ich habe noch heute meine Beziehungen zum Bregenzerwald, immer wieder gibt es Treffen mit den Bekannten von damals in Andelsbuch. Sie besuchen mich auch regelmäßig bei meinen Aufenthalten in Lech.

Im darauffolgenden Herbst setzte ich den Unterricht in der dritten Klasse in der Brünner Straße fort – wieder eine unvollendete »Volksschulkarriere«. Denn zu Jahresbeginn wurde ich als Pflegekind ins Ausland verschickt, nach Molenbeek bei Brüssel, nahe dem Schlachtfeld von Waterloo, zur flämischen Lehrerfamilie Dewilde. Ich war einer von zwei österreichischen »Zusätzen« zu ihren eigenen sieben Sprösslingen. In einer katholischen ganztägigen (!) Schule wurde ich auch von meinem Pflegevater unterrichtet, mit einem seiner »echten« Söhne bin ich heute noch befreundet – uns eint vor allem auch die Erinnerung an die für uns beide erste Zigarette. Es war zwar nicht die letzte meines Lebens, aber wirklich geschmeckt hat mir keine. Mein Vater hat mir zum 16. Geburtstag eine Pfeife geschenkt mit der Erwartung, kein Raucher zu werden. Das bin ich auch nicht geworden.

Nur die vierte Volksschulklasse absolvierte ich ungeteilt daheim. Die Vorliebe unseres Lehrers galt mehr dem Fußballspiel als dem Deutschunterricht. Das gefiel uns zwar, erwies sich aber als weniger gut für unsere Deutschkenntnisse. Lesen allerdings faszinierte mich schon damals (und tut es heute noch, wofür meine große Bibliothek Zeugnis ablegt). Mein damaliger »Favorit« war anfangs – natürlich – Karl May, ich hielt ihn nach einiger Zeit aber für eher langweilig. Spannender fand ich bald Robert Louis Stevenson (mit seiner »Schatzinsel«) und vor allem Jack London. Es spricht nicht gerade für die Qualität meines damaligen Lehrers, dass er über diesen »Schund« verächtlich die Nase rümpfte. Jedenfalls schaffte ich trotz der schwierigen Umstände – netto vielleicht zwei Volksschuljahre in vier Schulen mit acht Lehrern – auf Anhieb die Aufnahmsprüfung in das Gymnasium BRG 21 in der Franklinstraße. Als »Honorar« bekam ich von meinem Großvater Franz Androsch bei einem Besuch des noch weitgehend zerstörten Praters das erste Eis meines Lebens. Leider war es unser letzter gemeinsamer Ausflug, er starb wenige Wochen danach.

Erinnerungen an Floridsdorf

Meine Floridsdorfer Kindheitserinnerungen waren zunächst vom Krieg geprägt: von Luftangriffen, Flaks und Scheinwerfern, denn die Kaserne auf der Gerasdorfer Straße war eine Luftabwehrkaserne. Wenn der Fliegerangriff vorbei war, gingen mein Großvater und ich oft vom Keller auf die Straße und sammelten Bombensplitter ein. Auf dem nun nicht mehr genutzten Kasernengelände lagen unzählige Geschosse. Uns Buben war es natürlich verboten, damit zu spielen. Genau das aber geschah immer wieder – mit dem Ergebnis, dass es zwei nur etwas älteren Jungen das Leben kostete.

Nach Kriegsende kam die Besatzungszeit. Floridsdorf zählte zur russisch verwalteten Zone Wiens, ich persönlich erlebte aber keinen der häufig berichteten Übergriffe. In unserem Haus war ein sowjetischer Offizier einquartiert, der seine Qualitäten als Brückenbauingenieur bei der Wiedererrichtung der Floridsdorfer Brücke einsetzen konnte. Für uns war er ein Schutzschild: Seine Pferdekutsche vor unserer Einfahrt signalisierte den Offizier im Haus, schon deshalb war es für Plünderungen tabu. Als sein russischer Kutscher in unserem Garten saß, reichte ihm die Großmutter einmal böhmische Dalken. Er bedankte sich mit einer Schachtel Zündhölzer – mehr hatte er fern der Heimat selber nicht. Einmal wollten uns zwei Soldaten Hühner entwenden. Meine Großmutter fuhr dazwischen. Sie verstanden und ließen die Hühner zurück: Mit einer so energischen »Babuschka« legt man sich besser nicht an.

Viele Österreicher, vor allem Österreicherinnen, kamen nicht so glimpflich davon. Und fast alle litten unter dem Mangel, den Bundeskanzler Leopold Figl in seiner berührenden Weihnachtsrede 1945 geschildert hatte: »Ich kann euch zu Weihnachten nichts geben, nicht einmal Glas (für die Fenster), aber glaubt an dieses Österreich!« Es waren Worte von Churchill-hafter Dimension. Die allgemeine Bilanz des Landes wurde erstmals 1960, nach Ende der ersten Wiederaufbauperiode, gezogen: Die Kosten der Kriegsschäden wurden auf 160 Milliarden Schilling geschätzt, die Kosten für die Besatzung und die Konsequenzen aus dem Staatsvertrag auf 100 Milliarden. Demgegenüber betrug das gesamte Bruttonationalprodukt 1960 163 Milliarden, die Gesamtsumme ausländischer Hilfsgüter 60 Milliarden, die Hälfte davon umfasste der amerikanische Marshallplan.

»Mittelstand« in der Nachkriegszeit

Zum Unterschied von manchen meiner Altersgenossen kannte ich keinen Hunger, weil wir einen Garten und »Grabeland« bewirtschafteten und meine Eltern als Steuerberater einmal im Monat Klienten im Wald- und Weinviertel besuchten. Meine Mutter konnte so neben den bis 1. Mai 1953 rationierten Grundnahrungsmitteln wie Erdäpfel oder Hülsenfrüchte auch Spezialitäten wie Speck, Butter und Bauernbrot auf den Tisch stellen – Naturallohn vieler Kleingewerbetreibender für die buchhalterische Beratung. In die Schule bekam ich solche Kostbarkeiten nicht mit, aus Rücksicht auf die Klassenkameraden. Wir waren im Floridsdorfer Milieu wohl das, was man heute Mittelstand nennt, trotz der bäuerlichen und proletarischen Bezüge meiner Großelterngeneration. Als Steuerberaterin nahm mich meine Mutter bereits vor meiner Einschulung mehrmals zu Besuchen aufs Finanzamt mit, ich bekam also diesen Aspekt meiner späteren Berufslaufbahn quasi mit der Muttermilch mit.

Die Eltern nahmen mich auch früh ins Theater und in die Oper mit: Die erste Oper – noch vor der Wiedereröffnung der Staatsoper im November 1955 – empfand ich noch als Strafe (es war der »Fliegende Holländer« und in meiner Erinnerung mindestens vier Stunden lang); aber die nächste (auch im Theater an der Wien) begeisterte mich: »Rigoletto«, wohl auch deshalb, weil die Hauptperson, ein Buckliger, entsprechende Gefühle in Bezug auf meinen Vater hervorrief. Ich war hocherfreut, als ich im Oktober 1955 für eine der ersten Vorstellungen im neuen Burgtheater – Grillparzers »König Ottokars Glück und Ende« mit Ewald Balser und Attila Hörbiger – vom Deutschprofessor eine Stehplatzkarte erhielt. Meine Eltern hatten Abonnements für das Volkstheater und die Volksoper, meine kleine Schwester tanzte in deren Ballett. Das hat mich mein ganzes Leben lang geprägt. Bald faszinierten mich Konzerte, die Salzburger Festspiele habe ich mit Brigitte anlässlich unserer Verlobung zum ersten Mal genossen, ich besuche sie nun seit über 50 Jahren. Und auch das Finanzministerium haben wir – insbesondere Beppo Mauhart – in den Prunkräumen zu einer Kulturstätte gemacht, mit Ausstellungen, Lesungen, Konzerten. Wir öffneten das Prachtgebäude in der Himmelpfortgasse, verwendeten es nicht wie heute als bloßes Museum.

1952 leistete sich unsere Familie sogar eine echt luxuriöse Anschaffung: einen Ford Taunus 12M mit der Weltkugel als Frontemblem. Damals gab es in Österreich nur 82.000 Pkws, heute sind es 4,6 Millionen. Unser Auto kostete 80.000 Schilling, mein Vater benötigte es, weil seine Behinderung zunehmend sein Herz belastete. Es muss ihn getroffen haben, dass das gleiche Auto ein Jahr später nur die Hälfte gekostet hätte. Ein Resultat des die Inflation dämpfenden, 1953 vereinbarten Raab-Kamitz-Kurses, benannt nach Kanzler und Finanzminister – in Wirklichkeit ein Kamitz-Waldbrunner-Kurs: Karl Waldbrunner bildete als sozialistischer »Verstaatlichten-Minister« mit Reinhard Kamitz eine stabile und entscheidende wirtschaftspolitische Achse in dieser Wiederaufbauphase nach 1945. Unterstützt wurde dieser Kurs durch das Schuldenabkommen von Rom 1952, durch das Österreich 71,5 Prozent der Vorkriegsschulden erlassen wurden. Es verblieben 165 Millionen Schilling; die letzte Rate davon wurde aus dem Budget 1978 beglichen.

Das Jahr 1953 war ein Schlüsseljahr. Die schwierigen unmittelbaren Nachkriegsjahre gingen zu Ende, es folgten zwei Jahrzehnte außergewöhnlicher Wohlstandsmehrung, genannt das »Goldene Zeitalter«. Sein »Treibstoff« war bis zum ersten Ölpreisschub im Herbst 1973 vor allem billiges Erdöl, für das bis dahin Überangebot bestand. 1953 verstarb Josef Stalin, auch der Koreakrieg ging zu Ende. In Österreich wurde die SPÖ bei den Nationalratswahlen erstmals stimmenstärkste Partei, blieb aber aufgrund des Wahlrechts ein Mandat hinter der ÖVP, so wie dann noch einmal 1959. Erst 1970 sollte es Kreisky gelingen, seine Partei auch zur mandatsstärksten zu machen und den Kanzler zu stellen.

Bis zum Tod meiner Großmutter 1951 bin ich also in einem Dreigenerationen-Haushalt wohlbehalten aufgewachsen, war sicher besser gestellt als viele meiner Mitschüler. Die meisten von uns führten ein recht unbeschwertes Leben, kurvten mit mehr oder weniger alten Fahrrädern durch die Ortsteile von Floridsdorf. Ich fühlte mich wohl in diesen Gruppen, war aber im Gegensatz zu manchen Schilderungen über meine Jugendzeit den Mädchen gegenüber eher schüchtern – meine erste Liebe lernte ich mit 18 kennen, sie ging in die Klasse von Erika Pluhar.

In der Franklinstraße kam ich nicht mehr in den bereits vollen »englischen« Sprachzweig, sondern in den »russischen« – acht Jahre Russisch schien weniger attraktiv als acht Jahre Englisch, unsere Klasse war deshalb auch halb so groß wie die parallele

»englische«. Leider kamen mir diese Sprachkenntnisse im Laufe
der Zeit abhanden, geblieben ist mir aber die Bewunderung der
russischen Literatur. Die der deutschsprachigen war inzwischen
immerhin so gewachsen, dass ich als 14-Jähriger Friedrich Schil-
lers »Glocke« auswendig aufsagte – aus freien Stücken. Mein
Vortrag gab den Klassenkollegen reichlich Gelegenheit, sich mit
anderen Dingen zu beschäftigen.

Als Halbwüchsiger war ich inzwischen auch fertig »politi-
siert«. Bei der Wahl 1949 – die »minderbelasteten« und erstmals
zur Stimmabgabe zugelassenen ehemaligen NSDAP-Mitglieder
verhalfen der FPÖ-Vorläuferpartei VdU zu 16 Mandaten und
damit Platz 3 – durfte ich erstmals »Melder-Assistent« sein; die
hatten am Wahltag Parteimitglieder, die noch nicht im Wahllokal
erschienen waren, dazu zu motivieren. Für mich eine Selbstverständlichkeit: Bei uns gab es schon beim Frühstück nie eine andere Zeitung als die »Arbeiter-Zeitung«, die sich damals unter
anderem durch mutige Kritik an Übergriffen sowjetischer Soldaten und Behörden Anerkennung weit über sozialistische Partei-
grenzen hinaus erworben hatte.

Die erste politische Funktion

Meine Eltern waren überzeugte, aber niemals orthodoxe Partei-
gänger, ich erinnere mich an viele lebhafte Diskussionen mit An-
dersdenkenden. Auch das »praktische« Parteileben an der »Basis«, in der Sektion 11 der Floridsdorfer SPÖ, erlebte ich schon
früh. Mein Vater war dort und im »Freien Wirtschaftsverband«
aktiv, meine Mutter bei den Frauen. Sie studierte außerdem für
und mit Jugendgruppen Sprechchöre und Theaterstücke ein.
Zwei ihrer Freunde sollten für mich später besondere Bedeutung
erlangen: die spätere Nationalratsabgeordnete Rosa Weber und
der spätere Stadtrat und Landtagspräsident Fritz Hofmann. Ich
erhielt 1967 das Mandat der am Großglockner tragisch ver-

unglückten Floridsdorfer Nationalratsabgeordneten, Fritz Hofmann wurde im Bezirk mein besonderer Förderer.

»Hannes Androsch hat bei meinem Vater Kinderturnstunden beim WAT (Wiener Arbeiter Turn- und Sportverein, Anm. P. P.) genommen. Ich lernte ihn kennen, als wir gemeinsam in einer Theatergruppe auftraten, die seine Mutter geleitet hat ... Ich wurde dann Obmann der Sozialistischen Jugend in Floridsdorf, er ging später in die Studentenpolitik. Als ich Bezirksobmann der SPÖ wurde, mit 32, habe ich den zehn Jahre jüngeren Androsch 1966 auf die Kandidatenliste für den Nationalrat geholt, er war ja insbesondere bei den Damen ein besonders beliebter Redner ... Er wäre der logische Nachfolger Kreiskys gewesen, aber nur mit ihm, nicht gegen ihn, das hat er sicher auch gewusst ... Warum er sich mit Franz Vranitzky so entzweit hat, verstehe ich bis heute nicht wirklich.«
Fritz Hofmann, Jahrgang 1928, unter anderem Bezirksparteiobmann der SPÖ Floridsdorf, Wiener Planungsstadtrat

Meine erste politische Funktion übernahm ich 1953, ich wurde mit 15 Jahren Obmann des Floridsdorfer VSM (Verband Sozialistischer Mittelschüler). Diese Funktion klang wichtiger, als sie war: Eigentlich ging es darum, die Bezirksgruppe erst aufzubauen. Das gelang in kleinen Schritten, wir »Transdanubier« hatten kaum Kontakte mit der Wiener Führung des VSM. Oberster »Schülerzampano« war damals Charly Blecha, Heinz Fischer Obmann der viel »ideologischeren« Hietzinger Bezirksgruppe, zu ihr gehörte auch meine spätere Frau Brigitte. Wir rekrutierten eher »pragmatisch«, mit Vorträgen und Ausflügen. Aber erfolgreich: Floridsdorf war bald einer der mitgliederstärksten Bezirke des VSM, auch meine halbe »Russenklasse« wurde geworben.

Kein Musterschüler

Weniger erfolgreich verlief meine eigentliche Mittelschultätigkeit zwischen 1948 und 1956. Ich war alles andere als ein Musterschüler, eher ein mittelmäßiger Schüler. Dazu kamen oft schlechte Betragensnoten, weil ich allzu vorlaut war. Ein besonderes Beispiel dafür war die fünfte Klasse: Zwar erhielt ich im zweiten Trimesterzeugnis acht Einser und einen Dreier, aber zugleich auch »Fleck«. Zwei konnte ich ausbessern, den dritten in Latein nicht, auch nicht bei einer Nachprüfung. Aber angesichts meiner acht Sehr gut ließ mich der Direktor aufsteigen. Meine teilweise bescheidenen schulischen Erfolge waren sicher auch Konsequenz meiner Wanderjahre durch mehrere Volksschulen. Auch deshalb tat ich mir mit der Orthografie schwer, je nach Lehrer mit Mathematik. Diese Hürde konnte ich einige Male nur mithilfe meines besten Freundes Wilhelm Schneider schaffen, später mein Schwager und Professor an der Wiener Technischen Universität. Mehr Freude bereiteten mir Deutsch und Philosophie, überdies genoss ich einen doppelten Religionsunterricht: als einsamer Altkatholik in Gestalt einer Art Ethikunterricht, dazu auch zugelassen zum katholischen Religionsunterricht.

Großen Spaß gemacht haben mir die Theateraufführungen in der Oberstufe, oft zusammen mit Erika Pluhar, ebenfalls ein Floridsdorfer »Urgestein«. Solche Veranstaltungen haben wir als Klasse auch zur Geldbeschaffung genutzt, etwa wenn es darum ging, Mitschüler zu unterstützen, die sich die allerbeliebteste Institution meiner Schulzeit sonst nicht hätten leisten können: Schulskikurse. Beim letzten, in der siebten Klasse, eskalierte eine harmlose Revolte – wir sangen uns im Matratzensaal mit »Gstanzln« gegen einen Professor in den Schlaf – recht böse, eine Ohrfeige und nächtliches »Strafestehen« inklusive. Skifahren und Tennis zählten damals (wie heute) zu meinen Leidenschaften, auch Fußball (damals mehr als heute). Zum Entsetzen meines Vaters war ich Tormann und Stürmer beim UHK (Union Handelskammer)

Großjedlersdorf, einem Verein der »schwarzen« Union. Väterliche Abgrenzungsaufforderungen – er musste sich deshalb in seiner Parteisektion einige Kritik gefallen lassen – blieben beim Halbwüchsigen aber wirkungslos.

Mit dem Fußballverein erhielt ich in Limburg, einer niederländischen Provinz, auch eine Lektion in Sachen Kriegsbewältigung: Die Veranstalter eines Turniers erklärten uns, als deutsche Mannschaft hätten wir keine Einladung bekommen – als Österreicher natürlich schon. Noch deutlicher ein Erlebnis drei Jahre später: Ich fuhr mit Willi Schneider (später heiratete er meine Schwester) mit dem Ford meiner Eltern zur Expo nach Brüssel. Bei einem Zwischenstopp in Luxemburg wurde uns aufgrund unserer deutschen Sprache ein Zimmer verweigert – als die Wirtsleute dann aber unser Autokennzeichen sahen, war es plötzlich frei: Österreicherbonus!

»Hannes und ich haben 1948 gemeinsam das Gymnasium in der Franklinstraße begonnen, 21 Burschen in der sogenannten Russenklasse. Erstmals kam ich 1950 in sein Haus, als mir seine Mutter ihr Fahrrad lieh, damit auch ich als Ärmerer bei einem Ausflug auf der Höhenstraße radeln konnte. Er kam regelmäßig zu mir nach Deutsch-Wagram und umgekehrt, später waren es Roller und dazu Freundinnen. Er hat in unserer Gruppe bald eine prägende Rolle gespielt, war hilfsbereit und integrativ, konnte von daheim her früh auf Diskussionskultur bauen und auf Auslandskontakte, war als Allroundsportler angesehen. Nur beim Schwimmen war er schwächer, ich werde nie verstehen, warum er trotz seiner schrecklichen gelben Badehose bei den Mädchen so gut ankam ... Wir beide waren eher einseitig interessiert und talentiert, ich eher mathematisch-physikalisch, Hannes geschichtlich-philosophisch. Noch ehe seine Mutter meine Schwiegermutter wurde, lud sie mich einmal zum Mittagessen ein, ich sollte ihn dazu bewegen, endlich seine Dissertation abzuschließen – ich lehnte ab: Für

die politische Karriere schien mir ein Doktorat eher zweit-
rangig zu sein ... Hannes hat Kreisky sicher nie auf die Seite
drängen wollen, aber er wird schon der logischen Meinung
gewesen sein, er könne nach Kreisky dessen Job ausfüllen.«
Wilhelm Schneider, Jahrgang 1938, Jugendfreund und Schwa-
ger, später unter anderem Professor an der Technischen Uni-
versität Wien

Einen solchen hatte das gesamte Land bereits – allerdings nach
zehnjähriger Besatzungszeit – zuvor erhalten, mit dem Staatsvertrag vom 15. Mai 1955. Tausende strömten zur Feier beim Belvedere, ich fuhr mit dem Fahrrad nur bis zum Stephansplatz und
hörte selten ergriffen das Geläut der Pummerin. Fast eine ähnliche Bedeutung hatten die Wiedereröffnungen der beiden großen
Bühnen: Ich bekam eine Karte für das Burgtheater, der musika-
lische Willi Schneider ein Ticket für die Staatsoper. Für meine
Generation war der Abzug aller Besatzungssoldaten lange der
Anlass für die Wahl des 26. Oktober als Nationalfeiertag. Offiziell ist es der damals gefasste Beschluss der »immerwährenden
Neutralität«. So problematisch dieser Begriff heute scheint – Tatsache ist, dass die Neutralität von einer politischen Voraussetzung für die Erlangung des Staatsvertrags und damit der eigenen
Souveränität zu einer in der Bevölkerung tief verankerten Teil-
identität Österreichs wurde, so wie die D-Mark für die Bundesrepublik Deutschland.

Matura geschafft

Am 1. Juni 1956 erhielt ich einen »privaten« Bonus, einen für das
ganze Leben: Ich schaffte die Matura mit einem Sehr gut in
Deutsch, einem Gut in Physik und einem Genügend in Latein.
Nur bei der schriftlichen Russisch-Prüfung fiel ich durch. Gut
überlebt haben wir dann auch den Schock bei der Maturareise:

Unserem Fahrer missglückte in Osttirol ein Bremsmanöver, der Bus rutschte über eine Böschung und wurde nur durch Bäume von einem weiteren Absturz abgehalten. Unsere Ziele Bozen und Graubünden erreichten wir dann mit einem gemieteten Postautobus.

Im Herbst 1956 begann ich mein Studium an der Hochschule für Welthandel, der heutigen Wirtschaftsuniversität, damals eine vergleichsweise kleine Institution: 1956 gab es 4000 Studenten, heute sind es fast neunmal so viele. Die Studienwahl erfolgte – wie vieles in meinem Leben – letztlich pragmatisch: Jus wurde es dann doch nicht, die Handelswissenschaften kannte ich durch den Beruf meiner Eltern besser. Frühere Jungenträume hatte ich längst abgelegt: Ich studierte weder Atomphysik noch Zahnmedizin. Letztere, recht ungewöhnliche kindliche Sympathie war dem Geschenk eines Familienfreundes geschuldet: Der Zahnarzt hatte mir ein Zahnarztbesteck geschenkt.

Den ersten Teil meines Studiums bis zum Diplom schloss ich schnell ab, in nicht ganz sieben Semestern. Der zweite Teil bis zum Doktorat ging dann viel langsamer, damals hatte ich aber auch schon zwei Berufe: neben dem im Parlament auch den, zu dem ich ursprünglich ausgebildet worden war. Als Steuerberater und beeideter Wirtschaftsprüfer war ich nur wenige Jahre, von 1966 bis Anfang 1970, aktiv, aber die Ausbildung ist mir bis heute hilfreich. Mein späterer Doktorvater Professor Leopold Illetschko hat uns gepredigt: »Wenn Sie Buchhalter werden wollen, verlassen Sie meine Vorlesung, aber Sie müssen so viel davon verstehen, dass Ihnen Ihr Oberbuchhalter nie etwas vormachen kann.« Wenn ich heute in einer Aufsichtsratssitzung einmal nicht ganz aufmerksam bin – das soll gelegentlich vorkommen –, bin ich jedenfalls hellwach, wenn es ums Wesentliche geht. Ich kann Zahlenströme und Bilanzen recht schnell auf den Punkt bringen.

Der Kalte Krieg zwischen den einstigen Verbündeten gegen Nazi-Deutschland erreichte 1956 einen neuen Höhepunkt. Mitte

Oktober 1956 schlug die Rote Armee in Ungarn einen Volksaufstand nieder, ein Zeichen dafür, dass auch drei Jahre nach Stalins Tod das sowjetische Regime in seinem Herrschaftsbereich keine Abweichung duldete. Rund 180.000 Flüchtlinge wurden in Österreich aufgenommen, von einer Bevölkerung, die viel ärmer war als die heutige. Damals machte keine Partei, kein Journalist, kein Leserbriefschreiber gegen diese humane Selbstverständlichkeit Stimmung. Das war auch noch so nach Ende des Prager Frühlings 1968 oder im Zuge des Bosnien-Krieges in den Neunzigerjahren. Inzwischen hat sich aber offenbar eine prinzipielle Furcht vor Ausländern oder eine Feindlichkeit ihnen gegenüber so breitgemacht, dass wir nicht einmal einige tausend Asylwerber unterbringen können.

Die Wahl 1957

Einige Wochen später starb Bundespräsident Theodor Körner. Zur allgemeinen Überraschung wurde SPÖ-Obmann Adolf Schärf (erst Kreisky nannte sich Parteivorsitzender) gegen den von ÖVP und FPÖ unterstützten Kandidaten, den parteilosen Chirurgen Wolfgang Denk, auch dank seiner guten Kontakte zu einem siebenköpfigen »Ältestenrat« im freiheitlichen Lager, die aus dem Landbund der Ersten Republik gekommen waren, zu seinem Nachfolger gewählt. Seine Kandidatur und damit sein Weggang von der Parteispitze war von vier etwas jüngeren »Vatermördern« (Kurt Vorhofer, legendärer Journalist der »Kleinen Zeitung«) betrieben worden: Schärfs Nachfolger als Parteiobmann Bruno Pittermann, Felix Slavik, später Chef der Wiener SPÖ, dem Gewerkschafter und später umstrittenen Innenminister Franz Olah sowie Bruno Kreisky, der den Staatsvertrag mitverhandelt hatte. 1958 wurde das neue Parteiprogramm der SPÖ beschlossen, das die Abkehr vom traditionellen Austromarxismus festschrieb – den Vorentwurf lieferte Benedikt Kautsky, Sohn des marxistischen

Denkers Karl Kautsky. Er arbeitete auch am 1959 beschlossenen »Godesberger Programm« der SPD mit, da war der Ökonom bereits stellvertretender Generaldirektor der Creditanstalt-Bankverein.

Trotz wachsender Spannungen zwischen den beiden Großparteien war ihr Koalitionsbündnis alternativlos: Schon 1953 hatte Bundespräsident Körner bei einem Abendessen in der Hofburg allen Landeshauptleuten klargemacht, dass eine wie von manchen in der ÖVP angedachte mögliche Koalition mit dem VdU alle Bemühungen für einen Staatsvertrag untergraben würde. Die enge Zusammenarbeit der Großparteien samt Proporz hatte seine historische Berechtigung und entsprach einem harmonischen Grundbedürfnis: Man wollte das Land immunisieren gegen eine neuerliche Polarisierung wie in der Ersten Republik, gegen kommunistische Begehrlichkeiten im Einflussbereich der Roten Armee und gegen nazistische Nostalgien. Die Sympathie für einen Zusammenschluss mit Deutschland, speziell mit einem Nazi-Deutschland, hatten freilich Adolf Hitler & Co. vielen Österreichern bereits bald nach dem »Anschluss« ausgetrieben. Ein erstes Symbol für die Unzufriedenheit mit der allgegenwärtigen »Germanisierung« des Landes stellte das fußballerische »Anschlussspiel« am 3. April 1938 dar: 66.000 Zuseher jubelten im Wiener Praterstadion frenetisch, teilweise auch höhnisch, als »Deutsch-Österreich« unter maßgeblicher Mitwirkung des im Jahr darauf verstorbenen Matthias Sindelar »Deutschland« 2:0 besiegte.

Am 10. Mai 1959 konnte die SPÖ bei vorgezogenen Neuwahlen wieder die ÖVP als stimmenstärkste Partei überholen, erhielt aber – wie schon 1953 – aufgrund der Wahlarithmetik ein Mandat weniger. Maßgebliche Kreise der ÖVP liebäugelten mit der FPÖ, wurden aber von deren Obmann Friedrich Peter zurückgewiesen. Das neuerliche Bündnis mit der um 26.000 Stimmen stärkeren SPÖ wurde teuer: Den »Roten« wurde anfangs sogar das Finanzministerium angeboten, der dafür nominierte Bruno Kreisky hatte sich bereits von seinem Mitarbeiter Peter Jankowitsch aus der Parlamentsbibliothek das »Handwörterbuch der Finanzwissenschaft« ausleihen lassen. Die Industriellenvereinigung stieg aber entsetzt auf die Bremse, die ÖVP ließ den legendären Finanzminister Reinhard Kamitz nicht fallen (er wechselte ein Jahr später an die Spitze der Nationalbank), Kreisky, seit 1953 Staatssekretär im Außenministerium, wurde stattdessen dort Ressortchef.

Im Sommer 1959 versuchte ich noch, knapp vor Ende meines ersten Studienabschnittes, am University College in Oxford, dem zweitältesten der Universitätsstadt, meine Englischkenntnisse zu verbessern. Der zweimonatige Aufenthalt war nicht gerade billig und nur durch eine bereits bei meiner Geburt von meinem Vater abgeschlossene Lebensversicherung in Form einer »Studienversicherung« in Höhe von 10.000 Schilling zu finanzieren.

2. Der junge Politiker: 1959–1970

Die erste Etappe meines Studiums an der Hochschule für Welthandel konnte ich im Dezember 1959 in knapp mehr als der kürzesten Zeit von sechs Semestern abschließen und mich Diplomkaufmann nennen – mit dem Doktorat ließ ich mir dann wie beschrieben mehr Zeit, bis 1968. Unter anderem auch deshalb, weil ich nach der Politik griff oder die Politik nach mir. Genauer: zunächst die Studentenpolitik, aber auch weil ich nach dem Tod meines Vaters 1965 rasch die Berufsbefugnis als Steuerberater erlangen musste.

Ich war zwar seit Beginn meines Studiums in Fortsetzung meiner Tätigkeit beim VSM Mitglied beim VSStÖ (Verband Sozialistischer Studenten Österreichs), aber ein eher passives (trotz des wohlklingenden Titels »Kassier«). Obmann war Beppo Mauhart. Geworben hatte mich bei einer Studienberatung Franz Bauer, später einmal Geschäftsführer der »Consultatio«. Im Jänner 1960 stand die Wahl für die Nachfolge des Wiener Vorsitzenden Heinz Fischer an. Ich kandidierte auf dringenden Wunsch mehrerer Kollegen – vor allem des späteren Sektionschefs, Historikers und Autors Günther Steinbach, einem bis heute besonders engen Freund – von der »rechten« Gruppierung gegen Erich Werner, forciert von der »linken« Fraktion. Diese bis in die Zwanzigerjahre zurückreichenden Gruppenkämpfe hatten weniger mit Ideologie zu tun als mit lokaler oder sozialer Herkunft. Bei den »Rechten« fanden sich eher die Kinder aus Arbeiter- und Bundesländerfamilien (sowie die meisten der transdanubischen Wiener), die »Linken« stammten zumeist aus wohlhabenderen Schichten des Wiener »roten Adels«. Die »Linken« waren eher an ideologischen Fragen interessiert und vom Marxismus geprägt, die

»Rechten« pragmatisch, wirtschaftsnah und fern von Klassen-
kampfdenken. Dazu kam als mitentscheidender Punkt eine gewisse Eigendynamik, gespeist aus persönlich-ehrgeizigen, auch
gruppendynamischen Motiven.

*»Zwischen 1958 und 1960 war ich nach Peter Jankowitsch
Obmann des VSStÖ, Verbandssekretär war Franz Bauer. Der
hat als Vertreter der Welthandelsstudenten zu einem Treffen
des BSA (Bund Sozialistischer Akademiker, Anm. P.P.) ein
Nachwuchstalent namens Androsch eingeladen. Zuerst hat er
ein Engagement im VSStÖ abgelehnt – sein Vater brauche ihn
in der Kanzlei, er müsse sich aufs Studium konzentrieren. Die
späteren Fraktionskämpfe waren eher wie ein Räuber-und-
Gendarm-Spiel, Hannes war aber nie einer, der das ins Persönliche mitgetragen hat, er war kein Wadlbeißer. Die Lebenden aus unserer Kerngruppe von damals treffen sich etwa
einmal monatlich fix zu einem Essen. Ich bewundere ihn vor
allem dafür, wie er diese Rückschläge verkraftet hat, dass er
zweimal wieder aufgestanden ist, dass er insgesamt drei Spit-
zenkarrieren geschafft hat.«*
*Günther Steinbach, Jahrgang 1934, Mitstreiter im VSStÖ,
später Sektionschef im Sozialministerium, Historiker und
Autor*

Obmann des VSStÖ

Ich gewann die Wahl bei der Versammlung in einem Gewerk-
schaftshaus in der Maria-Theresien-Straße mit fünf Stimmen.
Diese haben sicher nicht die Welt bewegt, aber meinen weiteren
Lebensweg beeinflusst. Beide Gruppierungen hatten versucht, mit
allen möglichen Methoden Sympathisanten – samt Karteileichen –
zu mobilisieren. Meine spätere Frau Brigitte, Großnichte von
Adolf Schärf, kam zwar wie Heinz Fischer, Aushängeschild der

»Linken«, aus dem VSM Hietzing, kandidierte aber auf meiner Liste als Sozialreferentin. Sie erhielt von den »Siegern« die meisten Stimmen, ich die wenigsten. Es lag aber nicht daran, dass bald aus dieser Kampfes- eine Lebensbeziehung wurde. Diese Abstimmung führte übrigens dazu, dass die »rechte« Wiener Mehrheit die Wahl Heinz Fischers zum Bundesobmann des VSStÖ verhinderte und mich mit Unterstützung aus den Bundesländern – etwa Josef Feichtingers von der Montanuniversität Leoben und Rudolf Streichers – zum Nachfolger Franz Bauers kürte. Offenbar ist es leichter, zum Bundespräsidenten gewählt zu werden …

Treibende Kraft meiner Fraktion war Beppo Mauhart, Gastwirtssohn aus Sierning bei Steyr, geboren in Enns. Ursprünglich waren wir einander gar nicht sympathisch, fanden uns wechselseitig arrogant. Daraus ist aber eine lebenslange Freundschaft geworden. Mit Mauhart und Steinbach gelang es mir, namhafte Referenten für Veranstaltungen des VSStÖ zu gewinnen, etwa den Schriftsteller Heimito von Doderer, den Philosophen Ernst Bloch oder den Ex-Stalinisten Wolfgang Leonhard. Die Jahre als VSStÖ-Funktionär waren prägende intellektuelle Lehrjahre, auch Lehrjahre des Netzwerkens und Diskutierens. So unsinnige emotionale Dimensionen diese Fraktionskämpfe zeitweilig auch annahmen, sie waren jedenfalls eine wesentliche Gehschule der Politik, die ich nicht missen möchte. Hochschulpolitik war (und ist es vermutlich auch heute noch) eine Art politisches Trainingscamp, man lernt Politik durch »learning by doing«.

Finanzminister? »Warum denn nicht?«

Eine Episode blieb mir speziell in Erinnerung: 1959 war das Gerücht entstanden, Bruno Kreisky könnte nach einer für die SPÖ erfolgreichen Wahl (sie wurde am 10. Mai erstmals stimmenstärkste Partei, die ÖVP hatte aber dank des Wahlrechts ein Mandat mehr) das Finanzministerium angetragen werden. Ich saß mit VSStÖ-Freunden (neben Mauhart und Steinbach war unter anderem Franz Weich dabei, später einer der Bauentwickler der Stadt Wien für das UNO-Konferenzzentrum) zusammen und diskutierte. Fast alle waren der Meinung: Finanzminister? Das können wir Sozialdemokraten nicht. Ich widersprach als Einziger: »Warum denn nicht?«

Ein tragisches Ereignis überschattete den Beginn meiner Laufbahn als Studentenpolitiker: Am 1. April 1960 hatten wir im Alten Rathaus in der Wipplingerstraße den sozialdemokratischen Programmdenker Benedikt Kautsky eingeladen. Gleich nachdem ich ihm das Wort für eine Diskussion über die Verstaatlichte Industrie erteilt hatte, sank der ehemalige KZ-Häftling auf dem Podium tot zusammen. Die »Arbeiter-Zeitung« berichtete darüber umfangreich, aber leicht fehlerhaft: »Gerade als der Vorsitzende der Versammlung, der Student Antosch (sic!), Dr. Kautsky das Wort erteilen wollte, stürzte Benedikt Kautsky zusammen.«

Ich nahm als VSStÖ-Vertreter auch eine Reihe von internationalen Terminen wahr, in der Schweiz, hauptsächlich in Deutschland. 1960 etwa schrieb ich einer Freundin von einem SPD-Seminar aus eine kritische Beobachtung über die neu gegründete Wirtschaftsgemeinschaft EWG (Vorläuferin der EU) und ihre politischen Defizite: »Gesamt-Europa wird von der EWG leider klein geschrieben.« Und zwei Jahre später trat ich mit einer Delegation des VSStÖ (und dem damaligen SJ-Obmann Peter Schieder) beim Anti-Festival zu den Kommunistischen Weltjugendfestspielen in Helsinki auf, den letzten außerhalb des Ostblocks. SPÖ-Zentralsekretär Otto Probst hatte uns dafür die Erlaubnis erteilt. Der Kalte Krieg befand sich auf einem gefährlichen Höhepunkt (Kuba-Krise), wir übten Stellvertreter-Gefechte. Finanziert wurde das Gegenfestival samt unserer Teilnahme von den deutschen Sozialdemokraten – und dahinter wohl von der CIA. Kein Einzelfall: Franz Olah hatte seine antikommunistische Einsatztruppe (»bewährt« beim Streik 1950) auch aus amerikanischen Quellen finanziert.

Familiengründung

Durch meine zumindest halbtägige Tätigkeit im VSStÖ wurde mein Kontakt zu Spitzenvertretern der SPÖ noch stärker, auch persönlich. Mit dem 1957 zum Bundespräsidenten gewählten Adolf Schärf schon durch meine Heirat mit seiner Großnichte Brigitte – unsere Töchter Claudia und Natascha kamen 1964 und 1968 zur Welt. Adolf Schärf war Witwer und traf seinen Neffen Paul öfter am Wochenende zu Spaziergängen, bevorzugt durch das Helenental. Manchmal wurde ich von Paul Schärf zum Mitkommen eingeladen. Da spazierte dann Pauls Frau Hilde mit Brigitte hinten und vorne wir drei Männer. Dabei erfuhr ich auch viele Parteiinterna. Die offizielle Parteispitze der SPÖ bestand aus Schärfs Nachfolger als Vorsitzendem und Vizekanzler, Bruno Pittermann, Felix Slavik, dem »starken Mann« der Wiener SPÖ, Franz Olah (ÖGB-Chef bis 1963, dann Innenminister) – und Bruno Kreisky (Außenminister bis 1966, dann Parteichef in Niederösterreich). Besonders geprägt hat mich Karl Waldbrunner, lange Jahre der für den Wiederaufbau und die Verstaatlichte Industrie zuständige Minister (»Königreich Waldbrunner«), ab 1962 Zweiter und später Erster Nationalratspräsident.

Waldbrunner war es auch, der mir über meinen baldigen Schwiegervater Paul Schärf und seinen Freund, den ehemaligen VÖEST-Generaldirektor Walter Hitzinger, nun Chef von Daimler-Benz, den Kontakt mit der Konzernzentrale in Stuttgart herstellte. Von dort erhielt ich im April 1963, noch vor Beendigung meines Doktoratsstudiums, das Angebot für eine Stelle als Industriekaufmann. Ich entschied mich rasch dafür und kandidierte nicht mehr als Obmann des VSStÖ. Da griff an einem Donnerstag Stella Klein-Löw ein, die ich als Schuldirektorin des Mädchengymnasiums in Floridsdorf kannte. Inzwischen war sie Nationalratsabgeordnete und wusste von einer freien Stelle im Parlamentsklub: Ein Sekretär für Wirtschaftsfragen werde gesucht, ich müsse mich bis Sonntag entscheiden. Natürlich reizte mich das Angebot, mehr noch als das aus Deutschland: Schließlich bin ich in einem schon in dritter Generation engagierten Elternhaus aufgewachsen. Nur ein Punkt ließ mich zögern: Ich wollte keineswegs auf meine private Berufsausbildung und -laufbahn verzichten.

In meinem Zwiespalt wandte ich mich am Freitag um Rat an Paul Schärf. Der vermittelte mir ein Telefonat mit seinem Onkel, dem Bundespräsidenten, der selbst einmal Klubsekretär gewesen war. Sein Rat war eindeutig: »Wenn du dabei deine geplante Berufslaufbahn aufgeben musst, dann lehne ab. Wenn du dir aber diese Möglichkeit erhalten kannst, dann nimm an.« Es war der beste Ratschlag, den ich karrierebezogen jemals erhielt: »Für die Politik: ja! Von der Politik: nein!« Am Montag ging ich zum damaligen SPÖ-Klubchef Robert Uhlir. Er war überrascht, als ich keine konkreten Gehaltswünsche äußerte, dafür zwei andere: Möglichkeit zur Mitarbeit in der Steuerkanzlei meiner Eltern und zur Beendigung meiner Dissertation. Er sagte zu, das Gehalt betrug 2700 Schilling brutto plus 10 Prozent Überstundenpauschale.

Klubsekretär im Parlament

Am 18. April 1963, meinem 25. Geburtstag, begann ich im Parlament meine Tätigkeit als SPÖ-Klubsekretär für Wirtschaftsfragen. Der andere Klubsekretär, zuständig für politische Fragen, war mir sehr gut bekannt: Heinz Fischer. Karl Waldbrunner war gar nicht erfreut darüber: »Schon wieder ein Junger direkt vom Studium, erst der Fischer und jetzt auch noch der Androsch … Die Jungen sollen lieber etwas lernen, bevor sie in die Politik gehen!« Das anfangs noch konkurrierende Verhältnis zu Fischer entspannte sich bald – zu ehrenvoll schienen unsere Aufgaben, zu spannend diese Phase der Politik, geprägt von wachsenden Spannungen zwischen den Regierungsparteien: Schon nach den Wahlen vom 18. November 1962 hatte es der längsten Verhandlungen der Zweiten Republik bedurft, um eine neue »Große Koalition«

zustande zu bringen – die letzte bis 1986. Vier Jahre später, 1966, konnte die ÖVP aufgrund der Olah-Krise der SPÖ allein regieren, aber nur für vier Jahre.

Kurz nach meinem beruflichen Start erhielt ich den Einberufungsbefehl zum Bundesheer – ein denkbar ungünstiger Zeitpunkt. Ein Gespräch mit dem zuständigen Staatssekretär Otto Rösch machte klar: Eine Verschiebung war unmöglich. Im Juli 1963 rückte ich in die Hietzinger Maria-Theresien-Kaserne ein, als Heereskraftfahrer bei den Funkern. Der Grundwehrdienst war bald absolviert, dann auch gleich meine Karriere im Bundesheer: Während einem eminent langweiligen Wachdienst im Zuge einer mehrtägigen Schießübung in Stammersdorf wurde meinem Kommandanten ein Telex mit einem Bescheid des ÖVP-Verteidigungsministers Karl Schleinzer überreicht: Ich solle sofort abrüsten, ich wäre für die Erstellung des Budgets 1964 unentbehrlich. Doch ich ging trotz meiner Freude nicht gleich: Zuvor wollte ich noch die begonnene Ausbildung zum Heereskraftfahrer beenden, also die Voraussetzung zur Erlangung des Lkw-Führerscheins schaffen. Dafür unterschrieb ich ein Formular, wonach ich »aus freiem Willen« und »auf eigene Gefahr« einige Tage länger beim Bundesheer bleiben wolle. Erfolgreich: Ich rüstete als Heeres-Lkw-Fahrer ab, den »zivilen« Lkw-Führerschein erhielt ich dann später.

Ich war also nach wenigen Monaten Absenz wieder zurück im Parlament – und erlebte aus nächster Nähe, wie die SPÖ immer schneller in die schwerste Parteikrise ihrer Nachkriegsgeschichte schlitterte. Aus einem externen und einem internen Grund, die meiner Wahrnehmung nach zusammenhingen: Das Hochspielen der Habsburg-Affäre sollte die Olah-Krise übertönen. Die Erklärung von Otto Habsburg, Sohn des letzten Kaisers Karl, auf seinen Thronanspruch zu verzichten und dafür nach Österreich einreisen zu können, hatte der Nationalrat 1961 als unzureichend abgelehnt. Zwei Jahre später hob das Höchstgericht diese Entscheidung auf. Was am SPÖ-Parteitag 1963 dazu führte, dass Staatssekretär Eduard Weikhart Innenminister Franz Olah zubrüllte: »Und wenn er über die Grenze kommt, Franz – hau ihn raus!« Das entsprang nicht nur den negativen historischen Erfahrungen der Sozialdemokratie mit den Habsburgern, speziell mit dem letzten Kaiser. Dieser »Habsburg-Kannibalismus« (Günther Nenning), der Aufbau eines eigentlich ungefährlichen Außenfeinds (beendet erst 1972 unter und durch Bruno Kreisky), sollte vor allem von der wirklich gefährlichen Zerreißprobe in den eigenen Reihen ablenken.

Die Olah-Krise

Franz Olah, ÖGB-Präsident und seit 1963 im Innenministerium (sein wohl größter strategischer Fehler), war von unbändigem Ehrgeiz getrieben. Er wollte Chef der SPÖ werden und dann Kanzler, auch mithilfe der FPÖ. Wie sich später auch im Rahmen eines Prozesses herausstellte, ließ er FPÖ-Chef Friedrich Peter, der sich um die regelmäßige Finanzierung seiner Partei durch die Industriellenvereinigung sorgte, für den Nationalratswahlkampf 1962 zwei Sparbücher zu je 500.000 Schilling zukommen, Kennwörter »Edelweiß« und »Enzian«. Peter erzählte mir damals die Umstände der Übergabe: Er habe die Übergabe der Sparbücher überhaupt nicht bestätigen müssen, Olah habe ihm nur gesagt: »Verwenden Sie dieses Geld zum Wohle und Nutzen der Demokratie!« Diese Million hatte Olah allein und ohne Beschluss von Konten des ÖGB abgezogen, später sein juridisches Ende: Verurteilung wegen »Untreue«.

Strategisch dachten manche so wie Olah, wohl auch Pittermann – allerdings mit sich selbst an der Spitze von Rot-Blau. Bei einer Klubklausur in Wels im September 1963 scheiterten solche Überlegungen am vehementen Einspruch der Mehrheit, insbesondere von Waldbrunner, Christian Broda, Rosa Jochmann. Kreisky hielt sich eher bedeckt – und erntete die Früchte einer solchen

Taktik 1970: Ohne damalige Tolerierung seiner Minderheitsregierung durch die FPÖ, speziell die Unterstützung durch Peter, hätte er keine tragfähige Regierung zustande gebracht. Die Letztentscheidung hätte 1963 ohnehin der Bundespräsident treffen müssen. Adolf Schärf teilte mir aber bei einem Spaziergang mit: »Ich bin nicht bereit, ohne Neuwahlen eine andere Regierung zu ernennen.«

Rot-blaue Kontakte

War die Geldübergabe durch Olah 1962 eine nicht statutenkonforme Transaktion, floss die nächste Million von SPÖ an FPÖ fast offiziell: Klubobmann (und Parteichef) Pittermann vereinbarte dies mit seinem freiheitlichen Amtskollegen Emil van Tongel, der frischgebackene Zentralsekretär Leopold Gratz schickte eine Sekretärin von der Parteizentrale in der Löwelstraße mit einem Scheck zur Überweisung an die FPÖ zur Creditanstalt in die Schottengasse. Kein Wunder, dass dies in der SPÖ nicht geheim blieb und den Widerstand gegen eine rot-blaue Liaison verstärkte. Immerhin gab es im Juli 1963 im Nationalrat in Sachen Habsburg einen gemeinsamen rot-blauen Entschließungsantrag und damit einen erstmaligen Bruch mit den üblichen Spielregeln der Regierungskoalition.

Im Jahr zuvor hatte sich andererseits der tiefe historische Zwist zwischen Sozialdemokraten und Deutschnationalen wieder zugespitzt: Der Welthandels-Professor Taras Borodajkewycz hatte seine Vorlesung mit antisemitischen Tönen »gewürzt«, Heinz Fischer sie auf Basis einer Mitschrift des späteren Finanzministers Ferdinand Lacina publik gemacht. In der Folge kam es zu gewaltsamen Demonstrationen, ein Antifaschist, Ernst Kirchweger, wurde von einem »schlagenden« Studenten getötet und so zum ersten politischen Todesopfer der Zweiten Republik. Ich hielt die ursprüngliche Empörung für etwas überzogen: Borodajkewycz, bei dem ich eine Prüfung in Wirtschaftsgeschichte absolvieren musste, war für mich ein unbedeutender und ungelehrter Professor, eher eine skurrile Erscheinung denn ein Nazi.

Die Affäre um Olah explodierte im Herbst 1964: Olahs Nachfolger als ÖGB-Präsident, Anton Benya, machte die nicht statutengemäße Überweisung der gewerkschaftlichen Million an die Freiheitlichen publik. Olah, noch immer auch Angestellter des ÖGB, wurde von ihm entlassen, am 21. September trat er auch als Innenminister zurück. In der breiten Öffentlichkeit wurde ihm übel genommen, dass er die über zahlreiche Persönlichkeiten (auch seine engsten Genossen) im Innenministerium offenbar über Jahre angelegten Dossiers drohend in eine TV-Kamera geschwenkt, aber dann keineswegs alle vernichtet hatte – so konnte die »Wochenpresse« höchst erfolgreich eine Ausgabe mit einem düsteren Abbild Olahs und der Schlagzeile »Schatten über Österreich« titeln. In der SPÖ gab es eine klare Mehrheit der Spitzenfunktionäre, der sein fast brutaler Machtwille unheimlich war, nicht erst seit dem offiziellen Aufbrechen der Konflikte. Zu ihnen zählten Benya, Broda, Waldbrunner, weniger deklariert auch Bundespräsident Schärf. Der hatte schon länger den Aufstieg Olahs bremsen wollen, vergeblich. Nun informierte er sich aus der Präsidentschaftskanzlei besorgt über dessen Verhalten – unter anderem auch bei mir, der ich die Konflikte aus Parlamentssicht fast hautnah miterlebte.

Immer wieder gab es hässliche Gerüchte um Olahs Verhalten im Konzentrationslager, unter anderem vom SPD-Vorsitzenden Kurt Schumacher. Eine Zeitlang war Olah durch sein sehr engagiertes Verhalten während der Oktoberstreiks 1950 fast sakrosankt: Er deutete damals wie eine Mehrheit im Lande den Widerstand gegen das 5. Lohn- und Preisabkommen als kommunistischen Putschversuch – heute denken die meisten Historiker anders darüber, vor allem, weil die Sowjets 1950 keine Machtverschiebung in Österreich wollten. Mithilfe der CIA und seiner Bau- und Holzarbeitergewerkschaft hatte er eine paramilitärische Organisation Waffenlager in ganz Österreich anlegen lassen, auch in seinem Heimatbezirk Hernals. Das Innenministerium regierte er konspirativ mit persönlichen Vertrauten, auch in der ÖGB-Zentrale pflegte er geheimnisvolle Riten: So hatte sein Büro zwei Türen, man wusste nie, wer in welchem Nebenraum wartete oder gar zuhörte. 1964 wurde er nach Auffliegen der Spitzelaffäre vor allem auf Betreiben Waldbrunners aus der SPÖ ausgeschlossen.

Er blieb als wilder Abgeordneter im Nationalrat, gründete eine auch von zweifelhaften Elementen durchsetzte »Demokratisch-Fortschrittliche Partei« (DFP) und fügte der SPÖ bei der Wahl 1966 schwere Verluste zu. 1969 wurde er wegen der widmungswidrigen Verwendung von Gewerkschaftsgeldern reichlich überzogen zu einer einjährigen Haftstrafe verurteilt. Ich halte auch heute noch die Entfernung Olahs wegen dessen cäsarenartigen Zügen für richtig – nicht aber die Methoden, mit denen sie erfolgte: Hinter der Verurteilung steckten auch persönliche und politische Motive. Erst nach Olahs Rückzug aus dem öffentlichen Leben sind wir einander persönlich nähergekommen – so nahe, dass ich auf Wunsch seiner Gattin bei seiner Totenfeier am 25. September 2009 eine Abschiedsrede im Stephansdom hielt.

In meinen politischen Lehrjahren stand ich Franz Olah nie sehr nahe. Das lag einerseits am Einfluss von Schärf und Waldbrunner auf mich, andererseits an der besonderen Erschütterung, die Olah seinem Amtsvorgänger im Innenministerium, Josef Afritsch, im Jänner 1964 mit bombastisch präsentierten »Spitzelakten« – angeblich aus den Kellern des Ministeriums – bereitet hatte. Mehr noch: Bei einem TV-Interview unterstellte er seinem Amtsvorgänger, zuvor als Wiener Stadtrat Staatsbürgerschaften gegen Geld verliehen zu haben, worüber sich Afritsch in einer Klubsitzung verständlicherweise heftig empörte.

Josef Afritsch starb kurz danach im August 1964. Zuvor war er noch am 14. Mai 1964 als enger Verwandter von Brigittes Mutter ihr Trauzeuge bei unserer Hochzeit – nach zweijähriger Verlobungszeit – gewesen, mir stand mein enger Freund und kommender Schwager Willi Schneider zur Seite. Brigitte war bei der Zeremonie bereits schwanger, unsere erste Tochter Claudia wurde am 31. Oktober geboren – die zweite, Natascha, benannt nach Natascha Rostowa aus »Krieg und Frieden«, folgte am 23. April 1968. Wir mieteten eine Dreizimmerwohnung in der Falkestraße, gleich neben der Parteizentrale der Wiener ÖVP. Die Miete war für damalige Verhältnisse relativ hoch: 4000 Schilling für 110 Quadratmeter.

Der Tod meines Vaters

Im folgenden Jahr 1965 starb mein Vater am 11. Oktober, mit 62 Jahren. Noch heute tut es mir besonders leid, dass er meinen Doktorabschluss nicht mehr erleben konnte, der ihm so ein großes Anliegen gewesen war. Seine behandelnden Ärzte hatten mir sein Ende bereits ein halbes Jahr zuvor angekündigt: »Wir sind am Ende unserer Künste. Für gewöhnlich wird jemand mit solch einer Behinderung nicht älter als 50 Jahre.« Die elterliche Kanzlei wurde – auf fünf Jahre befristet – als »Witwenfortbetrieb« weitergeführt, der Druck zur Ablegung meiner Buchprüferbefugnis stärker. Im Juni schaffte ich die Prüfung – ich erhielt einen Lebensalters-Dispens, weil ich noch nicht die vorgeschriebenen 30 Jahre alt war – und konnte parallel zur Kanzlei meiner Mutter eine eigene aufbauen. Nach Ablauf der Frist ihres »Witwenfortbetriebs« vereinigten wir beide Kanzleien zur »Consultatio«, meine Mutter erhielt dafür das Anrecht auf eine lebenslange Leibrente.

1966 war ich erstmals offiziell und nicht nur beruflich wie im Parlament in der »großen« Politik tätig. Fritz Hofmann, der für meinen Vater im Krematorium die Abschiedsrede gehalten hatte, machte mir ein Angebot, das ich nicht ausschlug: Ich wurde für die Nationalratswahl am 6. März 1966 der jüngste Kandidat in der Geschichte der Zweiten Republik, im Wahlkreis Wien-Nordost, also für die Bezirke Leopoldstadt, Brigittenau, Floridsdorf und Donaustadt. Als 27-Jähriger flog mir zu, woran mein Vater kurz zuvor noch gescheitert war: Ihn hatte Hofmann zu seinem und meinem Leidwesen nicht als Zählkandidat des Freien Wirtschaftsverbandes auf die Liste für die anstehende Gemeinderatswahl 1964 bringen können.

Die politischen Nerven der SPÖ lagen im Wahlkampf blank. Die Auseinandersetzung um und mit Franz Olah erreichte eine neue Dimension durch den Streit um die »Kronen-Zeitung«. Olah hatte bereits 1959 deren Gründer Hans Dichand ein ÖGB-Sparbuch als Besicherung für einen Millionenkredit übergeben; nach Rückzahlung wanderte das Sparbuch zurück in den ÖGB-Safe. Als dieser Vorgang publik wurde, wollte der ÖGB die Kontrolle über die inzwischen höchst erfolgreiche Zeitung erlangen und setzte für drei Wochen eine ihm genehme kommissarische Leitung durch. Nach Aufhebung dieses Gerichtsbeschlusses setzte das Blatt seinen Olah-freundlichen Kurs umso stärker fort – auch nicht gerade ein Rückenwind für die SPÖ.

Auch nicht, dass die Parteiführung eine Wahlempfehlung der KPÖ (sie kandidierte nur mehr in einem Wahlkreis) nicht zurückwies – eine willkommene Nahrung für die von der ÖVP als Schreckgespenst erfundene »Rote Katze« samt ihrer Wahlparole »Die rote Volksfront droht«. Noch eine Affäre belastete die SPÖ: Im kleinen vorarlbergischen Fussach sollte im November 1964 ein neues Bodenseeschiff auf den Namen »Karl Renner« getauft werden. Grund genug für Westösterreich, zum Aufstand gegen den Wiener »Wasserkopf« und für das Schiff »Vorarlberg« zu mobilisieren. Verkehrsminister Otto Probst gab erst nach Monaten auf Drängen des Wiener Bürgermeisters Franz Jonas nach, der 1965 zum Kandidaten für die Bundespräsidentschaftswahl aufgestellt worden war. Mein Floridsdorfer Parteifreund Jonas siegte zwar im Juni 1965 und wurde als erster gelernter Arbeiter und Autodidakt Bundespräsident, für die SPÖ war ein weiterer Schaden in Richtung Nationalratswahl aber bereits angerichtet.

Die Niederlage 1966

Es kam, wie es kommen musste: Die SPÖ wurde am 6. März 1966 schwer abgestraft, die ÖVP unter ihrem Parteichef Josef Klaus (der frühere Landeshauptmann von Salzburg hatte 1964 den »gemütlicheren« Alfons Gorbach als Parteichef und Kanzler ersetzt, Gorbach war 1965 bei der Wahl zum Bundespräsidenten Jonas unterlegen) erlangte eine absolute Mehrheit. Aber: Nicht die ÖVP hatte die Wahl gewonnen, die SPÖ hatte sie verloren. Die langjährig gewohnte Große Koalition war freilich noch nicht automatisch beendet, ein Sechserkomitee verhandelte mehrere Wochen: Klaus, sein Generalsekretär Hermann Withalm, einer der besten Parlamentsredner der Zweiten Republik, und Nationalratspräsident Alfred Maleta auf der schwarzen Seite, Pittermann, Kreisky und der steirische SPÖ-Chef Alfred Schachner-Blazizek auf der roten. Die Verhandlungen stockten bald. Am 15. April beschloss ein außerordentlicher Parteitag der SPÖ den Gang in die Opposition, nur Kreisky versuchte das noch zu verhindern und die Koalition zu retten. Nach einem letzten vergeblichen Telefonat mit Withalm kam er empört ins Besprechungszimmer zurück: »Nie wieder, nie wieder!« Kreisky, nicht Parteichef Pittermann, war es dann schon, der im Fernsehen das Geschehen kommentierte und später im Parlament Klaus nach dessen Regierungserklärung zurief: »Herr Bundeskanzler, bei Philippi sehen wir uns wieder!«

Diese Mut machende Rede war der Beginn seines Aufstiegs an die Parteispitze. Kreisky ließ sich zunächst als Nachfolger von Ernst Winkler zum Parteiobmann von Niederösterreich wählen und dort einen Zukunftsplan zur Modernisierung des wirtschaftlich nachhinkenden Bundeslandes entwickeln. Mit wachsender Unterstützung in der Gesamtpartei: Der damalige Chefredakteur der »Arbeiter-Zeitung«, Franz Kreuzer, führte den gesamten Sommer 1967 ungewohnt offene Gespräche über den Zustand und die Perspektiven der SPÖ und bereitete so den Boden für den Reformer. Was der ihm übrigens nicht besonders gut dankte:

Kurz nach dem parteiinternen Sieg ersetzte Kreisky Kreuzer als AZ-Chefredakteur durch Paul Blau. Kreuzer wurde dann von Gerd Bacher (beide sind 2015 verstorben) im Zuge der ORF-Reform 1967 als Informationschef eingesetzt – ohne Billigung von Kreisky und zur Verärgerung von Klaus. Er akzeptierte aber die Unabhängigkeit des neuen Generalintendanten.

Parteivorsitzender Bruno Kreisky

Kreiskys Wahl zum neuen Parteivorsitzenden am 1. Februar 1967 war umkämpft, er wurde mit 70 Prozent der Delegiertenstimmen gewählt. So lehnten ihn etwa zwei Drittel der Wiener Partei ab, sie forcierten den Gegenkandidaten Hans Czettel, seit 1964 Nachfolger Olahs im Innenministerium und seit 1966 stellvertretender Klubobmann. Ich stimmte bei der Kampfabstimmung – anders etwa als Pittermann, Waldbrunner, Broda und die Mehrheit meines Bezirks Floridsdorf – für Kreisky und gegen Czettel, obwohl ich mit diesem befreundet, mit Kreisky noch nicht näher bekannt war. Er schien mir eher die Chance für einen erfolgreichen Neustart der SPÖ zu bieten. Mir imponierten sein Selbstvertrauen und seine Siegeszuversicht, besonders natürlich, dass er der SPÖ auch Wirtschaftskompetenz zusprach, etwas, was die ÖVP als ihr Hoheitsgebiet betrachtete. Kurz nach seiner Wahl kam Kreisky im Parlament auf mich zu: »Ich danke dir vielmals, du wärst ja beinahe in die Sache hineingezogen worden!« Er hatte also gehört, dass ich im Gegensatz zu den meisten Wienern für ihn war.

Schon kurz nach seiner Wahl bestätigte Kreisky mein Vertrauen in ihn: Es war eine große Leistung von ihm, die Wahlniederlage schnell zu verarbeiten, die geschlagene Partei rasch hinter sich zu versammeln, ihr Siegeszuversicht zu vermitteln und die gesellschaftlichen Themen und Strömungen der Zeit zu spüren. Die Ergebnisse der Landtagswahlen spiegelten dies wider. Binnen kurzer Zeit hatte er die SPÖ mit der katholischen Kirche, bald darauf auch mit den Habsburgern versöhnt und sie mit der »Eisenstädter Erklärung« scharf von den Kommunisten abgegrenzt. Vor allem: Kreisky schaffte es zunehmend, die SPÖ breiter, liberaler und moderner aufzustellen, attraktiv zu machen für viele, die mit ihr »ein Stück des Weges« mitgehen wollten, auch Künstler und Wissenschaftler. Kreisky hat eben früh verstanden, dass nicht nur die Menge an Anhängern zählt, sondern auch die Qualität. Bereits für den 11. April 1967 lud er ins Palais Auersperg – der Tagungsort war bewusst gewählt – zu einer »Ökonomischen Versammlung«. Ich durfte ein Referat halten und dann mit Alfred Reiter, dem späteren Kabinettschef Kreiskys, dann langjährigen Generaldirektor der Investkredit-Bank, das Kapitel »Infrastruktur« für das neue Wirtschaftsprogramm der SPÖ verfassen. Es wurde mit dem programmatischen Titel »Leistung – Aufstieg – Sicherheit« (heute scheinen die ersten zwei Begriffe fast Hochverratsvokabel zu sein) zu einem entscheidenden Markstein auf Kreiskys Weg zur Kanzlerschaft. Dieses und die anderen neuen Programme wurden unter Mitwirkung von 1400 Experten erarbeitet, die auch von außerhalb der SPÖ kamen. Heute scheint sich die Partei ja eher einzuigeln.

Abgeordneter Hannes Androsch

Zu diesem Zeitpunkt war ich schon Nationalratsabgeordneter: Im Sommer 1967 war unsere Floridsdorfer Mandatarin Rosa Weber, eine begeisterte Bergsteigerin, am Großglockner tragisch verunglückt. Eigentlich wäre Bezirksparteiobmann Fritz Hofmann ihr logischer Nachfolger gewesen, doch er wollte lieber in der Kommunalpolitik bleiben. Er, der mich bereits 1964 in den Bezirksparteivorstand geholt hatte, schlug mich für das Mandat vor. Die Parteifrauen waren anfangs nicht glücklich darüber (»Der Bub wird doch noch warten können«), doch auch Wiens Parteichef Slavik unterstützte Hofmanns Absicht. Vielleicht auch, weil ich mich bei meiner TV-Premiere gut geschlagen hatte: Im Frühjahr 1967 schickte mich Zentralsekretär Gratz nach Rücksprache mit Pittermann statt seiner in eine wirtschaftspolitische Fernsehkonfrontation mit Josef Taus, damals Staatssekretär für die Verstaatlichte Industrie – ich dürfte sie gut bestanden haben. Zum Unterschied zur ÖVP, deren Vertreter bis hin zu Klaus ein verkrampftes Verhältnis zum Fernsehen hatten (Raab hatte noch erklärt, die ÖVP konzentriere sich auf den Rundfunk, weil niemand »das Kastl« kaufen werde), hatte Kreisky stets virtuos mit dem Medium agiert. Und Gratz wie ich standen schon für eine Generation, die schon damit aufgewachsen war und entsprechend unbefangen damit umging – so wie das die heutige Jugend mit der digitalen Medienwelt tut.

Am 23. Oktober 1967 wurde ich im Parlament angelobt. Bald darauf ging ich zur Vorstellung zum Bundespräsidenten Franz Jonas. Der brummte ein wenig: »Sag den Genossen in Floridsdorf, es können nicht nur Akademiker diese Funktion bekommen.« Bereits einen Tag nach meiner parlamentarischen Angelobung legte ich meine erste Feuertaufe ab: Studenten demonstrierten vor dem Parlament gegen Kürzungen im Hochschulbudget (»Klaus, Klaus, komm heraus!«), der Kanzler verweigerte eine Diskussion, Kreisky und ich stellten sich ihr. Dieses Prinzip der offenen Konfrontation versuchten wir auch in unserer Regierungszeit beizubehalten, bei weit unangenehmeren Situationen. Im Plenum konnte ich dann das Anliegen der Studenten glaubwürdig vertreten, dazu war ich ja bis vor fünf Jahren Studentenfunktionär gewesen. Die SPÖ forderte jedenfalls damals stets mehr Geld für Forschung und Lehre. Heute undenkbar: Stephan Koren, damals noch Staatssekretär, bald darauf Finanzminister, später auch von mir hochgeschätzter Präsident der Nationalbank, hatte kurz zuvor gemeint, Österreich müsse gar nicht viel in Forschung investieren, es erhalte ohnehin die Ergebnisse aus dem Ausland.

Der junge Wirtschaftsexperte

Es war meine erste Rede von 231, die ich in dreizehneinhalb Jahren im Parlament hielt. Kreisky gefielen sie offenbar bereits vor 1970: Mehrfach wurde mir aufgetragen, in heiklen Wirtschaftsdebatten dem Parteivorsitzenden und späteren Kanzler zur Seite zu stehen. Einmal mit einem einfachen Trick: Es gelang mir, Finanzminister Wolfgang Schmitz mit einer Menge von Fachbüchern und Papieren am Rednerpult aus der Fassung zu bringen – ohne sie wirklich zu verwenden. Waldbrunner bemerkte dazu griesgrämig: »Das haben wir notwendig gehabt, dass der da erst hinausgeht und der Jüngste muss ihn dann herausboxen.« Mit »der da« war Kreisky gemeint, Waldbrunner, damals Zweiter Nationalratspräsident, war nicht sein Freund. Er wies auch ein von Alfred Reiter und mir konzipiertes Gegenprogramm zum ÖVP-Budget 1967 zurück: »Die Opposition ist nicht dazu da, ein Budget zu machen, das ist Sache der Regierung. Die Opposition hat dieses Budget zu kritisieren!«

Bereits im März 1968 hatte ich im »Neuen Forum« Günther Nennings meine zentralen budgetären Vorstellungen bei einer Umfrage »Wenn ich Finanzminister wäre« zusammengefasst: 1. Vornahme einer mittelfristigen Finanzplanung samt der Erstellung eines mehrjährigen Investitionsprogramms; 2. Umstrukturierung der Ausgaben zulasten der agrarischen Subventionen zugunsten der öffentlichen Investitionen sowie der Ausgaben für Bildung und Forschung; 3. Änderung der Steuerpolitik durch Verstärkung der direkten Besteuerung allein durch die Einschränkung vieler nach dem Gießkannenprinzip vorgesehenen Begünstigungen; 4. Ausweitung der Staatsschuld in einem ökonomisch vertretbaren und verteilungspolitisch vernünftigen Ausmaß.

Natürlich hat nicht nur die Stärke Kreiskys oder der gesamten SPÖ 1970 die ÖVP besiegt. Sie war durch mehrere Probleme in ihrem Machtbereich angeschlagen, den »Müllner-Skandal« um Niederösterreichs Landeselektrizitätsgesellschaft NEWAG, den

Wohnbau-Skandal um ihren Nationalratsabgeordneten Franz Prinke, vor allem aber durch den »Paukenschlag« ihres neuen Finanzministers Koren, der 1968 Schmitz ersetzt hatte. Koren reagierte auf die kurze Konjunkturschwäche mit drastischen Steuererhöhungen und neuen Steuern wie einer besonders unbeliebten Auto-Sondersteuer. Für mich als seinen Nachfolger waren diese Maßnahmen aber dann budgetär sehr nützlich, weil wir in der ersten Hälfte der Siebzigerjahre inklusive Bahn und Post, Straßen- und Hochbau praktisch ein Nulldefizit erzielten. Für die ÖVP erwiesen sie sich als wenig hilfreich, wenngleich es übertrieben wäre, ihre Niederlage ausschließlich darauf zurückzuführen. Am 1. März 1970 verlor die ÖVP nicht nur die absolute, sondern auch die relative Mehrheit.

Das lag nicht zuletzt am geschickten Wirken des neuen Oppositionsführers Kreisky. Er legte großen Wert darauf, auch die wirtschaftspolitische Kompetenz der SPÖ zu demonstrieren, die sozialpolitische hatte man ihr ohnehin stets abgenommen. 1968 wurde auf einem Sonderparteitag das neue Wirtschaftsprogramm der SPÖ mit dem Titel »Leistung – Aufstieg – Sicherheit« beschlossen. Ein Jahr später folgten weitere oppositionelle Alternativangebote, unter anderem ein Human-, ein Kultur- und ein Wohnbauprogramm.

Für all das sollte im letzten Augenblick wenige Tage vor einem beschlussfassenden Parteirat (das zweithöchste Gremium der SPÖ nach dem Parteitag) ein detailliertes Finanzierungskonzept vorgelegt werden, Kreisky beauftragte mich mit dessen Federführung. Wieder arbeitete Alfred Reiter mit, dazu unter anderen der nachmalige Staatssekretär Ernst Eugen Veselsky und Walter Fremuth, später unter anderem Generaldirektor des Verbund-Konzerns. Kurz vor Fertigstellung am Abend des für den Beschluss vorgesehenen Parteirats kam plötzlich Klubchef Pittermann aus seinem Büro im Parlament, fragte überrascht, »Was hast du denn da?« und schnappte sich ungehalten das noch nicht ganz vollständige Konzept. Im folgenden Parteivorstand wurde der Entwurf abgelehnt, vor allem wegen der unpopulären Überlegung, die von Koren durchgeführten Steuererhöhungen großteils beizubehalten. Verärgert über diese Ablehnung ging ich zum Parteirat, Kreisky forderte mich dennoch zur Präsentation des Konzepts auf. Ich erläuterte es mit einigen Passagen des im Vorjahr beschlossenen Wirtschaftsprogramms. Die erste Folge: einstimmige Annahme. Die zweite: Es gab zwei höchst unterschiedliche TV-Interviews, eines mit Kreisky auf Basis des Vortagsbeschlusses, eines mit mir auf Basis des aktuellen.

Das wilde 1968er-Jahr

1968 war ein wild bewegtes Jahr, vor allem international. In den USA wurde Richard Nixon gewählt, unter dem der bereits unter John F. Kennedy begonnene und unter Lyndon B. Johnson eskalierte Vietnamkrieg der USA endgültig aus dem Ruder lief. Robert Kennedy wurde ermordet, ebenso Martin Luther King. Die weltweiten Proteste gegen den Krieg spitzten sich zu, speziell in Frankreich und Deutschland. In Berlin wurde Rudi Dutschke, Wortführer der Studentenproteste, bei einem Attentat lebensgefährlich verletzt. Die Umbrüche waren nicht nur direkt politischer Natur: Die »68er-Bewegung« stellte die gesamten konservativen Werte der Nachkriegsära in Frage, predigte »love and peace«, experimentierte mit Drogen, entwickelte eine hegemoniale Popmusik und -kultur. Die schrittweise Emanzipation der Frauen war nicht mehr aufzuhalten, sie wurden allein durch die Antibabypille freier und selbstbestimmter. (Ihr chemischer Schöpfer Carl Djerassi war mir übrigens so verbunden, dass er zu meinem 70. Geburtstag in der Österreichischen Akademie der Wissenschaften eine Laudatio gehalten hat.) Aus meiner Sicht kämpften die Achtundsechziger für etwas, was ich individuell bereits hatte: Gestaltungsmöglichkeit für mein Leben. Ich sympathisierte mit etlichen ihrer Ziele, nicht mit allen Methoden. Aber:

Ich fühlte mich eine Generation voraus, natürlich nicht biologisch, sondern politisch.

Unbestritten war aber auch für mich die gewaltige Dimension dieser Bewegung: Sie bewirkte im Westen wie im Osten eine Zäsur, stürzte 1968 beinahe den französischen Heros De Gaulle, brachte 1969 in Deutschland erstmals eine sozialliberale Regierung ohne konservative Beteiligung unter Willy Brandt ans Ruder, ermöglichte unter maßgeblicher Mitwirkung von Egon Bahr dessen erfolgreiche Ostpolitik und damit die schrittweise Aufweichung des Ostblocks. Gleichzeitig empörten sich gerade auch viele »Revolutionäre« über die neuerliche Demaskierung des autoritären Sowjetblocks: Im August walzte der »Panzerkommunismus« (der ehemalige KPÖ-Chefideologe Ernst Fischer) des »Warschauer Pakts« das tschechische Experiment eines «Sozialismus mit menschlichem Antlitz« nieder. Kurz zuvor hatte ich im Akademietheater noch Pavel Kohouts »Zirkusgeschichte« »August, August, August« gesehen.

Bei uns hat die Protestbewegung der Achtundsechziger, auch dank der Reformbemühungen, die Kreisky ab 1967 vorbereitete, nur in sublimierter Form stattgefunden. Andererseits wäre die SPÖ unter Kreisky ohne diese tiefen Brüche in den westlichen Nachkriegsgesellschaften 1970 nicht ans Ruder gekommen. Direkte Auswirkungen der Studentenbewegung, gar Revolten wie in Berlin oder Paris, zeigten sich in Österreich 1968 kaum, zumindest bekam ich als bereits »Etablierter« nur wenige davon mit. Ebenso bei Aufenthalten in den ebenfalls brodelnden USA, außer den gewaltigen Protesten gegen den Krieg in Vietnam, der längst einer in fast ganz Indochina geworden war, und den gewaltigen Rassenunruhen in Los Angeles. Den Sommer 1969 verbrachte ich in dem von Henry Kissinger bis kurz davor geleiteten Institut in Harvard, gleichzeitig übrigens mit dem späteren französischen Ministerpräsidenten Lionel Jospin sowie Robert Skidelsky, Biograf von John Maynard Keynes. Kissinger war mittlerweile Nixons Sicherheitsberater geworden, 1973 erhielt er gemeinsam mit seinem vietnamesischen Amtskollegen Le Duc Tho den Friedensnobelpreis für das Waffenstillstandsabkommen mit Nordvietnam. Mit dem damals entscheidenden Außenpolitiker der USA verbindet mich bis heute eine persönliche Freundschaft.

In diesem Sommer 1969 erlebte ich während eines Aufenthalts an der Harvard University auch die erste Mondlandung: Unsere Gastgeberin in Cambridge brach an diesem Abend in Tränen aus, aber auch für alle anderen war es ergreifend: Men on the moon! Das war auch für mich eine Art Zeitenwende. Die folgenden technologischen Revolutionen konnten mich zwar regelmäßig faszinieren, aber nicht mehr überraschen. Ich erinnerte mich an eine Episode kurz vor meiner Matura: Wir hatten unseren Physikprofessor gefragt, ob er glaube, dass Menschen jemals den Mond erreichen würden. Er verneinte. Und wenn, dann würde er es jedenfalls nicht mehr erleben, wir wahrscheinlich auch nicht. Einige Jahre später war es so weit ...

»Er soll endlich fertig werden«

Davor schloss ich endgültig mein Studium ab. Im Frühjahr 1968 bestand ich mein erstes Rigorosum, im Herbst mein zweites, im Dezember konnte ich promovieren. Beim zweiten Rigorosum fragte mich ein Professor, ob ich mit dem Abgeordneten Androsch verwandt sei. Überraschende Antwort: »Das bin ich selber.« Meine Doktorarbeit, hauptsächlich an meinem Arbeitsplatz als Parlamentsmitarbeiter der SPÖ verfasst, trug den spröden Titel: »Investitionsplanung – Grundlagen und Durchführung«. Es hatte lange gedauert, bis ich die Aufforderung meines Doktorvaters Illetschko an meinen Freund Helmut Marsoner (er war mit seiner Frau Ingrid mein Semesterkollege, sie wurden ebenfalls Wirtschaftsprüfer und sind bis heute nicht nur bei vielen gemeinsamen Bootsurlauben gute Freunde, ihr jüngerer Sohn Johann ist mein Taufkind) erfüllen konnte: »Sagen Sie ihm, er soll endlich fertig

werden, damit ich in Pension gehen kann!« Nach dem Doktorats-
abschluss mit der Spezialisierung in Treuhandwesen und Revision
sollte mir die Ausbildung zum Wirtschaftsprüfer das Rüstzeug für
meinen weiteren Berufsweg liefern. Die Berufspolitik kam mir
dann in ihrer höchstrangigen Form dazwischen, jener als Minister.

3. Die ersten Ministerjahre: 1970–1975

Für die Wahl am 1. März 1970 hatten wir trotz dauernder Erfolge bei Regional- und Lokalwahlen seit 1966 ebenfalls mit Zugewinnen gerechnet, in sehr optimistischen Szenarien eventuell mit einer erstmaligen Führung nach Mandaten, nicht nur nach Stimmen wie bereits zweimal in der Zweiten Republik, 1953 und 1959. Aber kaum jemand hat an die Möglichkeit einer Alleinregierung gedacht, wenn auch nur an eine kurze Minderheitsregierung unter Duldung der Freiheitlichen. Eine solche Option war ja völlig unüblich in Österreich, auch Kreisky hat sie nicht direkt betrieben, obwohl er stets um ein gutes Gesprächsverhältnis mit der FPÖ, insbesondere ihrem Obmann Friedrich Peter, bemüht war.

Wir hatten unseren Wahlkampf vor dem Hintergrund des Endes der Nachkriegsphase ganz auf »Modernisierung« angelegt, wie ich in einer Rede für eine Werbeschallplatte betonte: »*Diese Wahlen entscheiden darüber, ob uns der Start in die 70er-Jahre gelingt oder nicht. Er wird uns kaum gelingen, wenn die Leute am Ruder bleiben, die im Jahr, in dem die ersten Menschen den Mond betreten haben, stolz die Parole verkünden: ›Keine Experimente‹. Im Gegenteil, wir müssen mehr Mut zu Experimenten haben.*« Die Person Kreisky war, so wie unsere Hauptslogans (»Österreich europareif machen!«, »Gegen das Sterben vor der Zeit!«, »Für ein modernes Österreich!«), Signal für diese Modernisierung. Er hatte zudem in der Schlusserklärung vor dem Wahlsonntag gegen meine Überzeugung einen populistischen Schlenker hingelegt, indem er im Gegensatz zu seinem Finanzierungskonzept ankündigte, die SPÖ werde die Steuererhöhungen von Koren rückgängig und generell eine Steuersenkung möglich machen.

Kurz vor Mitternacht an diesem Wahlsonntag war klar: Die SPÖ hatte mit 81 Mandaten erstmals Platz 1 erreicht, die ÖVP bekam 79 Mandate, die FPÖ 5, die Partei Olahs und die KPÖ verfehlten den Einzug ins Parlament. Dass ein halbes Jahr später nach einer Anfechtung beim Höchstgericht und der Wiederholung der Wahl in drei Wiener Wahlkreisen noch ein Mandat von der ÖVP zur FPÖ wechselte, änderte nichts an der neuen Situation: Die Alleinregierung der ÖVP war zu Ende, sie konnte höchstens als Minderheitspartei in einer neuen Großen Koalition bleiben. Die SPÖ konnte erstmals in der Geschichte der Zweiten Republik den Kanzler stellen – sieht man von Karl Renner ab, der ähnlich wie nach dem Ersten Weltkrieg auch 1945 acht Monate als Chef einer Provisorischen Staatsregierung fungierte.

Die Ära Kreisky oder Kreisky–Benya

Die Ära Kreisky (manche meinten und meinen: die Ära »Kreisky–Androsch«, ich ziehe die Ära »Kreisky–Benya« oder »Kreisky und sein Team« vor) begann 1970 mit einer seltsamen Allianz. Den jüdischen Exilanten Kreisky verband mit dem damaligen FPÖ-Obmann Friedrich Peter, einem ehemaligen Angehörigen der Waffen-SS, große Sympathie: Den glaubwürdig Geläuterten hatte Kreisky später mehrfach auch gegen heftige Angriffe von »Nazi-Jäger« Simon Wiesenthal verteidigt, selbst mit ehrenrührigen, gerichtlich verurteilten Attacken auf dessen eigene Glaubwürdigkeit. Ich teilte damals die Haltung Kreiskys inhaltlich, nicht stilistisch. Seine Emotionen basierten vor allem auf einer tiefen Dankbarkeit dem FPÖ-Chef gegenüber: Peter hatte Kreisky 1970 die Bildung einer Minderheitsregierung und somit den Start eines in Europa einmaligen Siegeszugs ermöglicht.

Bruno Kreisky führte die SPÖ als Galionsfigur nach 1970 zu weiteren drei Wahlsiegen mit absoluten, jeweils ausgebauten Mehrheiten, 1971, 1975 und 1979. Kreisky und sein Team haben Österreich zu einem modernen Industriestaat gemacht. Diese Fortschritte hätte vermutlich – mit etwas anderer Akzentsetzung – auch eine andere Regierung erreichen können. Was die Jahre zwischen 1970 und vor allem 1975 aber besonders auszeichnete, war die qualitative Klimaveränderung, die er zuließ, förderte, durchsetzte: Der »große Kommunikator« mit seinem besonderen »Gspür« für neue Strömungen und Probleme, für die wachsende gesellschaftliche Bedeutung von Frauen, Künstlern und Intellektuellen, von direkter Demokratie, Medien und Umweltschutz, hat gemeinsam mit seinem Team, vor allem mit Hertha Firnberg und Christian Broda, aber auch mit Leopold Gratz (dann Fred Sinowatz), Rudolf Häuser, Josef Staribacher oder seinem Finanzminister, aus einem katholisch-konservativen, provinziellen Land ein liberaleres, demokratischeres, weltoffeneres gemacht. Im »Überbaubereich« gelangen dementsprechende Reformen, das Strafrecht wurde liberalisiert, die Universitäten wurden intern demokratisiert, der Zugang zu ihnen ebenso wie zu den Höheren Schulen entprivilegisiert. Die SPÖ fungierte unter Bruno Kreisky vor allem in der ersten großen Reformperiode zwischen 1970 und 1975 als Motor liberaler Nachziehverfahren, einer ökonomischen Modernisierung und der sozialen Stabilisierung, als »linke Volkspartei«.

So wurde ein Land selbstbewusster, das nicht mehr nur an seine dauerhafte Lebensfähigkeit glaubte, sondern auch – bis zur Grenze der Selbstüberschätzung – an seine internationale Bedeutung, an die Möglichkeit, scheinbar abseits von Energiekrisen und Weltrezessionen, scheinbar unabhängig vom sich gegen Ende seiner Ära verschärfenden Kalten Krieg, scheinbar eigenständig einen »österreichischen Weg« zu gehen. Durch eine vor allem durch meine gute Zusammenarbeit mit Anton Benya gewährleistete Wirtschafts- und Währungspolitik konnten bis Anfang der

Achtzigerjahre die Arbeitslosenraten mit durchschnittlich knapp 3 Prozent (nach heutigem EU-Erhebungsstand wären die 60.000 Arbeitslosen weniger als 2 Prozent im Vergleich zu den jetzigen 500.000) europaweit einmalig niedrig gehalten werden; durch die speziell von Kreisky betriebene Aufwertung Wiens zur dritten UNO-Stadt durch die Errichtung der UNO-City sowie durch das große Gewicht der Außenpolitik (vor allem im Nahen Osten) wurde aus einer von der Bevölkerung eher passiv erduldeten Neutralität eine bis heute mit großen Mehrheiten unterstützte, wenn auch innerhalb der EU nicht mehr vorgesehene und daher nicht mehr aktiv betriebene Neutralitätspolitik. Und diese wiederum zu einem allseits akzeptierten Baustein des voll erwachten positiven österreichischen Patriotismus.

Bruno Kreisky wusste das für seine Politik zu nutzen: Er, der noch 1970 unterschwellig von der ÖVP und ihrem Kanzler Josef Klaus (Plakat: »Ein echter Österreicher«) wegen seiner jüdischen Herkunft bekämpft worden war, ließ 1975 von Wahlhelfern an den Grenzen Autopolster und Deckchen verteilen: »Zuhause ist es doch am schönsten.« Kreisky schien oft den Mitstreitern aus seiner Generation deren Erfolge bisweilen fast zu neiden, speziell Christian Broda – mit ihm hatte Kreisky zeit seines Lebens heftige Kontroversen; das betraf Brodas KP-Vergangenheit ebenso wie die Differenzen im beinhart ausgetragenen innerparteilichen Machtkampf der SP-Spitze mit dem von Kreisky bis zuletzt unterstützten »Peronisten« (Norbert Leser) Franz Olah. Der Kanzler ließ Broda bei dessen Justizreformen aber ebenso gewähren wie Hertha Firnberg bei ihren Initiativen für eine demokratische Hochschule. Speziell nach Auftreten seiner Krankheiten Mitte der Siebzigerjahre hat Kreisky aber auch seine beiden früheren »Lieblingsschüler« verstoßen, wenn die sich seiner misstrauischen Wahrnehmung nach allzu früh und allzu stark zu profilieren schienen, Leopold Gratz ebenso wie mich.

Kreiskys »Ziehsohn«?

Ich war nie Kreiskys politischer »Ziehsohn«, menschlich standen mir andere Persönlichkeiten näher, Waldbrunner etwa, Benya, Slavik oder auch Ockermüller. Aber ich erkannte und erkenne die überragende Bedeutung Kreiskys, die er für die Sozialdemokratie hatte. Es ist gut möglich bis wahrscheinlich, dass er in mir bis Mitte der Siebzigerjahre seinen politischen »Ziehsohn« gesehen hat. Fritz Marsch, langjähriger Zentralsekretär der SPÖ, hat meine Frage, worin er die Ursache unserer späteren Entfremdung sehe, mit einem leicht ironischen Lächeln bedächtig beantwortet: »Des is aber klar, da bist ihm zu stark worden.«

Das trifft in dieser Einfachheit die Dinge klarer als psychologische Deutungen wie die des Politikwissenschaftlers Norbert Leser, Kreisky »sei auch persönlich in geradezu erotischer Weise« von mir als »Ersatzsohn und sublimiertes Liebesobjekt« angetan gewesen und dann geprägt von »Gefühlen des Neides, der Mißgunst und der Eifersucht, ja der Angst, entmachtet zu werden«. Johannes Kunz, langjähriger Pressesprecher des Kanzlers, sieht die Dinge ähnlich wie Marsch: Kreisky habe »sein Revier verteidigt, wie ein Platzhirsch das Revier verteidigt«. Bloß: Ich wollte ihm zumindest wissentlich nie sein Revier streitig machen. Ich kann mir heute mit der Weisheit des Rückblicks vielleicht vorwerfen, weder seine diesbezüglichen Emotionen noch seine zunehmende Krankheit rechtzeitig erkannt zu haben. Vielleicht hat ihn aber auch meine Selbstsicherheit, auf die er anfangs sehr stolz war, immer mehr irritiert. Einflüsterer, denen er zunehmend sein Ohr schenkte, haben ein Übriges dazu beigetragen. Ob ein einfühlsameres Verhalten meinerseits den Bruch verhindert hätte, bin ich mir nicht sicher.

Vorbild Kreisky

Anfang der Siebzigerjahre aber war Kreisky auch meine Leitfigur: durch seine historische Erfahrung, durch seinen wachen Geist, durch sein bis etwa 1975 gegebenes Gespür für gesellschaftliche Stimmungen und Strömungen sowie durch seine überzeugte und überzeugende Art, mit der er klassischen Bürgerlichen – bis hin zu Industriellen – auf Augenhöhe begegnen konnte. Er spürte instinktiv das Bedürfnis vieler Österreicher nach einer weltoffeneren, moderneren, gerechteren Politik, die über den bisherigen engen Tellerrand hinaus denken und gestalten sollte. Er hatte im skandinavischen Exil die Bedeutung des Wohlfahrtsstaats kennengelernt. Und versuchte dessen Grundpfeiler – vor allem eine möglichst geringe Arbeitslosigkeit – auch in Österreich zu etablieren. Dafür suchte und fand er eine breite Wählerkoalition, die weit über die klassische sozialdemokratische Klientel hinausging, katholische Kreise ebenso erfasste wie früher »nationale« (nicht nationalsozialistische), Unternehmer ebenso wie Gewerkschafter, vor allem auch Intellektuelle und Künstler. Er ebnete Herbert von Karajan den Weg zurück nach Wien und konnte Leonard Bernstein dafür gewinnen, zusammen mit den Wiener Philharmonikern den Parteitag der SPÖ im Mai 1970 zu eröffnen.

Mein Eintritt in die Regierung wäre ohne Kreisky nicht möglich gewesen, nicht nur aus Gründen der Realpolitik. Ich hätte mich auch ohne mein Vertrauen in Kreisky und seinen Weg nicht so leicht für eine – kurze – Phase der Berufspolitik und gegen das Berufsleben entschieden. Andererseits machte mir meine Ausbildung zum Steuerberater und beeideten Wirtschaftsprüfer die Entscheidung zusätzlich leichter: Wäre schon der Versuch einer Minderheitsregierung gescheitert, hätte ich meinen Lebensunterhalt und den meiner Familie unabhängig von der Politik gut bestreiten können.

» Weil in meiner Familie viele Politiker waren, wusste ich, was auf mich zukommt, wenn er sich für die Politik entscheidet.

Ich hab dann eine Familie mit zwei kleinen Kindern gehabt und er war eigentlich fast nur weg. Für die Kinder war es normal, dass der Papa am Abend aus dem Fernseher spricht, da haben sie ihm auf dem Fernsehschirm ein Busserl gegeben … Ich war in die heiklen Phasen seiner Karriere immer involviert, wir haben damals alles besprochen … Ich hab immer gewartet, bis er nach Hause gekommen ist, das war oft auch erst nach Mitternacht. Er hat nicht immer auf mich gehört, aber zumindest war ich mit allen Dingen vertraut … Heute haben wir trotz allem ein schönes Familienleben, feiern alle Geburtstage gemeinsam. Das nimmt er sehr ernst, da finden wir auch immer einen Termin, wo er dabei sein kann. Wir machen gemeinsam Urlaube, jetzt schon zu zehnt. Es ist immer sehr schön, er ist der Vater meiner Kinder und der Großvater der Enkelkinder, da muss man schauen, dass man das zusammenhält … In meinen Augen macht er derzeit zu viel, zu viele Interviews, zu viele Artikel. Er inflationiert sich da ein wenig. Wir drei Weiber – meine Töchter und ich – versuchen ihm das hin und wieder zu sagen. Sehr kritikfähig ist er aber nicht. Aber sehr gesundheitsbewusst, er lässt sich ununterbrochen durchchecken … Ich glaube wirklich, dass er Visionen hat, das Bildungsvolksbegehren etwa war ja kein Spaziergang, da hat er viel Zeit und Geld investiert. Das finde ich toll. Er weiß schon, wo's langgeht. Und da gibt's leider nicht mehr so viele in der jetzigen Regierung.«
Brigitte Androsch, Jahrgang 1940, Ehefrau seit 1964

Bis Mitte der Siebzigerjahre bildeten Kreisky und ich wirklich eine Achse, nicht die einzige in Regierung und SPÖ, aber eine entscheidende: Immer wieder berichteten mir Kollegen von Hinweisen des Kanzlers, man müsse bei neuen Ideen auch berücksichtigen, »was der Hannes dazu sagt«. Karl Lausecker, von 1973 bis 1977 Staatssekretär für Besoldungswesen im Kanzleramt, später erfolgreicher Verkehrsminister, meinte, unser Agieren sei bis 1975 in »traumwandlerischer Ergänzung« verlaufen. Meine Frau Brigitte seufzt heute noch bei Erinnerungen an spontane morgendliche Anrufe Kreiskys meist schon um halb neun Uhr früh an den wenigen terminlosen Samstagen (meine private Telefonnummer stand übrigens ebenso im Telefonbuch wie jene des Kanzlers): Sie konnte fast sicher sein, dass damit der Familientag vorbei war, ich bald darauf zu Besprechungen in seine Villa aufbrach oder zu Spaziergängen in den Grinzinger Weinbergen, von denen ich oft erst gegen Abend zurückkehrte. Sie meinte auch, dass er mich als Ziehsohn gesehen haben mag, aber ich ihn nie als Ziehvater, sondern eben als erfolgreichen Partei- und Regierungschef.

Unsere Nähe erstreckte sich auch auf Winterurlaube, vor allem in Lech am Arlberg, meinerseits mit dem langjährigen Skiführer Walter Bickl. Freilich stiegen wir nicht im selben Hotel ab: Die Androschs logierten in der Pension Angela der Familie Walch (inzwischen ein Viersternehotel), die Kreiskys im Spitzenhotel Gasthof Post. Dort gab es dann meist stundenlange Gespräche über Gott und die Welt, die internationale und die österreichische Politik. In klarer Rollenverteilung: Der Kanzler erklärte und reflektierte, oft faszinierend, der Finanzminister hörte zu, oft fasziniert – und versuchte speziell vor Regierungsklausuren in den gelegentlichen Pausen für seine Anliegen und Vorhaben ein zustimmendes Brummen zu erreichen. Wenn das geschehen war, rief ich sofort in Wien meine engsten Mitarbeiter Mauhart und Vranitzky an: Sie sollten ein Gespräch mit Benya und dann eine Beschlussfassung im Ministerrat oder Parlament vorbereiten. Otto Rösch beschwerte sich einmal bei mir ironisch: »Ja, ja, das wissen wir schon, ihr macht euch da alles im Urlaub in Lech aus, dann kommt ihr nach Wien zurück und wir müssen als ausführende Organe bereitstehen.«

Solche Urlaubsbegegnungen gab es auch – seltener – im Sommer: Ich besuchte Kreisky auf dessen Wunsch einige Mal in seinem bayrischen Kurort Bad Wörishofen, einmal im Hotel Cipriani in Venedig, mehrere Male in seinem Sommerurlaub in

Kärnten. Und auf Mallorca, wo er sich ein Ferienhaus hatte bauen lassen. Dass er in diesem Zusammenhang erklärte, Kärnten sei ihm »zu teuer« geworden, wurde verkürzt berichtet: Kreisky hatte gemeint, ein Hausbau an einem Kärntner See wäre ihm zu teuer gewesen. Auf Mallorca war ich übrigens nur zweimal; gegen Ende seiner Regierungszeit fütterte dort Kreisky anreisende Journalisten vor allem mit immer böser werdenden Spitzen gegen meine Person.

Die Erfolgsstory der Zweiten Republik

In der Rückschau waren die Siebzigerjahre wohl das erfolgreichste Jahrzehnt der Zweiten Republik. Das bestätigen vor allem noch heute Angehörige jener Generation, die erfolgreich Karriere gemacht haben: »Ohne euch wäre das für uns nicht möglich gewesen.« Die Siebzigerjahre stehen für vielfältige Modernisierung, vor allem auch für Wohlstandsbeschleunigung durch wirtschaftlichen Aufbruch – trotz teilweise, vor allem ab der zweiten Hälfte des Jahrzehnts, sehr widriger Umstände. Das erklärt auch, warum die Zustimmung zu unserer Politik – verbürgt durch die drei absoluten Mehrheiten bei drei aufeinanderfolgenden Nationalratswahlen – so hoch war und diese Periode auch heute noch von breiten Bevölkerungskreisen als wohlhabender, liberaler, weltoffener und europareif, aber auch gerechter bezeichnet wird, beinahe schon legendenhaft erhöht als »Goldenes Zeitalter«, als Hort der Sicherheit und Stabilität, allerdings verbunden mit dem Verständnis, dass man immer auch auf den Schultern seiner Vorgänger steht. Kreisky hat dies in seinen Reden mehrfach betont.

Um einen bestimmten Zeitraum als Ära titulieren zu können, ist allerdings eine bestimmte Wirkungsmächtigkeit der betreffenden Zeitspanne erforderlich. Man kann »unsere« Zeit, die Siebzigerjahre, vor allem deshalb eine Ära nennen, weil damals Dinge bewegt wurden, die weit über den betreffenden Zeitraum hinausreichten und -reichen. Man kann von ihnen jedenfalls als von einem prägenden Jahrzehnt mit dauerhaften Folgen sprechen, mein Freund Karl Lausecker nannte es sogar einmal ein »charismatisches« Jahrzehnt. Es hat – ohne Anspruch auf Fehlerlosigkeit – unsere Identität vertieft und unser gemeinsames Selbstvertrauen gestärkt.

Immerhin hat seither niemand die Forderung erhoben, die Errungenschaften jener Zeit wieder komplett rückgängig zu machen. Welche Partei würde es heute wagen, die Abschaffung der Schülerfreifahrt zu fordern, der Individualbesteuerung im Einkommensrecht, der Fristenregelung oder der Volksanwaltschaft? Genau das aber waren unsere Ansprüche: einen Wohlfahrtsstaat für alle nach schwedischem Vorbild zu etablieren, das Bildungssystem durchlässiger und chancengleicher zu gestalten, eine dem Zeitgeist entsprechende Infrastruktur zu schaffen sowie dringend notwendige Reformen im Straf-, Familien-, Bildungs- und Steuerbereich umzusetzen.

Freilich hatten wir dafür kein Patentrezept. Was wir brauchten und worauf wir uns in allen Bereichen stützten, war flexibler Pragmatismus auf der Basis fester Grundsätze. Missionarischen, dogmatischen Fundamentalismus habe ich dabei stets ebenso strikt abgelehnt wie billigen Opportunismus auf der anderen Seite. Wir sind einem kategorischen Imperativ gefolgt, ohne den wahnwitzigen Anspruch zu haben, die allein seligmachende Wahrheit gepachtet zu haben. Mit diesem Ansatz waren wir nicht allein: Mit Willy Brandt in der Bundesrepublik Deutschland und Olof Palme in Schweden bildete Bruno Kreisky jenes Triumvirat – Felipe González, der ab 1974 die spanischen Sozialisten anführte und von 1982 an 14 Jahre lang Ministerpräsident Spaniens blieb, wurde dabei ein wichtiger Partner –, das die Siebzigerjahre für weite Teile Europas zu dem sozialdemokratischen Jahrzehnt schlechthin werden ließ. Es spannte sich von der progressiven Aufbruchsstimmung Marke »Woodstock« Ende der Sechzigerjahre bis zur konservativen Wende am Beginn der Achtzigerjahre,

70

die durch Margaret Thatcher und Ronald Reagan eingeleitet wurde.

Für Österreich bildete das Jahrzehnt den Höhepunkt jenes Aufwärtstrends samt dem daraus resultierenden Strukturwandel, der nach dem Ende der Besatzungszeit eingesetzt hatte. Dieser Wandlungsprozess zeichnet sich vor allem durch die verringerte Bedeutung des Primärsektors, der Landwirtschaft und des Kleingewerbes aus, durch eine Zunahme der Zahl berufstätiger Frauen, die Vermehrung von Eigenheimen und Zweitwohnsitzen sowie durch eine bessere maschinelle Ausstattung in der Landwirtschaft und in Privathaushalten. Während Primärsektor und Landwirtschaft schrumpften, nahm der Dienstleistungssektor an Bedeutung zu, lösten Wissen und Kopfarbeit Handarbeit und Muskelkraft ab, erreichte unsere Industriebasis ihre größte Breite.

Diese tief greifenden Veränderungen waren auch an statistischen Daten erkennbar. Ende 1970 verfügten 1,4 Millionen Haushalte über ein Telefon, 1975 waren es bereits 2,1 Millionen, 1980 mehr als drei Millionen. 1970 kamen auf 100 Einwohner 13 Telefonanschlüsse, 1983 bereits 34. Die Vollautomatisierung des Fernsprechnetzes konnten wir bereits Ende des Jahres 1972 abschließen, mit Karlstein an der Thaya war auch die letzte Gemeinde Österreichs in den Selbstwählverkehr einbezogen. In dieser Zeit wuchs auch die Zahl der Pkw-Zulassungen stark: 1970 waren es knapp 1,2 Millionen, 1978 mehr als zwei Millionen. Die Verkehrsinfrastruktur musste dementsprechend ausgebaut werden: durch die Brennerautobahn im Oktober 1971, den Endausbau der Autobahn von Klagenfurt nach Villach ein Jahr später, der Tauernautobahn (1975) und des Gleinalmtunnels (1978), des Arlbergtunnels (1978) und der Pyhrnautobahn, durch wichtige Donaubrücken bei Krems und Linz.

Ebenso wichtig erwiesen sich die gesellschaftspolitischen Veränderungen, die zur Basis unserer Wahlerfolge wurden. Die Menschen wollten sich des Miefs der kulturell wie politisch konservativen Fünfziger- und Sechzigerjahre entledigen und die Fenster der

Republik zwecks gründlicher Durchlüftung ganz weit aufstoßen. Deswegen wurde die SPÖ gewählt: Wir waren angetreten mit dem Anspruch, das Land zu modernisieren, es weltoffener, liberaler, chancengleicher und bildungsfreundlicher zu machen. Vor allem die jungen Wähler, die sich 1971 erstmals in einer klaren Mehrheit für die SPÖ entschieden, hatten von der stickigen, konservativen Atmosphäre der Regierung Klaus endgültig genug. Bereits zwei Jahre zuvor hatte in Deutschland eine vor allem jugendliche Wählermehrheit mit Willy Brandt erstmals einen Sozialdemokraten an der Spitze einer sozialliberalen Koalition ins Bonner Kanzleramt gebracht.

Die ÖVP pochte dagegen in den ausgehenden Sechziger- und beginnenden Siebzigerjahren eher auf Beharrung – und damit auf Rückschritt. Dabei hatte es auch unter Josef Klaus gute Ansätze gegeben, sie wurden aber nicht zu Ende geführt. Während es Kreisky in unnachahmlicher Weise gelungen war, den Sog des Strukturwandels zu nutzen, hatte sein ideologischer Gegenspieler von der ÖVP, der Generalsekretär und spätere Kurzzeit-Obmann Hermann Withalm, diesen nicht für sich zu nutzen vermocht. Umso unverständlicher, als es gerade ihre Klientel war – etwa Kleingewerbebetriebe, die durch die Industrialisierung in ihrer Existenz bedroht waren –, die vom wirtschaftlichen Strukturwandel in viel höherem Ausmaß betroffen war als jene der SPÖ.

Zurück zum Wahlsieg 1970: Zwei Tage nach der Wahl wurde Kreisky von Bundespräsident Jonas mit der Regierungsbildung beauftragt. Das bedeutete: Koalitionsgespräche ausschließlich mit der ÖVP, in der für uns ungewohnten Rolle als stärkere Partei. Die FPÖ hatte nämlich im Wahlkampf eine Regierungszusammenarbeit mit der SPÖ (ebenso wie mit der ÖVP) ausgeschlossen (Slogan: »Keine schwarze Mehrheit, kein roter Kanzler!«), nachdem die Volkspartei unter Hinweis auf die neue deutsche sozialliberale Regierung Brandt–Scheel vor einem ähnlichen Modell in Österreich gewarnt hatte: »Die dritte Kraft den roten Kanzler schafft«. Die ÖVP in Gestalt von Klaus und seines Nachfolgers

Hermann Withalm verabsäumte es zum Unterschied von Kreisky und der SPÖ in der Phase gleich nach der Wahl, ein gutes Verhältnis zur FPÖ wiederherzustellen – was mich 2008 bei einem Parlamentssymposium zur Erinnerung an Withalm sagen ließ, dieser habe zur 30-jährigen SPÖ-Kanzlerschaft einen wesentlichen Beitrag geliefert. Das soll die generellen Qualitäten Withalms, eines blendenden parlamentarischen Redners, nicht schmälern: In einem Interview mit den »Salzburger Nachrichten« vor der Wahl 1970 hatte ich ihn sogar als einen von drei beeindruckenden politischen Persönlichkeiten nach Kennedy und Waldbrunner genannt. Heinz Brantl, der geniale Wahlwerber Kreiskys, runzelte schon damals die Stirn: »Ein guter Sager, aber ER wird keine Freude daran haben.«

Kreisky war auch nach dem Wahltag etliche Wochen um die Fortsetzung der gewohnten Koalition bemüht, plante sieben Ministerämter für die SPÖ, sechs für die ÖVP. Die Gespräche scheiterten letztlich an der Ressortverteilung, die Volkspartei bestand nämlich trotz ihrer Wahlniederlage auf einer Parität. Ich war nur indirekt in die Verhandlungen eingebunden. Felix Slavik erklärte mir im Wiener Rathaus ein akutes Dilemma: Kreiskys Versprechen einer Steuersenkung stand im krassen Gegensatz zu einem früheren Parteibeschluss – und zu den Festlegungen unseres Finanzierungsprogramms. Ich konnte Slavik und die anwesenden Spitzengewerkschafter Rudolf Häuser und Josef Staribacher von der Problematik einer Steuersenkung überzeugen (»Wir werden ja den Finanzminister stellen«) – sie kam dann auch nicht. Je länger sich die Verhandlungen zogen, desto entschlossener wurde Kreisky. Als er in diesen Wochen mit seinem damaligen Sekretär, dem späteren Außenminister Peter Jankowitsch, am Ballhausplatz vorbeifuhr, sagte er mit Blick aufs Kanzleramt: »Da gehen wir hinein – und lange nicht hinaus!«

»Traust du dir zu, Finanzminister zu werden?«

Am Freitag, dem 17. April, holte mich Kreisky in die Löwelstraße, in die Parteizentrale der SPÖ: »Traust du dir zu, Finanzminister zu werden?« Mir hatten das schon Slavik und Ockermüller zuvor angedeutet, ich zögerte auch deshalb keine Sekunde: »Ja, wenn meine Jugend keine Rolle spielt!« Kreisky: »Was heißt Jugend? Der Schmitz von der ÖVP war auch jung, als er Finanzminister geworden ist!« Mein Protest war nicht ganz ernst gemeint: »Erstens war der Schmitz älter als ich heute. Und außerdem will ich auch sonst kein zweiter Schmitz werden.« Wurde ich auch nicht: Wolfgang Schmitz war mit 40 Jahren Finanzminister geworden und amtierte als Vorläufer Korens vier Jahre lang.

Ich wurde es mit 32 Jahren und blieb es fast elf Jahre lang. Ich hätte an der Stelle Kreiskys damals nicht den Mut gehabt, einem derart jungen Politiker – ich war ja auch erst drei Jahre Abgeordneter – einen derart wichtigen Posten anzuvertrauen. Inzwischen gab es auch einen noch jüngeren Finanzminister, aber eben 30 Jahre später. Damals war diese Entscheidung viel unkonventioneller. Kreisky argumentierte sie in einer SPÖ-Broschüre so: »*Viele glauben, dass es mutig war, einen so jungen Mann wie Dr. Hannes Androsch zum Finanzminister vorzuschlagen. Wer aber um seine Kenntnisse weiß und um seine Gabe, den Dingen auf den Grund zu gehen, dem wird die Jugend des Hannes Androsch nicht den Schlaf rauben.*«

Später zeigte sich Kreisky von meiner raschen Zusage überrascht, damals ließ er es sich jedenfalls nicht anmerken. Zuvor soll er auch an andere Kandidaten gedacht haben: an den steirischen Parteichef Alfred Schachner-Blazizek, der krankheitshalber absagte und bald darauf verstarb; an Rudolf Häuser etwa, der dann Vizekanzler und Sozialminister wurde. An Franz Ockermüller, der keinesfalls seine Position als Generaldirektor der Länderbank aufgeben wollte. Oder an Wiens Finanzstadtrat Felix Slavik, der lächelnd ablehnte: »Du hast doch eh den Androsch.« Slavik hatte mir bereits im November 1969 viel zugetraut: »Wenn sich die Partei viel traut, dann macht sie dich zum Finanzminister. Einen Finanzminister muss man sehr populär machen, damit er die unpopulären Dinge tragen kann.«

Slavik nahm mich dann auch einen Tag nach Kreiskys Angebot an mich zur letzten Verhandlung mit Noch-Finanzminister Koren in dessen Amtsräumlichkeiten mit. Es war der 18. April 1970, mein 32. Geburtstag. Es war natürlich kein konstruktives Gespräch mehr, Slavik grinste am Ende Koren mit einem Blick auf mich an: »Herr Minister, Sie brauchen sich nicht mehr den Kopf zu zerbrechen. Sie sind nicht der nächste Finanzminister, ich bin es auch nicht.« Draußen warteten schon Journalisten, der spätere ORF-General Gerhard Weis sprach mich auf mein mögliches Avancement an. Ich konnte natürlich nichts bestätigen – offiziell liefen noch Koalitionsverhandlungen –, dementierte aber auch nicht.

Am Montag, dem 20. April, informierte Kreisky Jonas vom Scheitern der Gespräche mit der ÖVP. Für die Zusammenstellung des nun ganz einfärbigen Teams blieb da wenig Zeit; das mag auch manche Fehlbesetzung erklären – so etwa die Kür des »Roten Brigadiers« Johann Freihsler, der nach heftigen Protesten im Heer wegen der Verkürzung der Wehrdienstzeit den Stress der Politik nur ein Jahr aushielt und durch den dann ebenfalls sehr umstrittenen Karl Lütgendorf ersetzt wurde; vor allem aber die Ernennung des völlig unbekannten Kärntners Hans Öllinger zum Landwirtschaftsminister. Ursprünglich war dafür Staribacher vorgesehen, den wollten die Gewerkschafter aber lieber als Handelsminister. In dieser »Notlage« fiel dem Kärntner Parteichef und Landeshauptmann Hans Sima dann ein loyaler Beamter ein, er rief ihn an, Öllinger sagte zu. Bereits vier Monate nach der Wahl musste er durch Oskar Weihs ersetzt werden. Öllinger hatte einen Herzanfall erlitten, nachdem seine frühere SS-Mitgliedschaft bekannt geworden war. Seine Bestellung war kein strategischer Schachzug Kreiskys gewesen, um am rechten Rand und bei der FPÖ Sympathien zu sammeln, sondern folgte eben einer Idee von Hans Sima.

Die Hilfe der FPÖ

Derer hatte sich Kreisky bereits im März, in der Nacht nach der Wahl, versichert. Er hatte Friedrich Peter kurz vor Mitternacht durch Peter Jankowitsch vom Abendessen der FPÖ im Lokal »Drei Husaren« (die Parteispitze betrauerte den Verlust eines Mandats, auch dabei: der junge Assistent Jörg Haider) in die SPÖ-Zentrale eingeladen. Gegen zwei Uhr früh hatte er Peter dessen angekündigten Rücktritt von der Parteispitze ausgeredet. Peter hielt diese Szene später schriftlich für mich fest: »*Die Heizung war abgeschaltet, und zum seelischen Katzenjammer gesellte sich auch der physische. Kreisky hatte die Füße in warmen Patschen und brabbelte vor sich hin. Ich fror, hörte aber aufmerksam zu.*« Das zahlte sich letztlich aus: Kreisky bot der FPÖ im Falle der Unterstützung einer Minderheitsregierung eine von den Freiheitlichen lang geforderte Wahlrechtsreform an. Nach dem bis dahin gültigen Wahlrecht »kostete« der FPÖ ein Mandat mehr als der SPÖ und dieser wiederum mehr als der ÖVP. Die beiden einigten sich rasch – zu beidseitigem Nutzen. Kreisky hatte für den Fall des Platzens der Gespräche mit der ÖVP eine Alternative. Und Peter mit dem möglichen Erfolg seine Stellung in der FPÖ abgesichert. Vielleicht wollte Kreisky ohnehin von Anfang an eine Minderheitsregierung, aber war sich der Zustimmung der Gewerkschaftsfraktion nicht sicher – diese bewirkte der strategische Denker Waldbrunner.

Am Abend des 20. April wurde dann im Parlamentsklub der SPÖ die Regierungsbildung abgeschlossen. Pittermann, auf Kreiskys Erfolg offenbar eifersüchtig, war wenig zufrieden: »Na toll, jetzt bekommen wir eine Regierung aus Volkssturm und Hitlerjugend.« Mit Ausnahme Öllingers und Freihslers sollten sich die Mitglieder des Teams als gute Wahl erweisen: Außenminister wurde der parteilose Rudolf Kirchschläger, damals Gesandter in Prag. Der spätere Bundespräsident war ein Teil des Angebots an bürgerliche Wähler, »ein Stück des Weges« mit Kreisky & Co. zu gehen. Christian Broda, der später so erfolgreiche Justizreformer, war kein Wunschkandidat Kreiskys, sondern ein Zugeständnis an den mit ihm eng verbundenen ÖGB-Präsidenten Anton Benya. Broda war auch schon vor 1966 Minister gewesen, ebenso ein Routinier wie der neue Innenminister Otto Rösch. Unterrichts- und Kunstminister wurde Leopold Gratz, erstmals Ministerin für Wissenschaft und Forschung Hertha Firnberg, Sozialminister und Vizekanzler Rudolf Häuser, Josef Moser wurde Bautenminister, Erwin Frühbauer Verkehrsminister und Josef Staribacher Handelsminister.

Die Angelobung als Minister

Tags darauf läutete es frühmorgens an der Tür unserer Wohnung in der Falkestraße. Vor mir stand Generaldirektor Franz Ockermüller. »Die Österreichische Länderbank gratuliert dir zur Berufung als Finanzminister und wünscht dir viel Erfolg.« Ich bat ihn ins Vorzimmer. Dann überreichte er mir einen von Hand geschriebenen Gratulationsbrief. Nur mit Mühe konnte ich ihn ins Wohnzimmer führen, wo er noch praktische Hinweise für den jungen Finanzminister hatte: »Du brauchst einen Frack, einen Smoking und einen Stresemann. Wir treffen uns am Donnerstagmittag um halb eins im Sacher.« Das war eine Einladung zum Geschäftsessen, für das Ockermüller stets auf dem gleichen Tisch bestand. Noch lange nach seinem Tod 1976 verabrede ich mich selbst gerne zu Arbeitsfrühstücken am »Ockermüllertisch«. Frack, Smoking und Stresemann benötigte ich an diesem Dienstag noch nicht. Um elf Uhr präsentierte Kreisky Jonas die Ministerliste, um 16 Uhr wurden wir in der Präsidentschaftskanzlei angelobt.

Dieser Tag markiert einen Höhepunkt meiner politischen Laufbahn. Die Berufung zum Finanzminister führte mich endgültig ins internationale Geschehen, entfernte mich zeitlich – durchaus ein Wermutstropfen – von meiner Familie, meiner Frau und zwei kleinen Töchtern. Ich hatte aber mit 32 Jahren das erreicht, was mich mein Leben lang begeistert hat: auf der erlernten Grundlage des Finanzwesens, der Wirtschafts- und der Steuerpolitik etwas bewegen und gestalten zu können. In weltwirtschaftlich und weltpolitisch prekären Zeiten war ich künftig fast elf Jahre lang, im doppelten Sinn des Wortes, der »Steuermann« meines Landes.

»Einerseits waren wir stolz auf die Tätigkeit unseres Vaters. Aber im Zusammensein mit den Schulkameraden war es eher unangenehm, wir wollten auch behandelt werden wie alle anderen und nicht gefragt werden, ob wir die Töchter sind ... Einmal gab es eine Entführungsdrohung, da hatten wir einige Wochen lang Polizeischutz. Unsere Hoffnung war schon, dass er aus der Politik weggeht und dann mehr Zeit für uns hat, aber natürlich nicht unter diesen Umständen ... Die ärgsten Sorgen in dieser Phase hat unsere Mutter von uns ferngehalten, wir hatten nie das Gefühl, Existenzsorgen haben zu müssen, auch später nicht ... Er war wirklich ein liberaler Vater, nicht nur aus Zeitmangel. Er hat uns schon bei gewissen Berufsentscheidungen Tipps gegeben, hat aber nicht darauf bestanden, dass wir sie einhalten. Er ist ein Buchfan, im Fernsehen sieht er höchstens Dokumentationen. Ins Kino geht er praktisch nie, eher ins Theater oder die Oper ... Jetzt bringen wir uns eben sehr in die Hotelführung in Altaussee ein, es gibt auch einen Hotelmanager und einen ärztlichen Leiter, der Papa spricht aber auch mit ...«
Claudia Androsch-Maix, Jahrgang 1964, und Natascha Sommerer, Jahrgang 1968, Töchter

Nach dem Weg über den Ballhausplatz – unter dem Applaus zahlreicher Schaulustiger – das traditionelle Ritual: Gruppenfoto, erste Ministerratssitzung. Der nächste Tag »gehörte« der Generalversammlung der Nationalbank, erst am Donnerstag übernahm ich offiziell das Ministerium – es brauchte diese Zeit für die

Anreise aller Präsidenten der Finanzlandesdirektionen. Am Abend dieses für mich historischen Tages waren die Ehepaare Kreisky und Androsch bei Ockermüller in dessen Wohnung geladen, die anfängliche Skepsis der anderen »bürgerlichen« Gäste war anfangs zu spüren, löste sich dann aber bald – für manche auch nie.

Zwei von ihnen, Gustav Harmer von der Ottakringer Brauerei und seine Frau, luden dann, unser Auto am Graben stoppend, Brigitte und mich noch zum Abschluss des Tages in die Eden-Bar, wir zögerten. Das seit den Fünfzigerjahren berühmte Lokal hinter dem Stephansdom war damals für Sozialdemokraten verpönt, speziell nachdem ihm Helmut Qualtinger 1958 mit seinem Song »Der Papa wird's schon richten« (»... da sitz ma in der Eden und reden ...«) ein Denkmal gesetzt hatte – VP-Nationalratspräsident Felix Hurdes musste wegen der darin persiflierten angeblichen Intervention für seinen Sohn, der einen tödlichen Verkehrsunfall verursacht hatte, zurücktreten. Letztlich überwanden wir unsere Bedenken, es wurde ein passender Ausklang für diesen bedeutsamen Tag – und ein Beleg für meine später oft wiederholte Beobachtung, wie rasch »Bürgerliche« ihre Ressentiments gegen »Sozi« verlieren, wenn die wichtig geworden sind.

Erste Erfahrungen im Ministerium

Am Vormittag des Tages, an dem die offizielle Amtsübergabe im Ministerium stattfand, traf ich in der Früh Mauhart in der legendären Konditorei Sluka neben dem Rathaus. Er bot mir an, mich zur Amtsübergabe in die Himmelpfortgasse zu begleiten. Ich wollte aber lieber allein durch den Volksgarten ins Winterpalais des Prinzen Eugen gehen. Nach den Formalitäten ließ ich meinen Amtsvorgänger, den bitter enttäuschten Stephan Koren, noch mit dem Dienstauto nach Hause fahren. Im Weggehen tröstete er seinen Sekretär: »In ein paar Wochen sind wir ohnehin wieder da.« Damit das nicht Realität wurde, legte ich von Anbeginn an

79

großen Wert darauf, möglichst viele Spitzenbeamte des Hauses ohne Rücksicht auf ihre politische Einstellung positiv zu motivieren. Für die meisten war das ohnehin in guter alter Beamtentradition selbstverständlich, die Versicherung von Budget-Sektionschef Eduard Heilingsetzer – er war 1960 selbst kurz Finanzminister der ÖVP gewesen – bei unserer ersten Besprechung erwies sich als völlig richtig: »Herr Minister, haben S' Vertrauen zu uns – es wird Ihnen gelohnt werden.« Ich hielt mich daran, es wurde mir auch gelohnt.

Die österreichische Bundesverwaltung vor allem im Finanzministerium ist hochqualifiziert und in einem hohen Maße staatsloyal, das ist eine der positiven Traditionen der Monarchie. Sie versteht sich als sachkundiger Träger des Zusammenhalts. Wenn man diese Grundposition der Beamtenschaft kennt und zu nutzen versteht, hat man in ihr einen fairen, faktenkundigen Partner. Natürlich kann das auch eine andere, weniger positive Komponente beinhalten: eine extreme Wandlungs- und Anpassungsfähigkeit den unterschiedlichsten politischen Systemen gegenüber. Diesen wahrlich nicht nur auf Beamten beschränkten Opportunismus hat Helmut Qualtinger im »Herrn Karl« ebenso treffend wie beißend dargestellt.

Meine Zusammenarbeit mit den nahezu ausschließlich bürgerlichen Beamten klappte fast stets, mein Vertrauen wurde während meiner Ministerzeit nie enttäuscht. Eine Erfahrung, von der ich später auch bei der Creditanstalt profitierte: Will man an der Spitze erfolgreich sein, muss man mit der Verwaltung zusammenarbeiten und ihren konzentrierten Sachverstand nutzen – oder sie auswechseln, wenn eine konstruktive Zusammenarbeit nicht möglich ist. Eine Episode von mehreren möglichen: Ein Sektionschef ging in Pension, ich machte den früheren Chef der Betriebsprüfung zu seinem Nachfolger, einen höchst qualifizierten Mann, der aber immer erst um zehn Uhr ins Büro kam. Das erwähnte er unter anderem bei unserem ersten Gespräch. Sagte ich zu ihm: »Herr Ministerialrat, das weiß ich, aber das ist mir egal. Ich will nur zwei Sachen: dass die Arbeit erledigt wird und dass Sie immer wissen, wann ich Sie brauche. Wo Sie die Zeitungen oder die Unterlagen lesen, im Ministerium oder unten im Kaffeehaus, ist mir auch egal. Aber Sie müssen immer schon vor mir wissen, wann ich etwa eine dringliche Anfrage im Parlament bekomme.« Das klappte auch in diesem Fall sehr gut – wie in den meisten anderen Fällen. Im Finanzministerium kam mir zusätzlich noch ein Crashkurs in Sachen ministerielle Verwaltung zugute: Walter Fremuth, zuvor Sektionsleiter im Verkehrsministerium und danach Chef der Postsparkasse, der Girozentrale und der Verbund-Gesellschaft, brachte mir an einem Wochenende im niederösterreichischen Nöstach, im Wochenendhaus meiner Schwiegereltern, die wichtigsten Geheimnisse und Fallstricke der Bürokratie bei.

Nur anfangs wurde von wenigen Skeptikern im Ministerium Widerstand geleistet: Die Türschilder mit den »alten« Namen blieben lange hängen, das zahle sich ohnehin nicht aus, »der Spuk« werde in einigen Wochen vorbei sein, so ein oppositioneller Flurfunk, der mir hinterbracht wurde. Parteiobmann Hermann Withalm hatte diese Einstellung offiziell ausgedrückt: Das sei eine »Regierung auf Abruf«; der Wiener ÖVP-Chef Franz Bauer sprach gar davon, diese werde »sehr bald auf dem Schindanger der Geschichte« landen.

Wie schwer sich die ÖVP mit den neuen Verhältnissen tat, zeigt die Tatsache, dass sie sogar ihr Parteistatut ändern musste: Dort stand bis 1970 geschrieben, dass der Bundeskanzler automatisch Mitglied des ÖVP-Parteivorstandes sei – eine Steilvorlage für einige launige Bemerkungen Kreiskys. Bei seiner Regierungserklärung am 27. April, dem 25. Jahrestag der Gründung der Zweiten Republik, war der Unwille der ÖVP über den ungewohnten Abschied von der Macht sicht- und hörbar, obwohl die von Kreisky vorgetragene Erklärung zur Hälfte von ÖVP-Mitarbeitern mitverfasst und insgesamt akzeptiert worden war. Sie war nämlich schon während der laufenden Koalitionsverhandlungen parallel vorformuliert worden, von Heinz Fischer und mir, aber eben auch vom damaligen ÖVP-Staatssekretär Karl Pisa und dem »schwarzen« Ministerialrat Hans Kronhuber. Kreisky übernahm sie nun weitgehend – und konnte dann den heftigen Zwischenrufen aus den Oppositionsbänken locker kontern: »Warum regen Sie sich denn auf, liebe Kollegen von der ÖVP? Mit dieser Regierungserklärung waren Sie ja selbst vor einigen Tagen noch einverstanden.«

Der neue Kanzler legte Wert auf demonstrative Sparsamkeit. Und damit auf zusätzliche Distanz zu seinem Amtsvorgänger: Josef Klaus hatte bei der letzten Regierungsumbildung 1968 diese weiter vergrößert. Kreisky hatte ein kompaktes Team: insgesamt elf Minister und zwei Staatssekretäre, Ernst Eugen Veselsky (er wurde 1977 von Kreisky fallen gelassen) und Gertrude Wondrack (sie starb bereits 1971 bei einem Autounfall). Die Ministerien sollten sparsam ausgestattet sein, Personenschutz für Minister war nicht mehr vorgesehen. Auch mir wollte Kreisky keinen eigenen Pressesprecher zugestehen. Erst nach meinem Hinweis darauf, dass vor 1966 der Finanzminister auch einen solchen hatte, gab er grünes Licht und ich konnte meinen Freund Beppo Mauhart als solchen gewinnen. Alle anderen Regierungsmitglieder – außer natürlich er selbst – verfügten anfangs nicht über eine solche Unterstützung. Mauhart wurde vom ersten Tag an auch im Ministerium mein engster Mitarbeiter, etwas später stieß Franz Vranitzky dazu. Da er nicht aus einer Jugendorganisation kam, kannte ich ihn nur flüchtig von einem Treffen in Alpbach. Er war mir vom langjährigen »mastermind« des ÖGB, Heinz Kienzl, ans Herz gelegt worden: »Du brauchst Assistenz.« – »Hast du jemanden?« – »Ja, den Franz Vranitzky aus der Nationalbank.«

»Ich war der persönliche Pressesprecher, aber von Anfang an bei möglichst vielen, jedenfalls allen wichtigen Entscheidungen dabei. So habe ich den Status erlangt, dass Journalisten mein Zitat als das des Ministers verwenden konnten, wenn der gerade nicht erreichbar war … Wir haben auch zu dritt

mit Vranitzky immer gut zusammengearbeitet, er ist ja ein
gebildeter Mann und konnte auch witzig sein ... Die Entfrem-
dung kam erst später, als auch ich erfahren habe, dass Vra-
nitzky nicht unbedingt ein Talent zur persönlichen Freund-
schaft hat ... Die Entfremdung mit Kreisky entstand aus einer
Eifersüchtelei des Kanzlers, gefördert von Personen seiner
Umgebung, die ihm zuflüsterten, Hannes könne es nicht mehr
erwarten, was nicht gestimmt hat, dazu war er zu gescheit, er
wollte sich keinem direkten Konflikt aussetzen. Er hatte aber
in der Sachpolitik – Hartwährungspolitik, Verstaatlichte In-
dustrie – zunehmend andere Auffassungen als Kreisky und
wollte jene Entscheidungen durchsetzen, die er vertreten
konnte ... Vielleicht hat er da zu wenig Bereitschaft gezeigt,
die Empfindlichkeit Kreiskys zu respektieren. Wenn die SPÖ
sich dazu entschlossen hätte, ihn nach Sinowatz oder auch
nach Klima zu präsentieren, hätte er noch einmal ganz oben
in der Politik mitmischen können ... Später hat er dann durch
seine Erfolge als Industrieller endgültig bewiesen, dass es
kaum einen anderen lebenden Österreicher gibt, der wirt-
schaftliches und politisches Verständnis so professionell ver-
knüpfen kann ...«
Beppo Mauhart, Jahrgang 1933, Pressesprecher von Hannes
Androsch 1970–1979, später unter anderem Generaldirektor
der Austria Tabak und Präsident des Österreichischen Fuß-
ballbundes (ÖFB)

Diesem Trio stand Anfang Juni eine spezielle Belastungsprobe
bevor: In der ÖGB-Spitze war die Ernennung eines so jungen,
relativ unerfahrenen Finanzministers nicht gern gesehen. Präsident Benya hatte Kreisky gegenüber ungehalten klargestellt:
»Das war deine Entscheidung, unser Finanzminister ist er nicht!«
Bei unserem ersten Treffen in der Himmelpfortgasse sprach mich
Benya an der Spitze einer großen Gewerkschaftsdelegation auch
konsequent mit »Sie« an, für Sozialisten damals völlig unge-

wöhnlich. Die demonstrative Distanz wurde dann auch später nicht kleiner, als ich, flankiert von Mauhart und Vranitzky, die vom ÖGB verlangte Senkung der Lohnsteuer fast kategorisch ablehnte. Es gab dann einen kleinen Kompromiss, aber wirklich besser wurde das Verhältnis zwischen mir und Benya erst durch die Vermittlung Waldbrunners: Der Nationalratspräsident lud die beiden Ehepaare zu sich nach Hause zu einem Abendessen, das Eis war rasch geschmolzen. Bald gab es für mich auch eine Achse Benya–Androsch, die dauerhafter halten sollte als die Achse Kreisky–Androsch.

Im November 1970 wurde die Wahlrechtsreform beschlossen. Die Wahlkreise wurden neu eingeteilt, die Zahl der Nationalratsabgeordneten von 165 auf 183 erhöht, die Mandate waren künftig für kleinere Gruppen leichter erreichbar als bisher. Unterm Strich war es eine Reform zu Nutzen der FPÖ, die so ihres Wiedereinzugs in den Nationalrat sicher sein konnte. Sie dankte uns das mit der parlamentarischen Unterstützung unserer Regierungsvorlagen. Diese begrenzte Zusammenarbeit war in der SPÖ aufgrund unseres traditionellen Antinazismus – und die FPÖ war historisch zumindest auch die Partei der ehemaligen Nazis – umstritten. Insbesondere für Kreisky zählten aber auch die negativen Erlebnisse in der Zeit des Austrofaschismus – und das aktuelle Bemühen, einen konservativ-reaktionären Bürgerblock von Schwarz und Blau (wie 1953 versucht) zu verhindern.

Das erste Budget

Zur Nagelprobe für unsere Minderheitsregierung und damit zur begrenzten rot-blauen Kooperation entwickelte sich die Erstellung des Budgets für 1971. Ich wollte jedenfalls keineswegs der erste Finanzminister sein, der im Parlament keinen Haushaltsvorschlag durchbringen konnte. Franz Scheer, der freiheitliche Dritte Landtagspräsident der Steiermark, mit dem mich mein Schwiegervater bekannt gemacht hatte (Scheer war auch bei der Städtischen Versicherung tätig), beruhigte mich bei einem Spaziergang um den Altausseer See: »Wirst schon sehen, das wird schon gehen!« Es ging dann auch: Ich bot den Freiheitlichen die halbe Rücknahme der unter Koren eingeführten zehnprozentigen Auto-Sondersteuer an, sie stimmten zu, mein Jungfernbudget war gerettet. Kreisky zeigte sich sichtlich stolz auf mein Verhandlungstalent. Ich konnte mit der FPÖ nach Zusicherung der gesamten Rücknahme der unbeliebten Autosteuer auch noch eine Einigung für das Budget 1972 erreichen – das war aber dann gar nicht mehr nötig. Die Wahl am 10. Oktober 1971 – der Druck der ÖVP unter ihrem neuen Obmann Karl Schleinzer (nach Hermann Withalm) war für die Minderheitsregierung, vor allem für ihren blauen Unterstützer, zu stark geworden – brachte nämlich der SPÖ eine absolute Mehrheit.

Die erste Alleinregierung

Danach sah es am Abend dieses Wahlsonntags aber gar nicht aus, die absolute Mehrheit schien hauchdünn verfehlt. Am Montag versuchte ich im Floridsdorfer Parteivorstand meine Genossen zu trösten, umso größer dann die Freude am Dienstag: Am Abend rief mich Innenminister Rösch in meiner Wohnung an: Die Auszählung der Wahlkarten hatte der SPÖ ein Mandat zulasten der ÖVP beschert, die »echte« Alleinregierung war nun für die nächsten vier Jahre sicher. Diese Konstellation machte die weitere Verwirklichung unseres Reformwerks möglich. Ich rief sofort die sogenannte Mehrwertsteuer-Gruppe zusammen: »Diesen Rückenwind müssen wir für eine große Reform nutzen!« – was dann 1973 auch geschah.

Bereits in der kurzen ersten Phase zwischen 1970 und 1971 hatten wir unter Federführung von Christian Broda neben der Wahlrechtsreform die kleine Strafrechtsreform verwirklicht – Homosexualität unter Erwachsenen war künftig ebenso wenig strafbar wie Ehestörung – ein weiterer Beitrag zur Vergrößerung unserer Mehrheit. Bei einer Wahlveranstaltung bestätigten mir offensichtlich Betroffene: »Das vergessen wir euch nie.« Ich schätze, dass diese heute längst selbstverständliche Reform der SPÖ vielleicht zwei zusätzliche Mandate gesichert hat.

Wir hatten mit unserer Minderheitsregierung noch eine zweite wichtige Reform umsetzen können: Das kleine Kompetenzänderungsgesetz ließ ein neues, zukunftsträchtiges Ministerium entstehen, jenes für Wissenschaft und Forschung, maßgeschneidert für Hertha Firnberg. Die folgende Reformwelle 1971 war schon vom anstehenden Wahlkampf geprägt: Lohnsteuersenkung, Schülerfreifahrten, Verkürzung des Grundwehrdienstes. Es war also kein Zufall, dass unser zentraler Wahlslogan »Lasst Kreisky und sein Team arbeiten« in der Wählerschaft großen Widerhall fand. Ab Ende 1971 war nun für das Team noch wesentlich mehr möglich. Kreisky nannte bei seiner Regierungserklärung drei Schwerpunkte: Ausbau des Wohlfahrtsstaates, intensive Wohnbaupolitik, Demokratisierung des Schulwesens. Fred Sinowatz war Leopold Gratz, der Klubobmann wurde, als Unterrichtsminister gefolgt und blieb dies bis zu Beginn seiner Kanzlerschaft 1983.

Justizreformer Christian Broda

Ein besonders wichtiger Punkt ressortierte aber wieder bei Broda: die große Rechtsreform mit den Änderungen im Straf- und Familienrecht. Die Fristenlösung blieb als einziger Schritt heftig umstritten und wurde nur mit Stimmen der SPÖ beschlossen. Sie ermöglichte den Frauen mehr Selbstbestimmung, ab nun war der Schwangerschaftsabbruch innerhalb der ersten drei Monate nicht mehr strafbar. Parteiintern war dies zuvor am Villacher Parteitag 1972 mühsam gegen den ursprünglichen Willen Kreiskys, der um sein gutes Verhältnis zur katholischen Kirche fürchtete, beschlossen worden. Der Einspruch des ÖVP-dominierten Bundesrates ließ die Fristenlösung erst zu Beginn 1975 in Kraft treten, bis dahin brachte Broda auch die anderen Punkte der »Großen Strafrechtsreform« – diese mit einstimmigen Parlamentsbeschlüssen – durch.

Das 120 Jahre alte Strafgesetzbuch wurde komplett neu formuliert, künftig standen nicht mehr Verbrechen gegen den Staat im Vordergrund, sondern gegen Personen. Das Strafrecht wurde aus der Privatsphäre zurückgenommen, »Moralvergehen« wurden entkriminalisiert. Kurze Freiheitsstrafen sollten durch Geldstrafen ersetzt werden, Sonderanstalten für geistig abnorme Rechtsbrecher oder Drogenkranke wurden eingeführt, ebenso die Bewährungshilfe für Verurteilte. Konservative Gegner und Skeptiker in den eigenen Reihen unterstellten Broda realitätsferne Träume von der »gefängnislosen Gesellschaft« und einem »Häfnurlaub« (in Gestalt der elektronischen Fußfessel heute längst Realität). In Wirklichkeit waren dies Bestandteile einer liberalen Nachziehreform nach Vorbild der meisten anderen modernen europäischen Gesellschaften.

Ähnliches gilt für die Familienrechtsreform, die in Teilschritten ebenfalls bis 1975 verwirklicht wurde. Bis 1970 hatte das Gesetz den Mann als »Haupt der Familie« definiert und Frau und Kinder seiner Führung unterstellt. Der Mann legte Wohnsitz und Berufswahl aller Familienmitglieder fest, war allein für ihren Unterhalt zuständig, die Frau für Haushalt und Kinderpflege. Durch unsere Reformen wurde die Gleichstellung der Frau im Rahmen der Ehe festgeschrieben, der Mann konnte ihr nicht mehr verbieten, berufstätig zu sein, Erwerbs- und Hausarbeit wurden gleich, uneheliche Kinder besser gestellt, das Recht auf »väterliche Gewalt« über Kinder wurde beseitigt, bei Auflösung das während der Ehe erworbene Vermögen geteilt. Schließlich schuf ein neues Scheidungsrecht die Möglichkeit zur einvernehmlichen Scheidung und zur Scheidung auch gegen den Willen eines Partners nach sechsjähriger Zerrüttung der Ehe.

Sozialpolitische Meilensteine

Auch sozialpolitisch setzten wir Meilensteine: Die Kinderbeihilfen wurden um 15 Prozent erhöht, öffentliche Fahrten zu Schulen kostenlos (bereits ab März 1971), ebenso der Besuch von Hochschulen (ab Februar 1972), beides wesentliche Schritte für mehr Chancengleichheit im Bildungssystem. Dem sollte auch die Einführung der Gratisschulbücher im Herbst 1972 dienen – aus meiner Sicht ein zweifelhafter Schritt: Ich hätte die Beibehaltung und den Ausbau des Schulladensystems bevorzugt. Das hätte nicht nur Kosten gespart, sondern uns auch die weitverbreiteten Klagen über diese »Verschwendung« erspart. Die anfänglichen Bedenken der ÖVP lösten sich übrigens rasch auf, nachdem auch die katholischen Verlage die erfreuliche Absatzsteigerung für ihre Produkte registriert hatten. Ein besonderer Erfolg war die Einführung einer Heiratsbeihilfe von 15.000 Schilling nunmehr für alle Ehepaare ab 1972. Sie bewirkte einen wahren Heiratsboom, bis 1975 wurden 1,9 Milliarden Schilling an mehr als 258.000 Personen ausgezahlt. Kein Wunder, dass die US-Zeitschrift »Esquire« 1971 in einem Porträt über mich schrieb: »*Everytime Androsch has bad news for the taxpayers he sweetens them with a Zuckerl, a piece of candy. Schoolchildren get their textbooks free; soon university students will pay no tuition fees; and just-married couples (who were not married before and are Austrian residents) get a wedding present of $650 in cash from the government.*«

Die große Steuerreform

Ich verstand mich aber keineswegs als Zuckerlverteiler mit gesellschaftspolitischen Ambitionen. In meinem Ressort stand auch eine große Strukturreform an: die Einführung der Mehrwertsteuer statt der bisher gültigen Allphasen-Brutto-Umsatzsteuer (ohne der Möglichkeit eines Vorsteuerabzuges). Die meisten EWG-Länder hatten ein solches System, Deutschland bereits seit 1967. Die Einführung bei uns war wichtig, um dem industriellen Globalisierungsabkommen ab 1. Jänner 1973 beitreten zu können, wobei wir einen Bonus mit einem drei Monate vorgezogenen Interimsabkommen bekommen haben. Ich wollte diese Europäisierung rasch schaffen. Der Ministerrat hatte die Reform im Jänner 1972 beschlossen, sie sollte nach meinem Zeitplan bereits 1973 in Kraft treten, was von unseren Spitzenbeamten für nicht möglich gehalten wurde. Mauhart und ich entwickelten aber für diese an sich spröde Steuerumstellung eine damals höchst unübliche, heute in vielen Feldern der Politik verbreitete Marketingstrategie: Kreiert wurden eigene Plakate, eine Schallplatte mit mir am Cover, in einem TV-Spot erklärte Klaus Wildbolz möglichst einfach die Vorteile des neuen Systems. Die Sache war ein voller Erfolg, brachte durch die Vorratsentlastung in der Höhe von etwa zehn Milliarden Schilling überdies einen positiven Konjunktureffekt.

Gesellschaftspolitisch wichtiger war bei der Einkommensteuer die Umstellung von der Familien- auf die Individualbesteuerung. Das aus der NS-Zeit stammende Einkommensteuergesetz sah eine Zusammenveranlagung von Ehegatten vor, sodass zwei Steuerpflichtige zu einem Steuersubjekt zusammengefasst wurden (heute wird dies unter dem Begriff »Steuersplitting« von Konservativen wiederaufgegriffen, was einen klaren Vorteil für Begüterte brächte). Erklärtes Ziel der früheren Norm war gewesen, verheiratete Frauen vom Arbeitsmarkt fernzuhalten. Das Einkommen der Ehefrauen wurde nach unserer Reform nicht mehr automatisch gemeinsam mit jenem des Ehemannes versteuert, sondern separat – was auch die Praxis beendete, Ehefrauen als Scheinangestellte der Firma des Ehemannes zu führen, um die Steuer des männlichen Hauptverdieners zu senken. Gleichzeitig beseitigten wir die »Ledigensteuer«, die Unverheiratete diskriminierte: Bis 1974 mussten Alleinstehende fast 20 Prozent mehr Steuer zahlen als Verheiratete. Diese Änderung hat Frauen mehr gebracht als so manche folgende Forderungen.

Diese Sacharbeit fand auch parteiintern besondere Anerkennung: Beim Parteitag 1972 in Villach war ich mit 521 von 524 Stimmen erstmals in den Parteivorstand gewählt worden, beim nächsten Parteitag 1974 wurde ich mit Leopold Gratz auch als stellvertretender Parteiobmann ins Parteipräsidium gewählt. Gratz war von 1971 bis 1973 Klubobmann im Nationalrat, seit 1973 als Nachfolger von Felix Slavik – der über das hochgespielte Thema Sternwartepark gestolpert war – Wiener Bürgermeister, kurze Zeit soll auch ich für diese Funktion in Erwägung gezogen worden sein, berichtete mir »mein« Bezirksobmann Fritz Hofmann.

Natürlich gab es in diesen Jahren ungewöhnliche Ereignisse, auf die wir nicht vorbereitet waren, auch Kreisky nicht. So musste er – für ihn höchst ungewöhnlich – Ende Oktober 1972 die von wütenden Demonstranten belagerte Klagenfurter Arbeiterkammer durch die Hintertür verlassen, nachdem er im Saal die unbedingte Einhaltung des Staatsvertrags samt der Schutzbestimmungen für die slowenische Minderheit in Kärnten verlangt hatte. Davor hatten erboste »Deutschkärntner« rund um den Landesfeiertag vom 10. Oktober zahlreiche zweisprachige Ortstafeln demontiert (»Ortstafelsturm«), die nach dem Gesetz vom 6. Juli 1972 in jenen 200 Orten aufgestellt worden waren, in denen mindestens 20 Prozent slowenisch sprachen. Dieser nur historisch-tiefenpsychologisch erklärliche Konflikt (nach Ende des Ersten Weltkriegs hatte es zwischen der jugoslawischen Monarchie und Österreich erbitterte Kämpfe um Südkärnten gegeben, ehe sich 1920 eine klare Mehrheit der Kärntner, auch vieler mit slowenischer Sprache, für Österreich entschied) stürzte später auch Landeshauptmann Hans Sima. Seine Brisanz, immer wieder angestachelt durch opportunistische Landespolitiker und nach neuesten Erkenntnissen auch durch den jugoslawischen Geheimdienst, reichte bis in die Gegenwart – erst seit wenigen Jahren scheint er durch kluges Verhandeln im Großen und Ganzen beigelegt zu sein.

Der Rummel um Karl Schranz

Stark ist mir auch das Geschehen um die Olympischen Winterspiele 1972 im japanischen Sapporo in Erinnerung. Nachdem »unserem« Star Karl Schranz wegen angeblich unerlaubter Werbung der Amateurstatus und damit die Möglichkeit zum Start entzogen worden war, wurde er bei seiner Rückkehr nach Wien – von Gerd Bacher entsprechend inszeniert – enthusiastisch empfangen. Zehntausende Menschen säumten seinen Triumphzug vom Flughafen zum Ballhausplatz ins Bundeskanzleramt, wo ihn Kreisky zusammen mit Sinowatz empfing. Dreimal zeigte sich der Sportler der jubelnden Menge, der Kanzler nur das dritte Mal. Später erzählte er, die an die Ereignisse von 1938 auf diesem Platz erinnernden emotionalisierten Massen hätten ihm Schauer über den Rücken gejagt. Und auch mir, der ich damals auf dem Weg über den Ring zum Ministerrat im Bundeskanzleramt war, wurde klar: »Ein Hitler wäre wohl unter bestimmten Umständen wieder möglich.« Bis heute habe ich wenig Verständnis dafür, Massen aufzuputschen. Ich ziehe es vor, mit Argumenten zu operieren.

Das bedeutet nicht, dass ich Emotionalität in der Politik grundsätzlich ablehne: Kreisky schickte mich 1976 als Vertreter der SPÖ zum ersten Parteitag der von Franco noch nicht legalisierten, aber schon geduldeten spanischen Sozialisten, Mauhart begleitete mich. Wir waren fasziniert von der Aufbruchsstimmung und vor allem vom charismatischen jungen Parteiführer Felipe González. Überhaupt nutzte ich meine Funktion als stellvertretender Parteivorsitzender vor allem zum verstärkten Aufbau internationaler Kontakte, vor allem zu den beiden führenden deutschen Sozialdemokraten Willy Brandt und Helmut Schmidt sowie zu meinen Fachkollegen Karl Schiller, Axel Möller, Hans Appel, Hans Matthöfer, später Manfred Lahnstein. Ich besuchte 20 Jahre hindurch alle Parteitage der SPD. Auch an der eigenen Parteibasis war ich als Redner und Vortragender sehr aktiv und offenbar attraktiv: Ich bin während meiner Ministerzeit bei mehr als 2000 Parteiveranstaltungen aufgetreten.

Die erste Ölkrise

Bei der ersten wirtschaftspolitischen Aussprache unserer neuen Regierung im Mai 1970 sagten die Wirtschaftsforscher eine Konjunkturabschwächung voraus, was uns besorgt machte, dann aber nicht eintraf. Der kontinuierliche Nachkriegsaufschwung der österreichischen Wirtschaft endete 1974. Seit 1968 hatte es ein jährliches Wirtschaftswachstum zwischen 5 und 7 Prozent gegeben samt ausgeglichenen Budgets durch die Koren'schen Steuererhöhungen und guter Konjunktur; 1974 verzeichneten wir erstmals ein Budgetdefizit von 1,3 Prozent. Verantwortlich dafür: unter anderem ein neuer Finanzausgleich zugunsten der Länder sowie eine Lohn- und Einkommensteuersenkung zugunsten der Arbeitnehmer.

Vor allem aber wurde im Herbst die globale Wirtschaft vom ersten Ölpreisschock getroffen: Bis zum April 1974 vervierfachten sich die Kosten für ein Barrel Rohöl, was das Wirtschaftswachstum dramatisch verringerte, Inflationsraten und Budgetdefizite dramatisch erhöhte. Die erste Ölkrise in der Menschheitsgeschichte wurde durch den Jom-Kippur-Krieg im Oktober 1973 verursacht. Am 6. Oktober, am höchsten jüdischen Feiertag Jom Kippur, hatten Ägypten und Syrien Israel an zwei Fronten angegriffen und das bis dahin militärisch hoch überlegene Land existenziell gefährdet. Die OPEC (Organisation der Erdöl exportierenden Länder) drosselte die Ölfördermengen um rund 5 Prozent, um politischen Druck zu erzeugen und den Westen von der Unterstützung Israels abzuhalten. Ab 16. Oktober wurden die Ölausfuhren nicht nur eingeschränkt, sondern auch drastisch verteuert, die Benzinpreise stiegen um etwa 70 Prozent.

Folge: Auch in Österreich wurden Tempolimits eingeführt, dazu im Jänner 1974 – freilich nur für fünf Wochen – der autofreie Tag: Jeder Autolenker musste an einem Tag der Woche sein Fahrzeug stehen lassen und diesen von ihm gewählten Ruhetag per »Pickerl« ausweisen. Wer sich nicht daran hielt, dem drohten Strafen bis zu 25.000 Schilling. Handelsminister Josef Staribacher war bei einer Regierungsklausur im Helenental mit umfassenden Kompetenzen zur Energiesicherung ausgestattet worden und nutzte sie binnen weniger Tage. Damals wurden auch die bis heute so genannten »Energieferien« geboren: Anfang Februar sollten aus Energiespargründen die Schulen eine Woche lang nicht beheizt werden – der ursprüngliche Zweck hat sich längst zu einer Förderung des österreichischen Wintertourismus gewandelt.

Was für den einzelnen Autofahrer vielleicht kurzfristig lästig war, erschütterte die bisher bruchlos erfolgreiche Wirtschaftspolitik nachhaltiger. Die hohe Inflation wuchs dramatisch weiter, entsprechend laut wurde der Ruf nach kräftigen Lohnerhöhungen. Für mich war klar, dass diese global verursachte Inflation nicht einfach von heimischen Arbeitgebern ausgeglichen werden konnte. Auch nicht vom Staat: Ich tat mir schwer, die Forderung von ÖGB-Präsident Benya nach einer Erhöhung der Kfz-Pauschale abzulehnen – es war ohnedies vergeblich. Ansonsten konnte ich mir Benyas letztlich sicher sein, lautete doch sein zentrales Prinzip: »Wir müssen die Wirtschaft in Ordnung halten, um eine hohe Beschäftigung zu sichern, sonst können wir den Sozialstaat nicht finanzieren.« Auch zu diesem Zeitpunkt durften wir nicht den Eindruck vermitteln, der Staat könne das ausgleichen, was die Ölkrise verursacht hatte. Der Kanzler wurde bereits leicht nervös und überlegte vorgezogene Neuwahlen, Schleinzer verlangte von der Regierung einen »Offenbarungseid«.

Die erste Differenz mit Kreisky

Eine erste Differenz zwischen Kreisky und mir ergab sich im März 1973, als es wie bei der D-Mark und dem Schweizer Franken um eine neuerliche, allerdings geringfügige Aufwertung des Schillings gegenüber dem Dollar ging. Ein erster solcher Schritt war im Mai 1971 mit Zustimmung der Opposition und der Sozialpartner gesetzt worden. Koren war mit einem solchen Versuch als Finanzminister bereits im Herbst 1969 am Widerstand in den eigenen Reihen gescheitert. In den Sechzigerjahren war das System der festen Wechselkurse von Bretton Woods zunehmend unter Druck geraten und im August 1971 von Präsident Nixon beendet worden. Jedenfalls war bei der Anpassung 1973 zunächst keine Übereinstimmung zu erzielen. Bei weiteren Gesprächen mit den Sozialpartnern konnte dann im Finanzministerium ein, wie es Arthur Mussil, Generalsekretär der Bundeswirtschaftskammer, nannte, »überlappender« Konsens erzielt werden. Erleichtert rief ich Kreisky zu Hause an und erlebte eine wütende Reaktion: »Dann braucht's ihr mich ja überhaupt nicht mehr.« Betroffen und irritiert ging ich zum Mittagessen nach Hause, bei dem Michael Heltau unser Gast war.

Die sogenannte Hartwährungspolitik wurde in der Folge zunehmend zum Streitpunkt zwischen Kreisky und mir, obwohl sie ein inzwischen in seiner positiven Wirkung anerkannter Eckpfeiler unserer erfolgreichen Wirtschaftspolitik werden sollte. Für Koren, ab 1978 Präsident der Nationalbank, war das zunächst ein Dilemma, weil der Kanzler von ihm etwas anderes wollte als der Finanzminister, dessen Meinung er teilte. So wandte er sich Rat suchend an den ÖGB-Präsidenten, der ihm empfahl, sich an den Finanzminister zu halten.

Obwohl der Kanzler auch später noch – halb im Ernst, halb kokett – behauptete, »von Wirtschaft nichts zu verstehen«, grantelte er oft über die Aufwertung des Schillings. Er hatte eben Freunde in der Industrie, die auf einem weicheren Schilling und damit auf billigere Exporte hofften. Später unterstellte er mir sogar, meine persönliche Eitelkeit hätte mich dazu gebracht, unbedingt an die Seite der D-Mark gehen zu wollen. Helmut Schmidt, Deutschlands Kanzler von 1974 bis 1981, davor mein Amtskollege und nach wie vor mein Freund, sieht es hingegen als natürliche Entwicklung: Wir hatten (und haben) eben weitgehend gemeinsame wirtschaftliche Interessen.

Für mich war die Hartwährungspolitik in erster Linie ein Garant gegen eine Explosion der Inflation, die Grundlage für Geldwert- und Preisstabilität. Sie war nicht nur ein Pfeiler der gesamten wirtschaftspolitischen Konzeption, sondern wirkte auch als wichtige, auch heute noch anerkannte Peitsche zur Strukturanpassung. Spätere Aufwertungen des Schillings liefen fast rituell ab: Absprachen mit Koren und Benya, dann Information Kreiskys. Die Grunddifferenz in dieser Frage blieb: Er war eher gegen einen harten Schilling, ich absolut dafür – nicht zuletzt deshalb, weil ich Österreich ein Schicksal ersparen wollte: Es sollte niemals mehr wirtschaftlich so bevormundet werden wie nach dem Ersten Weltkrieg durch einen Völkerbundkommissar. Aus heutiger Sicht war mein Kurs – natürlich in kleinen Dimensionen – das, was die Maastricht-Kriterien für die gemeinsame europäische Währung darstellten.

Sonst aber waren Kreisky und ich in den großen Linien unseres Wirtschaftskurses bis 1975 einig. Der von Hans Seidel, dem damaligen Chef des Wirtschaftsforschungsinstituts WIFO, geprägte Begriff des »Austrokeynesianismus« trifft nicht ganz seinen Kern, auch nicht der Gegenbegriff des »Austromonetarismus«. Ich verfolgte eine pragmatische Wirtschaftspolitik, orientiert an den Grundpfeilern Geldwert-, Einkommens- und Preisstabilität. Natürlich unter starker und vor allem für die Sozialdemokratie entscheidender Berücksichtigung der (Voll-)Beschäftigung. Besonders stolz bin ich noch heute darauf, dass es damals praktisch keine Jugendarbeitslosigkeit gab. Dafür war ich eine Zeitlang auch bereit, eine vorübergehende Ausweitung des Budgetdefizits vor allem für öffentliche Infrastrukturinvestitionen in Kauf zu nehmen (das Nettodefizit des Budgets stieg von 1,9 Prozent im Jahr 1974 auf 4,5 Prozent 1975), nicht aber, jeden Arbeitsplatz (vor allem in der Verstaatlichten Industrie) um jeden Preis und an jedem Ort erhalten zu wollen. Auch das sollte später meine Differenzen mit Kreisky vergrößern.

»Wirtschafts-Oscar« für Österreich

Insgesamt aber blieb die österreichische Wirtschaftsentwicklung auch im internationalen Blick erfolgreich: Im Februar 1974 erhielt Österreich den von der »Financial Times« jährlich verliehenen »Wirtschafts-Oscar« für die beste wirtschaftliche Leistung in Europa. Der »Guardian« stellte 1975 fest: *»Österreich hat sich in den letzten fünf Jahren zu einer der wenigen Inseln des wirtschaftlichen Wohlstands in Europa entwickelt.«* Und die »Zeit« resümierte anlässlich der Wahl 1975: *»Die Sozialisten haben das Kunststück zustande gebracht, gegenüber den westlichen Industriestaaten Rückstand aufzuholen und gleichzeitig einen erstaunlichen Sicherheitsabstand gegenüber der Krise in ganz Europa zu halten. Österreich hat bis heute Vollbeschäftigung, weil die SPÖ unter Hinnahme höherer Budgetdefizite rechtzeitig Milliarden in die unterentwickelte Infrastruktur des Landes investierte. Die starke staatliche Lenkung hat Österreich bisher einen besseren Krisenschutz gewährt als der Marktmechanismus. Auch wenn die Krise jetzt verspätet durchschlägt, wird sie leichter abzufangen sein.«*

Wir konnten also in die Wahl 1975 mit genügend Selbstbewusstsein gehen. Überschattet wurde der Wahlkampf durch den Unfalltod des ÖVP-Obmannes: Karl Schleinzer war am 19. Juli auf dem Weg von Wien nach Kärnten tödlich verunglückt; er war nach einem Urlaub in Griechenland mit seinem Wagen auf der Heimfahrt übermüdet gegen einen Sattelschlepper geprallt. Nach der Trauerfeier in Klagenfurt zeigte sich Kreisky bei einem Essen mit mir und Leopold Gratz nachdenklich: Zum Nachfolger Schleinzers als ÖVP-Obmann war Josef Taus designiert, Generaldirektor der Girozentrale, mit 42 Jahren 21 Jahre jünger als der Kanzler. Und ein Mann mit unbestreitbarer Wirtschaftskompetenz, der als Staatssekretär sachpolitisch gute Arbeit geleistet hatte. Aber insgesamt beruhigte ich Kreisky: Er sei Taus allein an politischer Erfahrung haushoch überlegen. »Den Taus kenn ich. Vor dem brauchen wir uns nicht zu fürchten.« (Eine kleine Ironie der Geschichte: Soeben habe ich mit Josef Taus, längst ebenso Industrieller wie ich, einen Sammelband veröffentlicht: »Österreich – Wohin soll das Land gehen?«)

Dazu kam noch eine für uns glückliche Episode: Der ÖVP-Abgeordnete Leopold Helbich hatte so wie anderen auch dem »Krone«-Journalisten Georg Nowotny ein dickes Geldkuvert in die Hand gedrückt – offiziell für die Verfassung eines Strategiepapiers. Der aber zog es vor, das Angebot groß in seiner Zeitung zu veröffentlichen. Eine Blamage nicht nur für Helbich, sondern für die gesamte ÖVP. Vor allem, als sich später herausstellte, dass Helbich nicht aus eigenem Antrieb, sondern im Auftrag der ÖVP gehandelt hatte, wohl im Auftrag der Parteizentrale mit dem neuen, immer wendigen und meist sehr geistreichen Generalsekretär Erhard Busek.

Kreisky blieb bis zum »krönenden« TV-Duell mit Taus – heute ein österreichisches Lehrstück für die Relevanz solcher Auseinandersetzungen – nervös. Sein damaliger Kabinettschef Alfred Reiter ließ mich herbeirufen, es gelang uns beiden, den Kanzler zu beruhigen. Natürlich auch, weil Kreiskys Schlagfertigkeit im TV die beste Antwort auf die schulmeisterliche Art von Taus war. Aber auch, weil Reiter kurz zuvor eine Broschüre der Girozentrale ausfindig gemacht hatte, in der für Investoren die Erfolge unserer Wirtschaftspolitik über den grünen Klee hinaus gelobt wurden, mit der Unterschrift von Josef Taus – für Kreisky ein aufgelegter Elfmeter. Dazu befolgte er einen Trick unseres diesbezüglich begabtesten Experten: Karl Blechas Rat folgend ließ er Unterlagen vom Beistelltisch flattern und von Taus wie von einem Lehrbuben aufheben. Und beim abschließenden Dreierduell konnte er sich zusätzlich auf die indirekte Mithilfe Friedrich Peters verlassen, der den ÖVP-Chef gleich zu Beginn in Sachen Helbich kräftig attackierte, nachdem dieser selbst das Thema angeschnitten hatte. Diese Erfahrungen mögen Taus veranlasst haben, meine Aufforderung zu einem eigenen Sachduell im TV zu negieren: Da solle mich Kreisky zuvor erst offiziell zum Nachfolger küren.

»Schon in der Oppositionszeit hat sich zwischen dem fachlich immer wichtiger werdenden Abgeordneten Androsch und dem neuen Parteivorsitzenden Kreisky eine enge Zusammenarbeit entwickelt. Androsch war ein attraktiver, junger Mann aus einem Unternehmerhaushalt, der nach dem Tode seines Vaters selbst schon eine Wirtschaftsprüfungskanzlei führte, er war für Kreisky eine wunderbare Ergänzung, ein Angehöriger der übernächsten Generation. Es war menschlich und politisch eine in jeder Weise perfekte Arbeitsteilung. Ich war bis Ende 1975 bei Kreisky, in dieser Zeit gab es menschlich grenzenloses Vertrauen, insbesondere vom Älteren zum Jüngeren. Wo immer ein budgetärer Aspekt in politischen Diskussionen eine Rolle spielte – bei welchen wäre das nicht der Fall gewesen? –, hat Kreisky sich angewöhnt zu sagen: ›Und was sagt der Hannes zu dem?‹ Und wenn der Hannes gesagt hat, das machen wir, hat der Kreisky das mehr oder weniger ungeprüft gemacht. Das war eine absolute Vertrauensbasis. Erst 1975 gab es bezüglich der Hartwährungspolitik erste Differenzen.« Alfred Reiter, Jahrgang 1939, Kabinettschef Bruno Kreiskys 1972–1975, später unter anderem Generaldirektor der »Investcredit«

Die Wahl 1975

Es ging 1975 um viel, um den Erhalt unserer absoluten Mandats-
mehrheit zur Fortführung unserer Alleinregierung. Der Wahlkampf war für mich anstrengend wie kein anderer, stand ich doch
klarer als zuvor für unseren von der Opposition attackierten
Wirtschaftskurs. Dementsprechend zahlreich waren die Wahl-
kampfauftritte, dementsprechend heftig der Zeitdruck, dementsprechend groß der Erklärungsbedarf für unsere Arbeitsmarkt-
und Steuerpolitik. Neben der Fortführung unseres Hauptprinzips
»mehr Demokratie wagen« (neuerlich aktualisiert durch die Uni-
versitätsreform, durch das UOG) hatten wir auch weitere sozialpolitische Erfolge zu »verkaufen«, die Einführung der 40-Stunden-
Woche, die Erhöhung der Familienbeihilfe um 140 Schilling pro
Kind, der Geburtenbeihilfe um 1700 auf 16.000 Schilling, die
Einführung einer erhöhten Beihilfe für behinderte Kinder. Und
wir hatten gesellschaftspolitische Rückschritte abzuwehren, etwa
durch das Anti-Fristenlösungs-Volksbegehren der »Aktion Leben«.
Es gelang: Am 5. Oktober 1975 erhielt die SPÖ mit 50,4 Prozent
der Stimmen 93 Mandate, die ÖVP mit 48,9 Prozent 80. Die FPÖ
mit 5,4 Prozent 10.

4. Die Trennung: Ministerjahre 1975–1981

Im Wahlkampf hatte ich – unabhängig von unserer inhaltlichen Differenz in der Währungsfrage – eine erste Störung des amikalen Klimas zwischen dem Bundeskanzler und mir registriert. Kurz vor der Wahl attackierte mich der von der FPÖ kommende Rechnungshofpräsident Jörg Kandutsch: Ich hätte 1974 für die Fertigstellung des Budgets für 1975 eine Vorgangsweise gewählt, die »Interpretationsmöglichkeiten bis an die Grenze einer bewussten Manipulation« offenließ. Tatsächlich waren als Folge der Ölkrise im Herbst 1974 die Steuereinnahmen um zwei Milliarden Schilling zurückgeblieben. Zur Überbrückung und Bezahlung offener Rechnungen entschloss ich mich eines nicht ganz gewöhnlichen Finanzierungsweges über PSK und Kontrollbank, weil zeitlich ein Budgetüberschreitungsgesetz nicht mehr möglich war. Außerdem wollte ich Karl Schleinzer, Bundesparteiobmann der ÖVP, kein Argument für seine Forderung nach einem »Offenbarungseid« liefern und Kreisky die Option für vorgezogene Neuwahlen offenhalten. Ich kam deswegen unter beträchtliche Kritik und der Kanzler wurde von Journalisten gefragt, ob er noch hinter seinem Finanzminister stünde, worauf er antwortete: »Ich stehe neben ihm.« Als ich ihn irritiert darauf ansprach, meinte er nur: »Jeder muss seine Sache selbst ausfechten.« Darauf ich: »Ja, aber wenn es unsere gemeinsame politische Sache ist?« Erstmals hatte ich den Eindruck, allein im Regen stehen gelassen zu werden.

Der Wahlabend: Enttäuschung trotz Triumph

Dieser Eindruck verstärkte sich für mich am Wahlabend. Eine große Zahl unserer Funktionäre, Mitglieder und Wähler war begeistert auf den Rathausplatz geströmt, der Wahlsieg wurde groß gefeiert. Schon bei meinem Eintreffen erklärte mir der Landesparteisekretär und später ermordete Heinz Nittl, es werden nur Gratz und Kreisky sprechen. Die Menge aber forderte mit »Hannes, Hannes!«-Rufen meinen Auftritt. So schickte man noch Benya und Firnberg ans Mikrofon. Doch die Rufe nahmen kein Ende, sodass man nicht umhinkonnte, auch mich einige Worte des Dankes aussprechen zu lassen. Das hat mich sehr betroffen gemacht und ich ging nicht zur anschließenden Siegesfeier ins Rathaus. Mauhart meint heute noch, das wäre ein schwerer Fehler gewesen.

Das Interesse an der Nationalbank

Als Folge begann ich über andere Aufgaben nachzudenken, schließlich hatte ich sechs Budgets verabschieden können und drei höchst erfolgreiche Wahlkämpfe mit geschlagen. Mir schwebte eine neue Herausforderung vor, in der ich meine Interessen und Fähigkeiten einbringen und weiter gestaltend wirken könnte: die Spitze der Nationalbank. Halb im Spaß, halb im Ernst sagte ich bei einem sonntagvormittäglichen Gespräch zu Kreisky, meine Töchter hätten mich gebeten, ihm auszurichten, ich solle das Amt aufgeben, ich sei ohnehin schon nach Kamitz der am zweitlängsten dienende Finanzminister nach 1945. Kreisky war sichtlich irritiert, obwohl ich hinzugefügt hatte, ich wisse schon, dass dies nicht ginge. Natürlich wäre ich gerne Notenbankchef geworden. Dies wurde dann 1978 Stephan Koren – Kreisky wollte so die ÖVP schwächen und wohl auch eine Art Gegengewicht zu mir aufbauen. Das erste Ziel erreichte er, das zweite nicht: Koren teilte insbesondere meine Linie in der Währungspolitik.

Vizekanzler Androsch

Heute halte ich das offene Gespräch mit Kreisky über meine Nationalbank-Ambitionen für einen taktischen Fehler, es verstärkte sein Misstrauen gegen mich unter dem Motto: Kann der Bub nicht zuwarten? Der Kanzler reagierte mit charakteristischem Tempo: Sechs Monate später war Rudolf Häuser nicht mehr Vizekanzler, auch nicht die dafür eigentlich prädestinierte Hertha Firnberg – sondern ich. Meine Ambitionen in Richtung Nationalbank waren endgültig Geschichte. Firnberg ärgerte sich zu Recht über eine mehr als flapsige Bemerkung Kreiskys (»Alt bin ich selber«) und Häuser grämte sich bis zu seinem Freitod 25 Jahre später über die Art seiner Abberufung. In einem Brief an Kreisky hielt er kurz nach seinem Ausscheiden fest: »Die Monate seit dem Jänner dieses Jahres waren für mich eine schwere Zeit.« Zu mir sagte er damals: »Glaubst du, Kreisky hätte den Mut gehabt, auch nur einmal mit mir über eine allfällige Ablöse zu sprechen. Wenn er gewollt hätte, dass ich gehen soll, wäre ich dazu bereit gewesen. Aber so etwas über die Fernsehnachrichten zu erfahren, das ist bitter.« Tatsächlich hatten wir alle die von Kreisky dann im Herbst durchgeführte Regierungsumbildung (Gerhard Weißenberg ersetzte Häuser als Sozialminister, ich ihn als Vizekanzler, Günther Haiden Oskar Weihs als Landwirtschaftsminister, Willibald Pahr Erich Bielka als Außenminister) während einer Klubtagung in Salzburg durch die ZIB 1 erfahren. Die Empörung war groß und ungewohnt – Kreisky war bis dahin sakrosankt gewesen.

Auch Simon Wiesenthal bekam zu spüren, wie persönlich verletzend Kreisky werden konnte: Natürlich war klar, dass der ÖVP-nahe Gründer des Jüdischen Dokumentationszentrums nicht zufällig Freitag vor der Wahl Bundespräsident Rudolf Kirchschläger (er war nach dem Tod von Franz Jonas 1974 gegen den ÖVP-Kandidaten Alois Lugger, den seine Partei im letzten Moment dem bereits als Kandidaten plakatierten Hermann Withalm vorgezogen hatte, gewählt worden) längst bekannte

Dokumente vorlegte, die Friedrich Peter schwer belasten sollten. Der FPÖ-Chef war Mitglied einer SS-Brigade gewesen, die an der Ostfront Gräueltaten verübt hatte, an denen er persönlich aber nicht beteiligt war. Wiesenthal wollte eine mögliche rot-blaue Koalition und einen Vizekanzler Peter verhindern. Kreisky verteidigte Peter, auch ich sah in ihm einen glaubwürdig Geläuterten. Aber ich missbilligte – damals nur innerlich – den Ton des Kanzlers, der selbst auch noch nach gewonnener Wahl Wiesenthal Methoden »wie die Gestapo«, indirekt sogar eine Zusammenarbeit mit den Nazis unterstellte. Auch Peter blieb beschädigt: Nach der Bildung einer rot-blauen Regierung verhinderten 1983 mehrere Unterschriftenaktionen seine Wahl zum Dritten Nationalratspräsidenten, die FPÖ nominierte mit Gerulf Stix letztlich erfolgreich einen anderen Kandidaten.

Nahost-Terror in Österreich

Der mit höchst persönlichen Attacken ausgetragene Konflikt Kreisky–Wiesenthal erzeugte international viel böses Blut, nicht nur in Israel, wurde aber kurz vor Weihnachten 1975 durch einen Terroranschlag übertönt. Attentäter (an der Spitze der berühmt-berüchtigte »Carlos«) drangen am Sonntagmittag, dem 21. Dezember, mit libyscher Unterstützung und deutscher Beteiligung während einer Konferenz in das Wiener Büro der OPEC ein und entführten elf Erdölminister. Ein österreichischer Polizist, ein libyscher Delegierter und ein irakischer OPEC-Mitarbeiter starben. Innenminister Rösch verständigte sofort alle Regierungskollegen, Kreisky war schon auf Skiurlaub in Lech. Also traf ich mit Broda und Gratz im Innenministerium zu einer ersten Besprechung zusammen, Vizekanzler Häuser berief einen Ministerrat ein. Kreisky stieß nach Landung seines Flugzeugs noch im Urlaubsgewand dazu, seine Linie war klar: verhandeln, um weiteres Blutvergießen zu vermeiden. Die Terroristen flogen tatsächlich aus und ließen in Algier alle Geiseln frei. Der Handschlag zwischen Rösch und Carlos beim Abflug erregte freilich Kritik. So wie Kreiskys generelle Linie. Der Kanzler hatte aber mit seiner Devise recht: »Ich bin nicht bereit, Menschenleben zu opfern, um einen abstrakten Sinn zu erfüllen.«

Diese wohl richtige Haltung hatte er bereits zwei Jahre zuvor bewiesen: Im September 1973 hatten Palästinenser einen Zug aus Russland überfallen, um die Schließung des Lagers Schönau zu erpressen, eine Zwischenstation für Juden, die aus der Sowjetunion nach Israel oder anderswohin auswandern wollten. Kreisky hatte nachgegeben, Schönau wurde geschlossen. Israels Ministerpräsidentin Golda Meir war dementsprechend empört, darüber wiederum Kreisky. Bei einem späteren Besuch habe er der alten Dame nicht einmal ein Glas Wasser angeboten, beschwerte sie sich.

Kreiskys deutscher Amtskollege Helmut Schmidt (er hatte 1974 Willy Brandt ersetzt, nachdem dessen Sekretär als DDR-Agent entlarvt worden war) agierte 1977 konträr: Die von palästinensischen Terroristen nach Somalia entführte »Landshut«-Maschine der Lufthansa wurde von einer deutschen Eliteeinheit gestürmt. Am selben Tag begingen drei führende RAF-Terroristen in ihrer Zelle in Stammheim Selbstmord, einen Tag später wurde die Ermordung des Arbeitgeberpräsidenten Hanns Martin Schleyer durch die RAF bekannt gegeben.

Kreisky stand wie knapp zwei Jahre später Helmut Schmidt unter immensem psychologischem Druck. Sie entschieden sich unterschiedlich – ich bin froh, niemals vor so einer Entscheidung über Leben und Tod zahlreicher Menschen gestanden zu sein. Klar war jedenfalls, dass Österreich in dieser Hinsicht keine »Insel der Seligen« war, auch nicht durch Kreiskys prinzipiell palästinenserfreundliche Haltung. Terror und Gegenterror gibt es heute mehr denn je und brutaler denn je – von 9/11 bis zum Wahnwitz des IS. Leider stehen mögliche Verhandlungen heute aber weniger zur Debatte als damals – vielleicht wären sie auch weniger sinnvoll.

Die Differenzen zwischen Kreisky und mir als seinem eben ernannten Vizekanzler nahmen trotz oder gerade wegen meiner Aufwertung weiter zu. Etwa anlässlich einer Asienreise: Ich war am 30. September 1976 zu einer einwöchigen Tagung des Internationalen Währungsfonds und der Weltbank nach Manila geflogen und deswegen nicht wie die anderen neuen Minister am 1. Oktober angelobt worden, sondern als Vizekanzler bereits am 29. September. Während dieser für einen Finanzminister wohl selbstverständlichen Reise zu einer Tagung mit 130 anderen Finanzministern und 3000 Delegierten aus aller Welt hielten mir ÖVP-Abgeordnete bei der Debatte um die Regierungsumbildung einen »Vergnügungsurlaub in der Südsee« vor (übrigens liegen die Philippinen gar nicht in der Südsee). Kreisky reagierte – nicht. Der Regierungschef ließ in einer solch harten Auseinandersetzung seinen Finanzminister (und neuen Vizekanzler) wieder im Regen stehen. Dabei hatte er mich nur wenige Tage nach meiner Angelobung scheinbar erleichtert im Kanzleramt verabschiedet: »Also, jetzt sind wir ein Stück weiter.«

Die drei großen E

Im Jahr darauf hatte ich erstmals den Verdacht, Kreisky wolle mich aus der Regierung entfernen. 1977 sollte sich zum wirtschaftlich schwierigsten meiner insgesamt elf Regierungsjahre entwickeln. Die Auswirkungen der Erdölkrise steigerten unser Leistungsbilanzdefizit, auch die Lohnabschlüsse waren in den Jahren zuvor zu hoch gewesen. Ich versuchte dagegenzusteuern, schlug eine vollständige Ausgliederung der ÖBB vor, eine Obergrenze für ASVG-Pensionen sowie eine Reformierung der Beamtenpensionen. Und prägte in einem programmatischen Referat bei einer Konferenz junger Wirtschaftler und Wissenschaftler im Linzer Brucknerhaus nach Vorbild von Willy Brandt und Helmut Schmidt die »drei großen E«: Eigenverantwortung, Eigeninitiative, Eigenvorsorge. Keineswegs als Gegenprogramm zum Wohlfahrtsstaat, sondern zu dessen Sicherung.

Schon damals war mir klar – so wie heute noch mehr: Der einzelne Bürger muss mehr Verantwortung für sich selbst übernehmen, kann nicht damit rechnen, dass ein »Vollkaskostaat« alles von der Wiege bis zur Bahre stets mit voller Kasse finanzieren kann. Schon gar nicht nach dem Gießkannenprinzip: Oberstes Prinzip für mich als Sozialdemokrat sollte es sein – und ist es –, mit sozialen Differenzierungen bei Finanzierungen und Leistungen des Sozialstaates diesen vor allem für jene abzusichern, die weiter der »sichtbaren Hand des Staates« bedürfen. Meine Formel lautete stets: Der Wohlfahrtsstaat ist eine viel zu große Errungenschaft, als dass er durch Überforderung und Überdehnung gefährdet werden darf. Heute noch gilt wie 1977: Man muss stets eine Überprüfung seiner sozialen Leistungen vornehmen, um zu verhindern, dass nach dem Gießkannenprinzip verteilte Leistungen so viel kosten, dass die Menschen sie nicht mehr finanzieren wollen. Dazu kommt, dass die zunehmende Lebenserwartung bei gleichzeitig frühem Pensionsantritt deren Finanzierung immer schwieriger macht.

Solche Prinzipien widersprachen der langjährigen traditionellen Auffassung der SPÖ. Und boten Kreisky einen Anlass für weitere Spitzen gegen mich. Ich gebe zu: Auch ich machte lange bei diesem seltsamen Spiel mit, wenn auch seltener und stets als Reaktion auf einen seiner Torpedos. Verwahrte er sich einmal bei einem Interview in den »Salzburger Nachrichten« (Titel unter Verwendung eines Direktzitates: »Androsch hat große Sorgen ausgelöst«) gegen meine Budgetwarnungen an andere Regierungsmitglieder (Interpretation des SN-Journalisten Gerhard Steininger: »Was Kreisky zweifellos meint: Er werde Androsch nicht erlauben, ein Superministerium zu zimmern«), so griff er in den »Oberösterreichischen Nachrichten« unseren alten währungspolitischen Disput wieder auf: »Wir müssen mit dem Schilling flexibler werden.« Was die Zeitung zum Titel bewegte: »Kreisky gegen Androsch-Politik des beinharten Schilling«.

Verschlechterung des Verhältnisses

Unser Verhältnis verschlechterte sich nun auch öffentlichkeitswirksam. Es war ein schleichender Prozess, es gab keinen konkreten Zeitpunkt oder Vorfall, an dem man einen endgültigen Bruch feststellen könnte, auch weil dieser Prozess lange nicht endgültig und immer wieder von Phasen der Wiederannäherung unterbrochen schien. Dennoch war er auch gerade für enge Mitarbeiter behindernd, fast quälend: »Selbst ein gefühlloser Mensch muss diese Spannungen zwischen euch gefühlt haben.« (Franz Löschnak, damals Staatssekretär im Bundeskanzleramt) Dabei hatte ich entgegen allen Medienspekulationen niemals ernsthafte Ambitionen, Kreisky als Kanzler abzulösen. Wäre ich, Jahrgang 1938, das mit etwa 40 Jahren und damit noch reichlich jung geworden, was hätte ich nach zwei oder gar drei Perioden machen sollen? Das Dasein eines Frühpensionisten war mir stets eine Horrorvision. CA-Generaldirektor bin ich auch nicht freiwillig geworden, es war aber ein würdiger Ersatz für meinen unwürdigen Abgang. Und das heutige erfüllende berufliche Wirken war für mich damals nicht vorstellbar. Ich habe sehr lange die Gestaltungsmöglichkeiten als Finanzminister geschätzt – und umso mehr unter den Reibungen mit dem Bundeskanzler gelitten.

Die immer schlechtere Stimmung des Kanzlers – nicht nur mir gegenüber – hing sicher auch mit seinen Krankheiten zusammen. Bereits 1970 hatte er – ohne besondere Folgen – einen leichten Schlaganfall erlitten, sechs Jahre später musste er sich einer Prostataoperation unterziehen, bei der erstmals auch sein Nierenleiden diagnostiziert wurde. Diese seine größte gesundheitliche Schwäche hat auch sein »Leibarzt« Anton Neumayr dem »profil«-Journalisten Herbert Lackner bestätigt: »Er war ein Diabetiker und Hypertoniker, seine Nierenerkrankung war seit Jahren schleichend verlaufen.« Sie gipfelte in einer »Schrumpfniere« und – nach seinem Rücktritt – in regelmäßigen Dialysebehandlungen und letztlich in einer Nierentransplantation.

Die » Verschwörung« im Lusthaus

Ich ahnte, dass Kreisky bisweilen unter Schmerzen litt, die er aber stets – zumindest mir gegenüber – zu verheimlichen trachtete. Nicht zu verheimlichen waren die immer häufigeren Anlässe, bei denen sich Kreisky im Stich gelassen fühlte oder gar verfolgt. Der erste datiert noch aus dem Jahr 1974, nachdem Bundespräsident Jonas im April verstorben war. Benya, Broda, Firnberg, Gratz und ich hielten Kreisky für einen idealen Nachfolger, er war darüber aber entsetzt, gar beleidigt. Obwohl die SPÖ traditionell stets ihren stärksten Mann (Frauen standen leider nie zur Debatte) kandidiert hatte, erfolgreich auch einen Parteichef wie Adolf Schärf.

Kreisky witterte dahinter aber nur den Versuch, ihn vom Kanzleramt wegzuloben, und sah sich bald in diesem Verdacht »bestätigt«. Der Kanzler entdeckte im Lusthaus im Wiener Prater einen gemeinsamen Gästebucheintrag von Gratz und mir – für uns der Abschluss eines freundschaftlichen Spazierganges, für Kreisky Indiz einer Verschwörung. Die Sache wurde ohnehin nicht aktuell: Kreisky, der anfangs mit möglichen antisemitischen Vorurteilen gegen eine Kandidatur argumentiert hatte (als Kanzler aber gewählt worden war), fand dann in Rudolf Kirchschläger einen für eine Wählermehrheit und ihn idealen Kandidaten. Ganz kurz schien Kreiskys Wahl in Frage gestellt: Der angeblich parteifreie Außenminister war früher Mitglied des ÖAAB und damit der ÖVP gewesen. Der Kanzler war in Moskau und schockiert, dachte kurz sogar an Rücktritt. Es lag an seinen Stellvertretern, eine erste, schlagfertige Reaktion zu liefern: »Es ist jedem unbenommen, klüger zu werden.« (Gratz)

Noch absurder war fünf Jahre später Kreiskys These, der Gefäßverschluss in einem seiner Augen sei darauf zurückzuführen, dass er sich bei der Eröffnung des Arlbergtunnels am 1. Dezember 1978 über mich habe aufregen müssen, weil ich in einem protzigen Mercedes viel zu spät und noch dazu angeheitert erschienen sei. In Wirklichkeit war mein Dienstauto auf der Fahrt von Wien hängen geblieben, mein Chauffeur rief bei der Firma Pappas nahe Salzburg an, die alle Minister mit Autos versorgte. Der Chef selbst bot mir seinen eigenen Wagen zur Weiterfahrt an, ich kam daher mit dem wirklich recht luxuriösen Mercedes 500 an. Kreisky vermutete mein eigenes privates Gefährt und ließ sich nicht von Hinweisen auf die auf der Nummerntafel ersichtliche Leihfirma überzeugen. Es gab in diesem Zusammenhang noch einen zweiten Anlass für Verstimmung: Am Abend nach der Eröffnung (der Tunnel war nach nur fünf Jahren Bauzeit fertig gestellt worden) war ein Abendessen im Arlberg Hospiz Hotel in St. Christoph angesetzt. Ich hatte mich entschuldigt, weil mich Tirols Landeshauptmann Eduard Wallnöfer zu einem Extra-Treffen eingeladen hatte. Nach dessen Ende drängte mich der Landeshauptmann, doch noch zum offiziellen Essen mitzukommen. Ich tauchte also in seiner Begleitung kurz auf, zum heftigen Ärger Kreiskys – wohl nicht wegen meiner vorherigen Absenz, sondern wegen meines Treffens mit dem in der ÖVP einflussreichen Landeshauptmann.

Auch bezüglich seines Augenleidens ist nun die historische Wahrheit endgültig erwiesen: Das »profil« veröffentlichte erst im Jänner 2011 die einschlägige »Augenakte« Kreiskys. Die durch ein aufgeschleudertes Steinchen verursachte Schädigung des Auges ist zuerst im AKH ungenügend und dann in einer Spezialklinik in Boston falsch behandelt worden, nämlich mit Medikamenten, die unverträglich waren mit Kreiskys Nierenleiden. Nach seinem Rückzug versagte dann auch sein zweites Auge, er ist im Juli 1990 erblindet gestorben. Diese fortschreitende Krankengeschichte während der letzten 15 Jahre seines Lebens erklärt für mich hauptsächlich, warum aus dem faszinierenden, feurigen, blendenden Politiker langsam ein oft missmutiger, immer mehr misstrauischer und offensichtlich leidender Mensch geworden ist.

Dabei hatte ich, hatten wir abseits der störenden »Zwischengeräusche« eigentlich genug zu tun mit dem »normalen« Regieren. 1977 wurde wegen der Lücke in der Leistungsbilanz neuerlich eine Abwertung des Schillings angeregt, vornehmlich von den Banken. Ich verteidigte aber dessen »harten« Kurs und seine Bindung an die D-Mark, unterstützt vor allem durch Benya. Der ÖGB-Präsident sagte Kreisky in diesem Zusammenhang besonders deutlich die Meinung. »Weil's a Blödsinn ist«, antwortete er auf die Frage, warum er sich so stark gegen eine Abwertung des Schillings stelle, wo doch etwa Böhler-Edelstahl davon beim Export profitieren würde. Die Fronten verhärteten sich, es war letztlich der inhaltliche Grund meines Zwistes mit Kreisky, der freilich nicht zum persönlichen Bruch hätte führen müssen: Teile der Exportwirtschaft, politisch vertreten durch Industriellenvereinigung und Bundeswirtschaftskammer, waren mit dem Kanzler der Meinung, man könne mit der Schwächung des Schillings, der Abwertung und der Wechselkursschraube die nötige Anpassung des Sozialstaats nach dem Ölpreisschock allein bewerkstelligen, Vertreter der Notenbank und des ÖGB teilten meine Meinung, dies wirke wie ein bloßer Einsatz von Morphium statt einer wirklichen Gesundungsstrategie.

»Betriebsrat« Kreisky

Zunehmend zweifelte ich auch an einem allzu simplen Rezept zum Erhalt der Vollbeschäftigung, berühmt geworden durch den später verkürzt wiedergegebenen Ausspruch Kreiskys, ihm bereiteten »ein paar Milliarden Schilling Schulden weniger schlaflose Nächte als ein paar hunderttausend Arbeitslose mehr«. Natürlich musste für die erste sozialdemokratische Regierung des Landes eine hohe Beschäftigung das oberste Ziel sein. Allerdings verwechselte man in der Folge Vollbeschäftigung mit der Pragmatisierung bestimmter Arbeitsplätze in der Verstaatlichten Industrie, die dadurch natürlich ins Schleudern gekommen ist. Immer öfter wurde mehr nach ausschließlich politischen Kriterien entschieden statt – zumindest auch – nach notwendigen wirtschaftlichen. Immer öfter wurde Strukturerhaltungspolitik betrieben, nicht Strukturpolitik.

Nach diesem Prinzip ist etwa die VÖEST 1985 fast bankrottgegangen. Bei mehreren Anlässen kam mir der mächtige Zentralbetriebsratsobmann Franz Ruhaltinger wie der Generaldirektor vor, der eigentliche Generaldirektor Heribert Apfalter wie der Außenhandelsminister, Kreisky wie der Zentralbetriebsratsobmann. Das betraf nicht nur den Leitbetrieb VÖEST: Als beispielsweise in Judenburg unangenehme Maßnahmen mit der Gewerkschaft abgesprochen waren, rief danach der örtliche Betriebsrat Kreisky in der Armbrustergasse an – und der Beschluss war revidiert.

Es waren aber noch Differenzen im Stil, weniger im Prinzip, wie mir auch Bundespräsident Kirchschläger Ende der Siebzigerjahre bestätigte:»Ich merke schon, der Kanzler und du, ihr habt dasselbe Ziel, aber eine andere Vorstellung, wie dieses Ziel erreicht werden kann.« Auch ich habe wohl zu wenig zur Befriedung unserer Differenzen beigetragen – weil sie auch tief ins Persönliche gingen, wie Gerhard Steininger in den »Salzburger Nachrichten« anlässlich meines 70. Geburtstages bilanzierte: *»Steuern waren das Spezialgebiet des Floridsdorfer Steuerberaters und Teilhaber an dem Familienunternehmen ›Consultatio‹, was Kreisky zunächst überhaupt nicht störte. Nun kannte sich Androsch nicht nur mit Steuern aus, sondern auch mit der Wirtschaft insgesamt, eine Disziplin, für die sich Kreisky fatalerweise als Experte wähnte. Der Junge ließ den Alten dilettieren und vertrat seine Meinung so offensiv, dass Kreisky das zu welchem Zeitpunkt und Anlass auch immer als Missachtung und Herausforderung empfand.«*

Im Sommer 1977 pilgerte ich drei Tage nach Mallorca zu Kreisky, um ihn weiter für meinen pragmatischen Kurs zu gewinnen. Vor allem für ein Maßnahmenpaket, das – auch zur Korrektur zweier überzogener Lohnrunden 1975 und 1976 und der negativen Leistungsbilanz – neues Geld für das Budget bringen sollte. Zu diesem Zweck schlug ich bei einer Regierungsklausur am Kahlenberg das »Zweite Abgabenänderungsgesetz« vor, ein Maßnahmenpaket mit Budgetentlastungen von insgesamt 14 Milliarden: durch die Anhebung des Mehrwertsteuersatzes auf 30 Prozent für »Güter gehobenen Konsums« wie etwa Autos oder Elektrogeräte (medial zur »Luxussteuer« verkürzt, auch von Staatssekretär Veselsky, der deshalb als Staatssekretär zurückgetreten wurde) – und durch Einsparungen bei der Verwaltung, im Bund wie in den Ländern. Kreisky reagierte eher vorsichtig, bedacht auf die Auswirkungen auf die nächste Wahl 1979. Er hätte lieber die alte Autosondersteuer von Koren revitalisiert und hatte sogar eine begrenzte Devisenzuteilung für österreichische Touristen im Sinn.

1978 machte ich mir mit dem Buch »Staat, Steuern, Gesellschaft« ein Geschenk zum 40. Geburtstag, es wurde auch bei einem »Club 2« im ORF diskutiert. Die Geburtstagsfeier bei einem Heurigen in Grinzing bot wiederum Stoff für Dispute zwischen Kreisky und mir. Zuerst einmal wegen der launigen Festrede Mauharts, der auch auf unsere Differenzen satirisch anspielte. Der Kanzler war sicht- und hörbar verärgert, stand Mauhart doch seit längerem schon in seinem Schussfeld: 1973 hatte Kreisky versucht, meinen Pressesprecher, ohne mir etwas zu sagen, für sich abzuwerben. Mauhart lehnte ab – Kreisky sei doch selbst sein bester Pressesprecher. Der verzieh ihm diese Zurückweisung nie.

Bacher, die dritte

Dass unter meinen Gästen bei der Buchpräsentation auch Gerd Bacher war, dessen Wiederwahl als ORF-Generalintendant Kreisky 1974 zugunsten des Juristen Otto Oberhammer verhindert hatte, ärgerte ihn so maßlos, dass er mir dann beim Ministerrat an meinem eigentlichen Geburtstag nicht einmal gratulierte. Nach der dritten Wahl Bachers ließ er ausstreuen, »meine Leute« im ORF-Kuratorium wären jene »Verräter« gewesen, die am Wahlergebnis schuld gewesen seien, namentlich Michael Auracher als Vertreter des Finanzministeriums und mein Freund, der Maler Adolf Frohner. Dabei unterschätzte Kreisky den cleveren Machtmenschen Bacher, der wohl längst und vielleicht mit Wissen Benyas die Betriebsräte des ORF auf seine Seite gebracht hatte.

Bezüglich Bacher waren wir höchst unterschiedlicher Meinung. Ich hielt ihn stets für einen eigensinnigen und eher unabhängigen Konservativen, vor allem für einen absoluten Rundfunkprofi. Kreisky hat sich immer wieder an Bacher gerieben, das war ein steter Konflikt zweier machtbewusst-autoritärer Platzhirsche. Ein Auslöser lag in der Aussage Bachers, er sitze an der »größten Medienorgel des Landes« – eine Provokation für den »Medienkanzler«. Das kann aber bei weitem nicht alles gewesen sein. Warum Kreisky Bacher, mit dem er einst in einer heiklen Causa manche Sympathien für die Südtiroler geteilt hatte, so sehr misstraute, ist mir bis heute ein Rätsel – und war es auch für Bacher, mit dem ich trotz weltanschaulicher Differenzen weiter freundschaftlich bis zu seinem Tod verbunden blieb.

Bereits drei Monate zuvor, im Jänner 1978, hatte ebenfalls ein völlig nebensächlicher Vorfall den Groll des Kanzlers erregt. Bei der traditionellen Radiosendung »Turnier auf der Schallaburg« verglich ich die Regierung mit einem Zirkus und Kreisky mit seinem Direktor. Als Scherz gemeint, überhaupt nicht böse – aber der »Kurier« gab sich empört über die »Respektlosigkeit« und der Kanzler war daraufhin wirklich empört. Ich konnte ihm nur antworten, er solle sich die Sendung noch einmal in Ruhe anhören – das schien ihn wenig zu besänftigen.

Der Konflikt zwischen Kreisky und mir schlug inzwischen verstärkt auch innerparteiliche Wellen. Am Parteitag im Mai 1978 im Wiener Konzerthaus, auf dem auch ein neues Parteiprogramm beschlossen wurde, erhielt ich bei der Wahl zum stellvertretenden Parteivorsitzenden zwar 417 Pro-, aber auch 40 Kontra-Stimmen. Längst war mir zugetragen worden, dass Kreisky systematisch in der Partei und bei ausgewählten Journalisten Stimmung gegen mich machte. Er hatte zu dieser Zeit auch einzelne Ökonomen – etwa den heutigen Notenbank-Gouverneur Ewald Nowotny – um sich geschart, um meine Hartwährungspolitik bekämpfen zu lassen. Und versuchte mich auch in anderen Fragen in meinem unmittelbaren Kompetenzbereich zu übergehen: 1979 traf ich vor der Wahl in Lech beim Skifahren »Krone«-Chef Hans Dichand: »Na, ihr werdet die Wahl verlieren und Sie mit Ihrer Quellensteuer werden schuld sein.« Ich, einigermaßen entgeistert: »Wie das? Ich bin ja dagegen!« Dichand: »Da müssen Sie sich aber beeilen mit einem Dementi, Viktor Reimann schreibt gerade, dass sie kommen wird.« Ich erreichte den Kreisky-Biografen noch rechtzeitig, die Story kam dann nicht.

Der Streit um die Consultatio

Immer stärker in den Mittelpunkt der offiziell von der ÖVP gestarteten Attacken rückte eine Causa: die angebliche Unvereinbarkeit meiner politischen Funktion mit meiner beruflichen Eigentümerschaft an der von meinen Eltern gegründeten Steuerberatungskanzlei Consultatio, die, obwohl längst bekannt, im Sommer 1978 neuerlich groß in den Medien thematisiert wurde. Das Unternehmen sei seit meinem Amtsantritt unakzeptabel gewachsen, vor allem auch durch Aufträge der öffentlichen Hand. Was einfach nicht stimmte: Die Consultatio bekam seit meinem Amtsantritt keine öffentlichen Aufträge, weder von der Verstaatlichten Industrie noch aus dem verstaatlichten Bankensektor. Meine erste Handlung als Minister war gewesen, den Prüfungsauftrag der Postsparkasse an die Consultatio zurückzulegen. Es ist meinen Gegnern über all die Jahre nicht gelungen, im Zuge

115

des politischen Kampfes gegen mich das Unternehmen zu vernichten.

Dennoch thematisierte Kreisky ab 1978 diese falsche Darstellung insbesondere dann, wenn ihn Journalisten auf Mallorca zu Sommergesprächen besuchten. Langsam wurde es fast eine – schlechte – Angewohnheit: Auf mehr oder weniger direkte Angriffe Kreiskys aus Spanien folgten meine vielleicht auch nicht immer taktisch klugen Repliken aus dem Ausseerland. Journalisten hatten ihre Freude daran, die ÖVP Stoff für ihre Angriffe.

Erstmals litt auch meine Familie darunter, meine Frau – die in dieser Zeit ein Kind verlor – und meine Töchter: Fotografen lauerten ihnen auf, damals nannte man sie noch nicht Paparazzi. Eine von mir vorgeschlagene Treuhandlösung für die Consultatio an die Präsidenten von Anwalts- und Notariatskammer sowie der Wirtschaftstreuhänder konnte Kreisky nicht besänftigen. Sie wurde erst eineinhalb Jahre später Wirklichkeit. Im November 1978 informierte ich während der Budgetdebatte Broda und Fischer von einer weiter gehenden Regelung; es dürfe aus verschärften Unvereinbarkeitsbestimmungen aber keine »Lex Androsch« werden. Benya riet mir damals, nichts zu überstürzen, aber es wurde immer mühsamer.

Manche Darstellungen wurden zu journalistischen Selbstläufern und waren nur mehr absurd: Ich hätte mein Dienstauto zwecks Beinfreiheit verlängern lassen, basierend auf einem bösen Kalauer Kreiskys (»Er hat halt längere Beine«) – alle Minister hatten dieselbe Wagentype zur Verfügung. Mir wurde der Besitz mehrerer Jachten, Schlösser und Jagden nachgesagt, sogar der Schlossruine Landskron in Kärnten. Es half nur wenig, dass ich versprach, sie sofort der ÖVP zu schenken, falls ich ohne mein Wissen doch in ihrem Besitz sei.

Die angeblich hundert Anzüge, die ich im Kasten hängen hätte, waren Folge einer sarkastisch-selbstironischen Antwort auf bohrende Journalistenfragen – sicher ein taktischer Fehler: Ironie kommt selten gut an, zumindest nicht aus dem Mund eines Politikers, schon gar nicht in einem Land wie Österreich. Dass ich stets Wert auf eine gepflegte Erscheinung lege, hat historische und gar nicht großbürgerliche Gründe: Jene Großmutter, die Hausmeisterin war, lehrte mich eindringlich, dass gute Kleidung und tadelloses Auftreten enorm wichtig sind, auch aus Respekt gegenüber den Mitmenschen.

Dennoch: Ich war bald als »Leider-nein-Millionär« abgestempelt, weil ich auf die Journalistenfrage, ob ich nun endlich Millionär sei, ironisch »leider … (Pause) … nein« geantwortet hatte. Ein Eigentor. Rosa Jochmann, eine sozialdemokratische Ikone, nahm mich in Schutz: »Warum bejahst du nicht einfach eine solche Frage? Heute ist doch schon jeder Besitzer einer Eigentumswohnung ein Millionär.«

Das Haus in Neustift

Bald konzentrierten sich die Angriffe auf unser Haus in Neustift am Walde, von der ÖVP stets nur als »Villa« tituliert. Auch da half es nichts, dass ich bereits 1975 einem Journalisten meinen Vermögenssteuerbescheid gezeigt hatte, aus dem hervorging, dass das Haus auch mithilfe meines Schwiegervaters Paul Schärf, meines Wahlonkels Gustav Steiner und mehrerer Kredite erworben worden war. Übrigens: Ich habe das Haus gar nicht gern gekauft, weil es ein Betonbau war. Aber wir wollten etwas Langfristiges haben, weil wir den Kindern einen Schulwechsel ersparen wollten. Bald stellte sich heraus, dass die Haustechnik kaputt war, immer wieder gab es Nassstellen. Wir haben es noch in den Neunzigerjahren durch einen neuen Bau ersetzt.

Kreisky trug eifrig das Seine dazu bei, dass die Angriffe auf meine Lebensumstände nicht aufhörten. Der stets um Überparteilichkeit – auch in diesem Konflikt – bemühte Heinz Fischer hält in seiner Bilanz der »Kreisky-Jahre« fest: *»Am 10. August 1978 hielt Hannes Androsch eine Pressekonferenz ab, in der er seine*

Vermögensverhältnisse und die Struktur seiner Steuerberatungs-
kanzlei darlegte. Als ich kurze Zeit später während eines Urlaubs-
aufenthaltes auf einer griechischen Insel einen ›Kurier‹ in die
Hand bekam, blieb mir die Spucke weg ob der Diktion, die Kreis-
ky in Bezug auf seinen eigenen Vizekanzler gewählt hatte.«
Anfang September 1978 meinte Kreisky zu meinen tatsächlichen und behaupteten Nebeneinkünften, »das Einzige, wo es
wirklich keine Rolle spielen täte, wär eine Leichenbestattung«.
Benya, Gratz und Firnberg standen auf meiner Seite, verstanden
seine Untergriffe wegen meiner Teilhaberschaft an einer Steuerberatungskanzlei nicht, schließlich hatte der Kanzler oft genug die
speziellen Kenntnisse seines Finanzministers herausgestrichen.
Und auch sie kamen – wie die späteren Parteivorsitzenden Sinowatz und Vranitzky – immer öfter in den »Genuss« der zunehmenden, wohl nur gesundheitlich zu erklärenden Unduldsamkeit
Kreiskys.

Zwentendorf, der GAU

Innenpolitisch war das Jahr 1978 aber sonst vom Konflikt um
das Atomkraftwerk Zwentendorf überschattet. Österreich ist das
einzige Land der Welt, das aus der Atomenergie noch vor deren
Inanspruchnahme ausgestiegen ist. Und das, obwohl es einen
betriebsfertigen Reaktor in Zwentendorf im Tullnerfeld um 15
Milliarden Schilling hatte errichten lassen. Am 5. November
entschieden 1.606.308 Menschen mit Nein gegen eine Inbetriebnahme, 1.576.839 waren dafür, das AKW ans Netz gehen zu
lassen, 30.000 Stimmen machten den Unterschied. Zwentendorf
war zum ökonomischen GAU geworden.

Ich zählte zu den Befürwortern der Atomkraft, ärgerte mich
über die riesige Geldverschwendung und fürchtete, Österreich
könne seinen Strombedarf langfristig nicht ohne Atomenergie
decken, wolle es unabhängiger vom Erdöl werden. Eine Geldver-

schwendung ist die eingemottete Ruine sicher immer noch, aber obwohl die Atomenergie heute verbreiteter eingesetzt wird denn je – 500 Kraftwerke sind in Betrieb, 200 in Planung –, sind die Bedenken der Atomkraftgegner auch heute nicht einfach vom Tisch zu wischen – siehe zuletzt die Katastrophe von Fukushima 2011. Allerdings auch nicht die Sorgen um die österreichische Stromversorgung, die – pharisäisch – unter anderem durch den Import von Atomstrom gesichert wird, während der Ausbau der umweltfreundlichen Wasserkraft regelmäßig behindert wird.

Die Abstimmung über das AKW Zwentendorf war aber nicht nur ein Einschnitt in Österreichs Energiepolitik. Sie stellte auch die erste Niederlage Kreiskys seit 1970 dar. Der Bundeskanzler hatte die Abstimmung über das Kraftwerk mit einer Vertrauensabstimmung verknüpft. Die Rechnung ging nicht auf: Vor allem viele bürgerliche Befürworter der Atomenergie stimmten dagegen, weil sie nicht bereit waren, für Kreisky zu stimmen. Und für viele seiner Sympathisanten, vor allem jüngere und umweltbewegte, war das Nein zum AKW wichtiger als ein Ja zu Kreisky in dieser Form. Kreisky fürchtete die Emotionalisierung des Themas samt den unkontrollierbaren Auswirkungen auf die nächste Wahl 1979. Olof Palme schien damals deshalb eine Wahl verloren zu haben (in Wirklichkeit ging es mindestens ebenso sehr um die Höhe der Steuerbelastung in Schweden), Kreisky wollte die beiden Entscheidungen trennen.

Freilich: Wirklich begonnen hatte das anfänglich nur taktische Geplänkel die ÖVP, namentlich ihr Obmann Taus. Er untersagte im Mai seiner Partei, unter deren Regierung 1969 der Bau des Kraftwerks beschlossen worden war und die so wie Industrie und Wirtschaft weiter für die Nutzung der Atomkraft war, die Zustimmung zu einem Regierungsbericht über die Kernenergie als Grundlage für einen Gesetzesbeschluss. Der bisherige Konsens der Großparteien schien gefährdet, Kreisky witterte Gefahr für seine Wiederwahl im nächsten Jahr. Zum ersten Mal informierte er uns von seinem Abstimmungsplan kurz danach im da-

mals noch alten Wiener AKH, wo er nach einer Gallensteinope-
ration in einem entsetzlich heißen und lauten Zimmer lag. Er ließ
Gratz, Fischer und mich kommen und sprach von einer möglichen Volksabstimmung. Fischer, wie immer zuallererst Jurist,
meinte sofort, eine Volksabstimmung könne es laut Verfassung
nur über ein bereits beschlossenes Gesetz geben. Kreisky brummte: »Man wird die Leute doch noch fragen können.«

So wurde als Alternative eine Volksbefragung geboren. Kreisky kündigte uns noch an, er wolle sein ganzes Gewicht in die
Waagschale legen, somit auch ein Zwischenvotum über sich haben. Bei einer Klubtagung in Neusiedl am See machte er diese
Linie in bewährter Manie ambivalent öffentlich: Er sage nicht,
dass er bei einem mehrheitlichen Nein »sicher nicht zurücktreten« werde, das werde ihn »sicher nicht unbeeindruckt lassen«.
Nicht nur ich, sondern die gesamte sonstige Parteispitze versuchte ihn von einem auch nur angedeuteten Junktim abzubringen,
vergeblich, im Gegenteil: Am Abend nach der Klausur rief er mich
höchst erbost an. Er werde sich von niemand den Zeitpunkt seines Rücktritts ausreden lassen, auch nicht von mir.

Ich war aber über eine solche Zuspitzung nicht nur aus parteipolitischen, sondern auch aus energiepolitischen Gründen entsetzt und rief Wirtschaftskammerpräsident Rudolf Sallinger an,
um seine Leute umzustimmen und ihre nur scheinbare Neutralität
in der Sachfrage zu ändern – vergeblich. Zwei Tage später kam
sein Bescheid: »Ich wollte Zwentendorf außer Streit stellen, habe
aber nichts erreichen können.« Taus blieb bei seinem Kalkül:
Kreisky solle seine erste Niederlage um Zwentendorf erleiden und
im nächsten Jahr seine zweite bei der Wahl.

Die Dialektik der Geschichte: Der SPÖ-Sieg 1979

Ein falsches Kalkül: Kreisky verlor die erste Abstimmung am
5. November 1978 und gewann die zweite am 6. Mai 1979 deut-

licher denn je. Außerdem nutzte er die Abstimmungsniederlage auch parteiintern aus. In der ersten Präsidiumssitzung machte Blecha – natürlich nicht ohne Absprache mit dem Kanzler – den Vorschlag, Kreisky eine Generalvollmacht zu erteilen. Das uns, die wir doch angetreten waren, alle Bereiche der Gesellschaft mit Demokratie zu durchfluten! Der Beschluss war selbstverständlich gegen mich gerichtet, mir war längst klar, dass Kreisky mich eliminieren wollte.

Im Februar 1979 lagen wir bei Umfragen noch 4 Prozent unter der absoluten Mehrheit, das »profil« zeigte sich schon sicher, die Sache würde für uns schiefgehen. Und kannte bereits den Schuldigen: Androsch, der Finanzminister. Vor allem wegen einer Sache, für die ich gar nicht die Hauptverantwortung trug: Am 1. Juli 1978 war im Zuge eines Maßnahmenpakets zur Budgetsanierung ein Abgabenänderungsgesetz in Kraft getreten, das auch eine Lkw-Steuer beinhaltete. Inhaltlich völlig gerechtfertigt, terminlich falsch: Die Frächter protestierten mitten im Urlauberreiseverkehr durch Langsamfahren und Grenzblockaden, der für die Sicherheit zuständige Innenminister Erwin »Lord« Lanc – er war 1977 Otto Rösch gefolgt, dieser dem wegen dubioser Waffenlieferungen zurückgetretenen Verteidigungsminister Karl Lütgendorf – hielt sich vornehm zurück und überließ die Schadensbegrenzung seinem Nachfolger im Verkehrsressort, Karl Lausecker. Insgesamt eine schlechte Darbietung unseres Regierungsteams.

Im Wahlkampf bemühte ich mich umso mehr, absolvierte mehr Termine denn je. Kreisky konnte aus gesundheitlichen Gründen nur mehr bei einigen Großveranstaltungen auftreten. Der Wahlkampf war dennoch ganz auf seine Person zugeschnitten, er erzielte bei der Nationalratswahl das beste Wahlergebnis seiner 13-jährigen Amtszeit als österreichischer Bundeskanzler, die SPÖ das beste ihrer Parteigeschichte. Die ÖVP hatte sich die Annäherung durch den neuen Obmann der FPÖ (Alexander Götz war dem vergleichsweise liberalen Peter gefolgt) nicht verbeten, unsere Kampagne (»Taus–Götz? Nein danke!«) war höchst er-

folgreich. Die SPÖ baute ihre absolute Stimmen- und Mandats-
mehrheit sogar noch aus, wurde nach der vierten gewonnenen
Wahl zur erfolgreichsten Sozialdemokratie Europas. Sie erreichte
am 6. Mai 1979 mit 51 Prozent der abgegebenen Stimmen
95 Mandate, die ÖVP mit knapp 42 Prozent 77, die FPÖ mit
6,1 Prozent 11 Sitze. Unmittelbare Folge: Josef Taus wurde als
Chef der ÖVP durch den bisherigen Klubobmann Alois Mock
ersetzt.

Ich konnte also überhaupt nicht in eine Versuchung geraten,
die der »Spiegel« am 16. April 1979 kolportiert hatte: »*Hannes
Androsch, 41, Österreichs Finanzminister und Vizekanzler, ist bei
seinen zahlreichen US-Reisen (die er nach eigenem Bekunden
auch unternimmt, ›um der Gefahr der Provinzialität zu entgehen‹) in Washington fündig geworden. Dem Wiener wurde bei
der Weltbank ein Spitzenjob angeboten. Ob Androsch sich ernst-
haft mit einem Wechsel von Wien nach Washington befasst, hängt
nicht zuletzt vom Wahlausgang in Österreich ab. Verliert die
SPÖ, müsste Androsch nach neun Ministerjahren das Finanzres-
sort mit einem bescheidenen Abgeordnetenbüro tauschen. Damit
aber, so heißt es in Wien, dürfte sich der Kreisky-Vize kaum zufrieden geben.*«

Kurze Entspannung

In der SPÖ führte die verständliche Euphorie auch zu einer kurzen Entspannungsphase zwischen Kreisky und mir. Er machte
vorerst keinerlei Anstalten, von der ihm erteilten »Generalvollmacht« gegen mich Gebrauch zu machen. Und zeigte sich fast
gerührt, als ich ihm in der Rudolfstiftung, wohin er sich gleich
nach der Wahl begeben musste, versicherte, ohne ihn werde es
keine Regierungserklärung im Parlament geben, selbst wenn sie
bei einer Alleinregierung terminlich in kurzer Frist nach der Wahl
üblich wäre. Heinz Fischer brachte dies zustande, Kreisky war

erleichtert. Bevor ich sein Krankenzimmer verließ, kam es zu einem selten offenen Dialog: *Kreisky: »Wie ist das eigentlich zwischen uns?« – »Du willst mich doch weghaben.« – »Nein, keine Rede davon. Die Partei braucht dich so wie mich. Sie braucht uns beide.« Ich abschließend: »Das ist für mich dann kein Problem.«*

Nach Kreisky im Nationalrat hielt ich dann im Bundesrat in seiner Vertretung die Regierungserklärung. Kreisky ließ mich auch die Eröffnungsrede der budget- und zeitgerecht fertiggestellten UNO-City am 23. August 1979 halten; eine gerade angesichts seines internationalen Interesses und der jahrelangen Kampagne der ÖVP gegen dieses Projekt besondere Auszeichnung. Sie bot mir Gelegenheit für eine auch heute noch gültige Positionierung: »Wir waren und sind der Überzeugung, dass Wien und Österreich aus seiner Geschichte und seiner Gegenwart heraus, unterstrichen durch seine besondere Lage und Neutralität, eine Stätte internationaler Begegnung sein kann.« Die UNO-City, längst in Wien »angekommen«, wurde ihrer Rolle bald gerecht. Mittlerweile ist sie freilich von (zu?) schnell hochgezogenen und weit weniger schnell belegten Bürotürmen umgeben, die besser nach Dubai oder Doha passen würden.

Schließlich bekam ich von Kreisky noch zugesichert, beim Parteitag im Herbst ein zweites großes Referat neben seinem halten zu können. Dazu kam es nicht mehr. Denn bald verstärkten sich unsere Differenzen wieder, auch sachpolitisch: Ich war mit seinem Wunsch nach einer Steuerreform nicht einverstanden. Wir hatten sechs Jahre zuvor mit der Reform der Mehrwert- und der Einkommensteuer eine wirklich große zustande gebracht, warum jetzt schon wieder eine? Dahinter steckte auch der Wunsch des ÖGB, der ausnahmsweise mit Kreisky einer Meinung war.

Dennoch wurde ich und nie der Kanzler als Gastredner zum Gewerkschaftskongress eingeladen – ein weiterer Anlass für Kreiskys Eifersucht. Dort vertrat ich wacker meine Meinung: Nur ein intakter öffentlicher Haushalt und eine ausgeglichene Handelsbilanz könnten Vollbeschäftigung und eine humane Arbeitswelt sichern; und den Wohlfahrtsstaat, dessen Finanzierung Ende der Siebzigerjahre immer schwieriger wurde. Dennoch: Die Arbeitslosenrate lag bei einem Zehntel von heute. In meiner ganzen Amtszeit ist die Zahl der Arbeitslosen nie über 60.000 gestiegen – heute sind es fast eine halbe Million. Freilich von einem niedrigeren Bezugspunkt aus: Damals gab es nur etwa 2,8 Millionen unselbstständig Erwerbstätige, heute sind es 3,6 Millionen. Und im Budget waren die Investitionen von Bahn, Post, Autobahnen oder öffentlichen Bauten nicht ausgelagert, sondern voll enthalten. Wir kamen dennoch auf »nur« 28 Prozent Staatsverschuldung, mit der Hypo Alpe Adria liegen wir heute bei fast 90 Prozent.

Modell Österreich?

Dementsprechend kamen auch immer wieder Politiker und Experten nach Österreich, um unsere Erfolge zu studieren und zu bewundern. Mir war aber stets bewusst, dass diese Erfolge Produkt tragischer historischer Erfahrungen – zum Beispiel die in die Auslöschung des Landes mündende Bürgerkriegszeit – und Lernprozesse waren, die etwa Sozialpartnerschaft oder Verstaatlichte Industrie lange Zeit nicht in Frage gestellt hatten. Der »österreichische Weg« war eben kein Exportmodell. Mein britischer Kollege Denis Healey schwärmte in den Siebzigerjahren von Österreich zwar oft als Beispiel für eine erfolgreiche Mixtur aus sozialem Frieden, Wirtschaftsdynamik und Wohlfahrtsstaat – wir beide waren uns aber auch einig, dass in Großbritannien andere Realitäten Österreichs fehlten, etwa vergleichsweise geringe Klassen- und Einkommensunterschiede.

Als ich 1980 bei der Jahresversammlung des Internationalen Währungsfonds zum Vorsitzenden des politisch wichtigen Interimsausschusses gewählt wurde, empfand ich das als Anerkennung für unsere Erfolge, nicht als Aufforderung, sie als internationales Modell anzupreisen. Und als der neue französische

Präsident François Mitterrand 1981 ankündigte, Österreichs Beispiel folgen zu wollen, warnte ich öffentlich: Frankreich habe ganz andere Voraussetzungen, auch in Österreich würden die Möglichkeiten nationalstaatlicher Autonomie immer geringer. Der »Economist« fasste Ende der Siebzigerjahre unsere spezifischen Bedingungen und Leistungen zusammen: »*1970 lag Österreichs Pro-Kopf-Leistung nahe dem europäischen Durchschnitt, 1978 darüber. Österreich hat durch eine pragmatische Wahl seiner wirtschaftspolitischen Maßnahmen, unbeeinträchtigt von allen doktrinären Überlegungen, mehr erreicht als fast alle anderen entwickelten Volkswirtschaften, um die Beschäftigung seiner Bevölkerung zu sichern und die Inflation niedrig zu halten.*«

Dennoch gab es immer wieder Schwierigkeiten, etwa im Pensionssystem. Vor allem die Pensionsanstalt der Arbeiter litt unter großen Finanzproblemen, die Ausfallhaftung des Bundes betrug für 1980 bereits 16 Milliarden Schilling. Ich hatte den Kanzler zuvor mehrfach darauf hingewiesen, wir müssten die wachsenden Sozialleistungen durch steigende Beitragsleistungen finanzieren. Anfang Mai 1980 fasste ich meine Sorgen in einem Brief an Kreisky zusammen: »*In Anbetracht der im Mai–Juni akut werdenden Liquiditätslage der Pensionsversicherungsanstalt der Arbeiter und der ebenso akut werdenden Gebarungslage der Arbeitslosenversicherung und Arbeitsmarktförderung darf ich, sehr geehrter Herr Bundeskanzler, Deine Aufmerksamkeit nun auch in dieser Form auf diese schwerwiegende Problematik lenken.*« Daraus entwickelte sich immerhin ein Briefverkehr zwischen Kreisky, mir und Sozialminister Gerhard Weißenberg, seit 1976 im Amt: Er hatte den Brief von Kreisky in Kopie erhalten, ließ sich mit einer Antwort drei Wochen Zeit und hoffte darin schließlich nur auf eine »sachliche Diskussion der anstehenden Probleme« – mehr nicht. Ich schrieb einen weiteren, diesmal zehnseitigen Brief an den Kanzler und wies dem Sozialminister falsche Berechnungen und Prognosen vor – wieder nichts. Als Weißenberg dann gleich darauf einfach die Erhöhung der Bundeszuschüsse für das Pensionssystem forderte, hatte ich mit ihm im Ministerrat eine harte Kontroverse – auch sie blieb ohne Konsequenz. Weißenberg verstarb bald darauf, der Kanzler war an einer Fortsetzung der heiklen Debatte offenbar nicht interessiert. Er teilte mir bloß mit, er stünde »bei einem Konflikt mit dem Finanzminister immer auf der Seite des Sozialministers«.

Kreisky zog dagegen bereits damals eine ebenso unpopuläre Zinsertragssteuer vor, auch Quellen- oder heute Kapitalertragssteuer genannt. Ich war dagegen: Eine Quellensteuer habe eine sozialpolitisch unerwünschte Verteilungswirkung – die Reichen würden bei einem einheitlichen Zinssatz weniger zahlen als mit der zumindest offiziell 60-prozentigen Einkommensteuer, die »kleinen« Sparer verlören ihre bisherige faktische Steuerbefreiung. Kreisky ließ nicht locker und machte 1983 die sofort von der »Kronen-Zeitung« negativ kampagnisierte »Sparbuchsteuer« zum Teil seines »Mallorca-Pakets« und damit zum mitentscheidenden Faktor für seine erste Niederlage und seines folgenden Rücktritts. Dazu kamen auch Marketingfehler: Ein Innviertler Bauer teilte mir damals mit, er verstehe nicht, warum Kreisky seine Quelle besteuern wolle.

Das »Frauensignal«

Dazu kam: Sosehr Bruno Kreisky es verstand, kritische Intellektuelle und eine in den Siebzigerjahren nach links driftende Jugend zu faszinieren, ohne ihnen nur nach dem Mund zu reden, sosehr er dementsprechend auch für die Neuen Sozialen Bewegungen (NSB), die Öko-, Frauen- und Friedensbewegung, zur ersten Gesprächs-, Streit- und Integrationsfigur wurde, so wenig konnte er verhindern, dass sich Teile von ihnen gegen Ende der Siebzigerjahre nicht mehr »einfangen« ließen. Erster Höhepunkt dieser Entwicklung war ja das auch gegen Kreisky gerichtete mehrheitliche Nein zur Inbetriebnahme des bereits errichteten AKW

Zwentendorf gewesen. Kreisky verstand immerhin einige Signale, setzte auf Symbole, berief 1979 vier Frauen als Staatssekretärinnen in seine Regierung, blieb im Dialog mit einer sich angesichts der (Nach-)Rüstungsdebatte auch in Österreich stark formierenden Friedensbewegung, konnte aber gegen Ende seiner Amtszeit die Kluft zwischen etablierten und außerparlamentarischen Bewegungen nicht mehr so gut schließen wie zuvor. Und musste dann schon nach seinem Rücktritt mit ansehen, dass sich mit den Grünen inzwischen dauerhaft eine vierte Parlamentspartei etablieren konnte, die vor allem der SPÖ viele Stimmen kostete.

Vom »Frauensignal« war auch ich indirekt betroffen. Im Herbst 1979 kündigte Kreisky bei einer Klubtagung in Villach eine Regierungsumbildung an. Karl Sekanina (er galt als »logischer« Nachfolger im ÖGB; stolperte später über eine undurchsichtige Affäre) ersetzte Josef Moser als Bautenminister, Tirols SPÖ-Chef Herbert Salcher die politisch glücklose Ingrid Leodolter als Gesundheitsministerin. Kreisky ernannte auch vier neue Staatssekretärinnen dazu: Anneliese Albrecht im Handelsministerium für Konsumentenschutz, Franziska Fast im Sozialministerium für berufstätige Frauen, Beatrix Eypeltauer im Bautenministerium für Wohnbau, Johanna Dohnal im Kanzleramt für Frauenfragen. Ich machte ihm darauf den Vorschlag, die von mir geschätzte Elfriede Karl, seit 1971 im Kanzleramt, als »meine« Staatssekretärin für den Familienlastenausgleich zu übernehmen, was dann auch geschah. Nicht zuletzt deshalb, um den kolportierten Plan zu verhindern, er wolle mir einen »Aufpasser« ins Finanzministerium setzen.

Ich verstand das frauenpolitische Signal Kreiskys auch als Kontrapunkt zur sachlich ebenso verständlichen Ablöse Ingrid Leodolters. Aber die diesbezügliche Vorgangsweise des Kanzlers verstand ich wieder einmal nicht. Die langjährige Primaria im Wiener Sophienspital war bei ihren politischen Plänen und Auftritten selten erfolgreich gewesen, Ausnahme: die höchst erfolgreiche Einführung des Mutter-Kind-Passes. Behindert wurde sie außerdem durch die Struktur des Gesundheitsministeriums, 1971

ursprünglich für den Rechtsaußen und Arzt Otto Scrinzi ange-
dacht, um allfälligen Widerstand in der FPÖ gegen eine mögliche
rot-blaue Koalition (die dann nicht benötigt wurde) zu beseitigen:
Durch die Zersplitterung der Kompetenzen zwischen Ländern,
Kassen und Bürokratien kann man dort bis heute schwer etwas
bewegen, schon gar nicht die nötigen Milliarden. Die gelinde gesagt uncharmante Art der Ablöse hatte sich Leodolter jedenfalls
nicht verdient. Ich war am Tag deren Verkündigung gerade bei
Budgetverhandlungen mit Broda in dessen Ministerium, an deren
Ende er mich bat: »Bitte bleib noch, jetzt kommt die Leodolter,
sie braucht sicher Trost.« Das stimmte: Leodolter kam direkt aus
dem Kanzleramt und ließ ihren Tränen freien Lauf.

Mitte Jänner 1980 stand wieder eine Regierungsklausur an,
diesmal im Kärntner Mallnitz. Am Samstag zuvor besuchte ich
Kreisky in seiner Wohnung. Er fragte: »Was werden wir da machen auf der Klausur?« Ich: »Wir haben schon alles vorbereitet.«
Er: »Was wird der Benya dazu sagen?« Ich: »Ich besuche ihn
ohnehin morgen Vormittag.« Aus war die freundliche Atmosphäre: »Das brauchst du nicht, es genügt, wenn er es Montag er-
fährt.« Plötzlich war Kreisky eine jahrelang erprobte Praxis bei
Regierungstagungen nicht mehr recht: Die von Ministern vorgelegten Unterlagen wurden vom Kanzler und ÖGB-Chef abgeseg-
net, bei der Klausur vom Kanzler präsentiert und dann vom
ÖGB-Chef abgenickt. Die Klausur selbst brachte keine Überra-
schungen, außer eine belanglose für Kreisky: Nachdem er mich in
einer Kartenrunde mit Benya und seinen Vizes Häuser und Alfred
Dallinger – er folgte dem verstorbenen Weißenberg als Sozialminister nach – erblickt hatte, merkte er überrascht und leicht eifersüchtig an: »Ich wusste gar nicht, dass du Karten spielen kannst.«

Die Eifersucht wurde immer stärker, unser Klima immer
schlechter. Bereits im Sommer 1979 hatte mir mein väterlicher
Freund Karl Waldbrunner kurz vor seinem Tod bei einem Spaziergang um den Ausseer See geraten: »Hau du ihm die Sache hin,
bevor er dich hinaushaut!« Damals hörte ich nicht auf ihn: »Ers-

tens haben wir die Wahlen gewonnen, zweitens ist er sehr krank, drittens bin ich praktisch Generalsekretär der Regierung.« Es ging weiter, Schlag auf Schlag, Interview auf Interview, Spitze auf Spitze. Anfang März 1980 fuhr ich auf Einladung des dortigen Amtskollegen nach Jordanien und hängte nach den Gesprächen einen Kurzurlaub mit meinem engen Mitarbeiter Herbert Cordt, dessen Frau und meiner Tochter Claudia an, den längsten in meiner elfjährigen Ministerzeit. Eine Pressekonferenz in Amman ließ sich nicht vermeiden. Was ich denn von der Anerkennung der PLO als legitime Vertreterin des palästinensischen Volkes halte? Ich konnte mich nur mühsam diplomatisch herausreden, ich wusste nämlich nichts von diesem Schritt der Regierung. Kreisky hatte mich vor meinem Abflug nicht von seiner Absicht informiert, obwohl ich ihm mein Urlaubsziel vor der Abreise geschildert hatte. Nach meiner Rückkehr ein fast schon übliches Spiel: Er habe ja nicht gewusst, dass ich in den Nahen Osten fahre.

Bald darauf, noch im Frühjahr 1980, ließ sich Kreisky nach einem seiner Auslandsbesuche am Flughafen von Blecha und Fischer abholen. Beiden teilte er mit, es gehe so nicht mehr weiter: »Der Hannes muss weg.« Doch ging es dabei nur um die schon längere Auseinandersetzung um meine Beteiligung an der Consultatio, noch gar nicht um meine angebliche Rolle im »AKH-Skandal«. Der explodierte im Sommer 1980. Im Frühjahr hatte ein Bericht des Kontrollamtes der Stadt Wien von Unregelmäßigkeiten berichtet, die es bei der Vergabe von Bauaufträgen für die Errichtung des neuen Wiener AKH (Allgemeines Krankenhaus) gegeben habe. Das Großprojekt wurde mit 43 Milliarden Schilling zu Europas teuerstem Krankenhausbau und konnte erst 1994, nach insgesamt 37 Jahren Bauzeit, ganz in Betrieb genommen werden.

Der AKH-Skandal

Der Journalist Alfred Worm deckte 1980 Schmiergeldzahlungen rund um den Bau auf, als Hauptschuldiger erwies sich der technische Direktor des Krankenhauses, Adolf Winter. Er hatte mindestens 30 Millionen Schilling aus Zahlungen von Auftragnehmern auf ein geheimes Schweizer Konto umgeleitet, Worm überführte ihn während eines »off record« geführten Gesprächs mittels eines in einer Tasche versteckten Diktafons. Der Skandal erschütterte Stadt und Land, monatelang wurden tatsächliche und behauptete »Enthüllungen« publiziert. Als Untersuchungsrichterin wurde Helene Partik-Pablé populär und später Nationalratsabgeordnete der FPÖ. Sie ließ nicht nur Winter verhaften, sondern unter anderem auch Fritz Mayer, den frischgebackenen Präsidenten der Industriellenvereinigung. Er wurde erst fünf Jahre später rehabilitiert. Winter wurde 1981 in einem Prozess gegen ihn und elf Mitangeklagte zu neun Jahren Freiheitsstrafe verurteilt.

Im damaligen Klima war es kein Wunder, dass auch ich in den Skandal hineingezogen werden sollte. Ausgangspunkt dieser Kampagne war Franz Bauer, erster Geschäftsführer der Consultatio. Als solcher betreute er über seine 1975 gegründete Firma Ökodata auch die Datenverarbeitung einiger der zahlreichen am Riesenbau beteiligten Unternehmen. Im Rahmen einer dringlichen Anfrage im Nationalrat wollte die ÖVP im April 1980 vom Kanzler wissen, ob er über die »Verwicklungen der Consultatio in den AKH-Skandal« informiert sei. Er verneinte und verwies auf die bereits im Vorjahr erfolgte treuhändische Übertragung meiner Eigentumsrechte an der Consultatio. Ich hatte bereits zuvor im ORF erklärt, über diese Lösung hinaus könne ich mir nur den Rücktritt als Finanzminister vorstellen, aus existenziellen Gründen keineswegs einen Verkauf meiner Firma.

In dieser Phase gab sich Kreisky noch unentschlossen: Unseren Parlamentsklub ließ er wissen, er akzeptiere zwar die Treuhandlösung, halte es aber persönlich für moralisch unhaltbar, wenn sozialdemokratische Politiker aus Wirtschaftsunternehmen Profit zögen. Der SPÖ-Klub beschloss mit den anderen Fraktionen am 16. April die Einsetzung eines parlamentarischen Untersuchungsausschusses in Sachen AKH, den Vorsitz übernahm der neue Obmann der FPÖ, Norbert Steger. Fünf Tage später fanden meine Treuhänder und ich mit der Parteispitze scheinbar eine Lösung: Wir stimmten einer Verschärfung der allgemeinen Unvereinbarkeitsregeln zu, Kreisky zeigte offiziell »kein Interesse« an meinem Rücktritt.

Natürlich entsprach das nicht der Wahrheit: Kreiskys Lieblingsschüler Herbert Salcher erstattete Strafanzeige wegen möglicher Verbindungen zwischen der seiner Amtsvorgängerin Leodolter angelasteten verfehlten Kostenabrechnung für das AKH und der Consultatio. Das genügte der ÖVP für einen Misstrauensantrag gegen mich, der am 21. August im Nationalrat diskutiert wurde. Erstmals drückte Kreisky auch im Parlament sein Missfallen über mich demonstrativ aus: Nachdem der Antrag abgelehnt worden war, beschränkte er sich bei der Anfragebeantwortung auf eine knappe Minute. Er fordere nicht meine Entlassung, weil die Beschuldigungen gegen mich auf fragwürdigen Presseartikeln beruhten und er auch gar nicht zuständig sei, und: »Er wird unmittelbar nach mir auf die betreffenden Teile der Anfrage im Einzelnen antworten.« Mir wurde klar: Nach der Sommerpause würde ich zurücktreten. Am 1. September legte er im »profil« nach: »Androsch überzeugt mich nicht.« Plötzlich behauptete er sogar, erst 1978 von meiner Eigentümerschaft an der Consultatio erfahren zu haben, obwohl er seit 1974 davon wusste und sie 1975 bei einer Wahlveranstaltung sogar besucht hatte. Seine ausweichende Antwort auf meine Vorhaltung: »Ich hab geglaubt, sie gehört deiner Mutter.« Das »profil« war stets auf seiner Seite, sein Chefredakteur schrieb: »Alle Anständigen in diesem Land müssen sich jetzt um Bruno Kreisky scharen und ihn in seinem Kampf gegen Androsch unterstützen.«

Kreiskys »Zehn-Punkte-Programm«

Kreisky steigerte auch innerparteilich seine Attacken: Anfang
September verkündete er unter großem Medienecho bei einer
Konferenz des Pensionistenverbandes in Linz ein »Zehn-Punkte-
Programm für politische Sauberkeit«. Es war atmosphärisch klar
gegen mich gerichtet. Ich hatte schon im Jahr zuvor für die Treuhandlösung bei der Consultatio gesorgt und war nun auch bereit,
verschärfte Unvereinbarkeitsbestimmungen zu akzeptieren. Bei
einem Gespräch mit ihm hatte ich als Reaktion auf eine kaum
verdeckte Attacke (»*Dein Naheverhältnis zur Consultatio ist seit
längerer Zeit die Ursache so vieler Missverständnisse, dass auch
die eindrucksvollste Argumentation sie nicht zu beseitigen ver-
mag. Mir ist diese Frage, wie Du weißt, seit jeher sehr wichtig
erschienen und sie hat in ernster Weise unsere Beziehung belastet.
Ich schreibe Dir diesen Brief aus tiefer Besorgnis um Deine politische Zukunft.*«) bereits im April unter anderem zugesichert,
dass die Consultatio überhaupt keine öffentlichen Aufträge mehr
übernehmen werde. Die von ihm nun verlangte Aufteilung des
Finanzministeriums in einzelne Kompetenzbereiche ging aber
nicht nur mir zu weit. Felix Slavik geriet mit Kreisky darüber in
einen so scharfen Streit, dass der Kanzler einen Monat später
nicht zu Slaviks Begräbnis erschien und die Trauerrede Firnberg
überließ.

Am Sonntag, dem 8. September, bot ich Kreisky schriftlich
meinen Rücktritt an: »*Sehr geehrter Herr Bundeskanzler! An einer
Reihe von Sachfragen und aufgrund wiederholter öffentlicher Er-
klärungen muss ich annehmen, dass die für eine gedeihliche Zusammenarbeit in der Bundesregierung erforderliche Vertrauens-
grundlage nicht mehr gegeben ist. Auch der jüngste Vorschlag, das
Finanzministerium, das nicht unwesentlich beitragen konnte, den
österreichischen Weg zu gestalten, zu teilen, ist eine zusätzliche
Bestätigung dafür. Der Vollständigkeit halber halte ich fest, dass
ich stets alle gesetzlichen Unvereinbarkeitsvorschriften eingehal-*

ten und mich darüber hinaus als einziger viel strengeren unterworfen habe. Da die für die Fortsetzung einer weiteren erfolgreichen Tätigkeit notwendigen Voraussetzungen fehlen, scheide ich nach mehr als zehn Jahren Tätigkeit als Finanzminister und nahezu vierjähriger Tätigkeit als Vizekanzler aus meinen Regierungsfunktionen aus. Ich bitte, dem Herrn Bundespräsidenten die Abberufung aus meinem Amte vorzuschlagen. Mit besten Grüßen – Hannes Androsch.«

Das beste Budget der Amtszeit

Tags darauf tagte das Parteipräsidium im Renner-Institut. Kreisky war für die Annahme meines Angebots, die Mehrheit des Gremiums dagegen. Der Kanzler war darüber so erbost, dass er seinen eigenen Rücktritt überlegte – vor allem, als ihm die neueste Ausgabe des deutschen »Börsenkurier« überreicht wurde, in der kommentiert wurde, an der österreichischen Regierungsspitze gehe der Falsche. Ich hatte an dieser Sitzung nicht mehr teilgenommen, ich hatte mein Büro im Ministerium schon geräumt. Nun musste, konnte, durfte ich noch eine letzte große Aufgabe übernehmen: die Erstellung des Budgets für 1981. Es wurde das beste Budget meiner Regierungszeit, wir hatten erstmals die sogenannte Seidel-Formel verwendet. Hans Seidel, Leiter des Wirtschaftsforschungsinstituts WIFO, bald darauf Staatssekretär im Finanzministerium, hatte verlangt, das Nettodefizit des Budgets dürfe nicht größer sein als 2,5 Prozent des Wirtschaftswachstums. Das schafften wir, die Leistungsbilanz wies noch ein kleines Defizit auf. Kreisky schien davon nicht beeindruckt zu sein: Er sprach fast während meiner ganzen Budgetrede demonstrativ mit dem neben ihm sitzenden Lanc.

Auch insgesamt fiel die wirtschaftspolitische Bilanz meiner Amtsjahre 1970–1981 nicht gerade schlecht aus, wie der renommierte Wirtschaftspublizist Horst Knapp anlässlich meines Ausscheidens in einem Vergleich der OECD-Länder bilanzierte: Das jahresdurchschnittliche Wirtschaftswachstum blieb mit 3,6 Prozent nur hinter dem von Japan und Norwegen zurück; hatten 1970 noch sieben OECD-Länder eine geringere Arbeitslosenrate als Österreich (Durchschnitt: 2 Prozent), waren es 1981 nur mehr vier, die durchschnittliche Inflationsrate war mit 6,2 Prozent die drittniedrigste. Der Gesamtperformance verpasste Knapp nach internationalen Vergleichsmethoden Platz 2 hinter Japan, vor Norwegen und der Schweiz.

Was die angeblich sorglose Ausgabenpolitik betrifft: 1970–1972 hatten wir ein ausgeglichenes Budget, ab 1973 gab es »dank« Ölpreisschock ein Defizit, das bis 1976 auf einen Höchststand von 4,6 Prozent Neuverschuldung anwuchs, aber später wieder auf 2,5 Prozent reduziert werden konnte. Außerdem kommt es zentral darauf an, wofür staatliches Geld verwendet wird: Es wäre verteilungs- und wachstumspolitisch höchst bedenklich, wenn die öffentliche Hand komplett darauf verzichten würde, Geldkapital für Realinvestitionen in die Infrastruktur eines Landes oder einer Kommune zu verwenden. Eine wissenschaftliche Untersuchung der Siebzigerjahre über »Sozialdemokratische Krisenpolitik in Europa« lobte 1987 den von mir mitgeprägten »österreichischen Weg« im Vergleich zu jenem in Schweden, Deutschland und Großbritannien: »*Während zu Beginn der Krise in allen vier Ländern die ökonomischen Bedingungen ähnlich und vergleichsweise günstig waren, hatten sich bis 1979 (dem Jahr, in dem Großbritannien aus dem Kreis der sozialdemokratisch geführten Länder ausschied) die Leistungsdaten weit voneinander entfernt. Wenn man Arbeitslosigkeit und Inflation als die beiden ökonomischen Hauptprobleme der westlichen Industrieländer in den siebziger Jahren herausgreift, dann schneidet Österreich im ganzen am besten ab.*« (Fritz Scharpf, Direktor am Max-Plank-Institut für Gesellschaftsforschung, Köln)

Noch ein Vergleich macht sicher: 1976 wurde Österreich von der amerikanischen Ratingagentur Standard & Poors das Triple-A für die höchste internationale Kreditwürdigkeit zugesprochen, 2012 hat unser Land diese Auszeichnung wieder verloren. Insgesamt kann man festhalten: Vom Koren'schen Paukenschlag des Jahres 1968 bis zum Androsch'schen Maßnahmenpaket des Jahres 1981 (»Zweites Abgabenänderungsgesetz«) hatte Österreich solide Staatsfinanzen.

In den Jahren 1974–1978 konnten wir dem Konjunktureinbruch durch höhere Defizite für öffentliche Investitionen, durch die lange wirksame Werte geschaffen wurden, erfolgreich gegensteuern und damit die Beschäftigung hoch und die Arbeitslosigkeit niedrig halten. Danach haben wir die Kreditfinanzierung wieder deutlich korrigiert. Dennoch wurde Kreisky und mir diese erfolgreiche Vorgangsweise vor allem von der ÖVP lange als »Schuldenmacherei« vorgeworfen. Inzwischen hat nicht zuletzt in Verantwortung der Volkspartei in Bund und Ländern tatsächlich eine unvertretbare »Schuldenmacherei« stattgefunden, aber nicht – was vertretbar wäre – für Zukunftsinvestitionen (Bildung!), sondern für laufenden Konsum. Dabei hat sich auch noch die Steuerbelastung deutlich erhöht, so sind auch die öffentlichen Haushalte zusehends in Schieflage gekommen. Es wird Jahre dauern, bis diese korrigiert sein wird.

Die Ökodata-Affäre

Fast gleichzeitig mit der erfolgreichen letzten Budgeterstellung unter meiner Verantwortung geriet ich aber an einer ganz anderen Front persönlich unter großen Druck: Der Miteigentümer von Franz Bauers Firma Ökodata, Armin Rumpold, präsentierte vor dem parlamentarischen Untersuchungsausschuss ein Papier, mit dessen Hilfe er behauptete, ich sei am Unternehmen zu einem Drittel beteiligt. In Wirklichkeit handelte es sich dabei um einen offenbar mehrere Jahre alten »Kaszettel«, auf dem eine solche Überlegung einmal angestellt, aber niemals realisiert worden war.

Ich war vom Consultatio-Geschäftsführer Bauer vor Gründung der Ökodata gefragt worden, ob ich »mittun wolle«, verneinte aber klar.

Nach ersten Skandalisierungsversuchen und gerichtlichen Voruntersuchungen hielt Justizminister Broda bereits am 8. Oktober 1980 im Parlament fest: »*Die staatsanwaltschaftlichen Behörden sind zu dem Ergebnis gekommen, dass eine Beteiligung des Herrn Finanzministers an der Ökodata oder eine sonstige Mitwirkung nicht festgestellt werden konnte und schon deshalb eine strafrechtliche Ermittlung gegen den Herrn Finanzminister nicht Platz zu greifen hat.*« Der Kanzler war da anderer Meinung und für die Nutzung anderer Instrumente: Bei einem Vieraugengespräch mit dem Vorsitzenden des AKH-Untersuchungsausschusses, Norbert Steger, forderte Kreisky kurz darauf, es müsse dabei »etwas gegen Androsch herauskommen«.

Ganz anderer Meinung war der Bundespräsident: Rudolf Kirchschläger betonte am 3. November im »profil«, ich stelle wahrlich keinen Schaden für Österreich dar, »weil sonst wäre er nicht vor 14 Tagen zum Präsidenten der Weltbank gewählt worden«. Tatsächlich war ich in Washington zum »acting chairman« gewählt worden, zu meiner eigenen Überraschung – und nicht eben zur übermäßigen Freude Kreiskys. Die Nacht nach dieser Wahl war die schlimmste meines Lebens – normalerweise schlafe ich ausgezeichnet –, so sehr belastete mich das wirklich schwierige Amt. Die Vorwürfe zur Ökodata hielten sich übrigens über Jahre. Erst im Urteil zum dritten AKH-Prozess 1985 wurde festgestellt, es seien niemals Gelder von der Ökodata an mich geflossen. Rumpold als Zeuge musste zugeben, er habe keinen Beweis für die von ihm allein aufgestellte Behauptung, ich sei an der Ökodata beteiligt gewesen. Und auch im Strafverfahren wegen »falscher Beweisaussage« im Jahr 1988 wurde ich diesbezüglich freigesprochen. Alle Vorwürfe, ich hätte vom Bau des AKH in irgendeiner Weise profitiert, sind also in sich zusammengebrochen.

Das Haus: Anzeige wegen »Untreue«

Die ÖVP startete bald eine andere heftige Kampagne gegen mich: Bei der Sondersitzung am 21. August 1980 zum Thema AKH präsentierte ihr Abgeordneter Heribert Steinbauer plötzlich vertrauliche Teile aus dem Kreditakt meines Schwiegervaters Paul Schärf bei der Wiener Zentralsparkasse, die den Kauf unseres Hauses in Neustift im Jahr 1975 betrafen. Darin waren auch sechs Wertpapierdepots unter der Bezeichnung »Kurswertaufstellung Dkfm. Dr. Hannes Androsch« aufgelistet. Diese Vorgangsweise erboste sogar einen so beherrschten Mandatar wie Heinz Fischer so sehr, dass er Steinbauer »Sie Schwein« zurief. Diese Aktenteile waren bereits im Juli anonym der Staatsanwaltschaft zugespielt worden; auch dem Bundeskanzler, der mich aber nicht darüber informierte. Dafür aber die Presse: Am Abend vor der Sondersitzung ließ er den »profil«-Journalisten Helmut Voska spätabends von einer Tarock-Runde in die SPÖ-Zentrale bitten. Sein damaliger Kabinettschef Ferdinand Lacina öffnete Voska das Tor, Kreisky ihm in einem Vieraugengespräch offenbar die ihm zugegangenen Unterlagen.

Der Kern der auf diesen Aktenteilen basierenden Vorwürfe richtete sich natürlich gegen mich: Schärf habe lediglich seinen Namen beim Hauskauf hergegeben, in Wahrheit hätte ich ihn mit Schwarzgeld finanziert. Und: Bei der Finanzierung sei Schärf außerdem ein unrechtmäßiger Zinsenbonus gewährt worden. Bereits einen Tag nach der Sondersitzung brachte der Wiener ÖVP-Landtagspräsident Fritz Hahn, vertreten durch Parteianwalt Michael Graff, Anzeige wegen »Untreue« gegen mich und Schärf ein. Dieser erstattete zwei Tage später Selbstanzeige wegen nicht versteuerter Zinserträge aus drei der sechs angeführten Wertpapierkonten, die restlichen drei wurden im Zuge einer anderen Selbstanzeige meinem im Hause meiner Mutter wohnenden Wahlonkel Gustav Steiner (er sei »jahrelang einem Irrtum erlegen, als er geglaubt habe, dass die von ihm ersparten und aus der Auflösung seines Haushaltes stammenden Beträge, die er in Wertpapieren angelegt habe, steuerbegünstigt gewesen seien«) zugeordnet. Beide legten dafür Bankunterlagen offen und zahlten natürlich nachträglich die anfallenden Steuern.

Die Strafanzeige der ÖVP wurde am 17. November von der Staatsanwaltschaft zurückgelegt, ein weiterer Antrag Graffs am 30. Jänner 1981 als unbegründet abgewiesen – so wie später alle weiteren Anzeigen gegen Schärf und Steiner. Graff versuchte sogar beide Affären zu »mixen«: Unversteuerte Erträge der Ökodata seien von mir zur Hausfinanzierung verwendet worden. Kleine Ungereimtheit: Das Haus wurde 1975 erworben, die Ökodata erst im Jahr darauf gegründet. Auch erste steuerliche Überprüfungen ergaben, dass ich in keiner Weise Steuern hinterzogen hätte, prompt wurden gegen die verantwortlichen Beamten anonyme Anzeigen erstattet. Die Untersuchungen gegen sie wurden zwar alle eingestellt, freilich erst nach Jahren.

Der Rabelbauer-Skandal

Die Aggressivität der ÖVP erklärt sich wohl auch aus dem Umstand, dass sie selbst zu dieser Zeit von einem Finanzskandal erschüttert worden war. Im August 1980 enthüllte die »Arbeiter-Zeitung«, dass der dubiose Vorarlberger Geschäftsmann Bela Rabelbauer – später wegen mehrfachen Betrugs zu siebeneinhalb Jahre Haft verurteilt – der ÖVP zehn Millionen Schilling für die Überlassung zweier ihrer Mandate für sein »Vorarlberger Bürgerforum« angeboten und vier Millionen in einem Koffer bei einem nächtlichen Treffen im Parlament dem neuen ÖVP-Obmann Alois Mock persönlich übergeben hatte. Mock stritt das Treffen vorerst ab und gab es erst ein Jahr später zu, die ÖVP musste die zehn Millionen zurückzahlen. Und war umso mehr interessiert, mit ihrer Kampagne gegen mich davon abzulenken. Wobei ihre Parlamentsabgeordneten mit einzelnen Zwischenrufen zu Kreiskys Redebeiträgen über mich in der Budgetdebatte nicht ganz unrecht hatten: »Da applaudieren und loben Sie ihn – und gleichzeitig schicken Sie ihn weg!«

Der Rücktritt

Nach der Budgetdebatte nahm mich Kreisky beiseite: »Du siehst doch, das geht doch nicht mehr, das wird nicht aufhören. Nimm dir eine Auszeit!« Benya hatte ihm gesagt, er könne meine Ablöse nur akzeptieren, wenn ich eine Aufgabe bekäme, die meinen Fähigkeiten entspreche. Man arbeite daran: In der Creditanstalt werde eine leitende Position frei, ihr stellvertretender Generaldirektor Franz Vranitzky, seit 1976 im Amt, müsse nämlich die Länderbank übernehmen. Und Heinrich Treichl, der Generaldirektor der Creditanstalt, werde ohnehin nicht mehr lange im Amt sein. Ich weigerte mich freilich, mich bei Kreisky für diesen Plan zu bedanken. Noch mehr, als er mit zumutete, ich solle Vranitzky darüber informieren. Vranitzky erfuhr von dem Plan am Weltspartag 1980: Friedrich Peter fragte ihn beim Besuch der CA-Zentrale überrascht, warum er noch hier repräsentiere, er solle doch in die Länderbank wechseln. Vranitzky rief einigermaßen konsterniert den Länderbank-Aufsichtsratschef Alois Piperger an: »Ich habe da etwas gehört.« Piperger: »Wir freuen uns schon auf dich.«

Parteiintern wurde der Plan bei einer Vorstandssitzung am 11. Dezember präsentiert. Kreisky informierte über den bevorstehenden Wechsel bei den beiden Banken und schlug mich für den Vorstand der CA vor. Ich antwortete trocken, dass sich trotz der scheinbaren Lösung vom September an der realen Situation nichts geändert habe, sodass ich als Konsequenz aus der Regierung ausscheiden werde. Kreisky schilderte sichtlich erleichtert den Anwesenden die Bedeutung der CA und meine wesentliche Rolle darin. Wohl unter dem Motto: Nur ein toter Indianer ist ein guter Indianer.

Zu Beginn 1981 informierte ich auch meine Regierungskollegen offiziell von meinem bevorstehenden Rücktritt. Am 21. Jänner 1981, dem Vorabend von Kreiskys 70. Geburtstag, durfte ich noch am Ende der Ministerratssitzung im Parlament im Namen der Regierung gratulieren. Und ihm persönlich danken, »*dass ich nahezu elf Jahre und damit ein schönes Stück des Weges gestaltend mitgehen habe können*«. Auch er wurde persönlich: »*Ich hoffe, deine Vorgänger Kamitz und Koren werden mir das jetzt nachsehen, aber du bist der beste Finanzminister der Zweiten Republik!*« Wenigstens beim Abschied waren wir beide ehrlich.

Damit war »Österreichs längster Polit-Thriller« (»Economist«) beendet: »*Das viel bewunderte österreichische System des politischen und sozialen Konsenses erlebt seine bisher schwerste Prüfung. Die wirtschaftlichen Aussichten sind düster. Viel wichtiger aber ist, dass das Ausscheiden von Dr. Hannes Androsch, Finanzminister und einstiger Wunschnachfolger von Dr. Bruno Kreisky, allerorts ironische Kommentare darüber ausgelöst hat, wie das Land geführt wird.*« Die »Financial Times« berichtete: »*Dr. Androsch hat in diesem Monat sein Amt zurückgelegt und sich aus der Politik zurückgezogen, nachdem er zur Zielscheibe eines Schwalls von unbegründeten Anschuldigungen geworden war.*« Und Ronald Barazon bilanzierte fast 20 Jahre später in den »Salzburger Nachrichten«: »*Der alle überragende Politiker, der auch Androsch zum Finanzminister gemacht hat, Bruno Kreisky, verträgt den Erfolg seines politischen Sohnes nicht, sieht sich in den Schatten gestellt und fürchtet um seinen Platz in den Geschichtsbüchern. Sozialdemokraten wie ÖVP-Spitzen eint das Streben nach der Beseitigung des künftigen Königs. Auch die Methode hat Tradition: die Intrige, die Verleumdung, das Gerücht, alle Facetten desselben Rezepts werden eingesetzt, um den Ruf zu zerstören, dem Publikum zu vermitteln, dass die Begeisterung einem Unwürdigen gilt. Bis endlich die Hetzjagd zum Ziel führt und Androsch alle öffentlichen Ämter aufgeben muss.*«

Zu meinem Nachfolger im Finanzministerium wurde Herbert Salcher ernannt, zu dessen ökonomischem »Gehirn« und Staatssekretär Hans Seidel. Vizekanzler wurde Unterrichtsminister Fred Sinowatz, der mich nach der letzten Sitzung des Ministerrats mit einigen Mitarbeitern in das Restaurant Grotta Azzura in der Babenberger Straße einlud. Als sich der neue Vizekanzler setzte, brach der Sessel unter ihm zusammen. Beim Aufstehen meinte er nur: »Ich hab das alles nicht gewollt.« Sinowatz glaubte ich das und prophezeite ihm angesichts Kreiskys Gesundheitszustand: »Du musst dir klar sein, dass du jederzeit Kanzler werden kannst.« Bis dahin sollte es noch knapp zweieinhalb Jahre dauern.

5. Das Verhältnis Kreisky–Androsch: Notizen eines Zaungastes (Peter Weiser)

An dieser Stelle sei ein Text eingeschoben, den mir der 2012 verstorbene Peter Weiser zur Verfügung gestellt hat. Weiser, damals Mitglied der ÖVP und schon 15 Jahre Generalsekretär der Konzerthausgesellschaft, war 1977 von Kreisky überraschend zum Chef der neuen Energieverwertungsagentur (EVA) ernannt worden. Er hatte sich privat mit Energiesparen beschäftigt und Kreisky mit einem simplen Motto überzeugt: »Sparen, Herr Bundeskanzler, muss man bei der Energie.«

Ich war von der Schaffung einer neuen Agentur und deren Besetzung mit einem Kulturmanager fast ebenso wenig erfreut wie der eigentlich zuständige Minister Josef Staribacher, musste dann aber bald zugeben, dass Weiser gute Leute verpflichtete und interessante Konzepte lieferte. Weiser war also in der Beobachtung des Verhältnisses zwischen Kreisky und mir keineswegs Partei. Er wurde das – wie man im Text sieht – erst im Laufe der Zeit. Und wurde später einer meiner engsten Freunde und Mitarbeiter bei etlichen Projekten wie der mit mir und Herbert Krejci 2005 betriebenen Jubiläumsausstellung, 60 Jahre nach Gründung der Zweiten Republik, 50 Jahre nach dem Staatsvertrag.

21. Oktober 1971. Telefon. Bundeskanzler Kreisky war am Apparat. Er erkundigte sich, ob es möglich wäre, mit Pierre Boulez persönlich zusammenzutreffen. Der Komponist und Dirigent Pierre Boulez, der längst Jean-Paul Sartre als Galionsfigur des Pariser Kulturlebens abgelöst hatte, war ein

143

Freund des damaligen französischen Staatspräsidenten Geor-
ges Pompidou. Er probte gerade im Konzerthaus. Ich war
dessen Generalsekretär.

Boulez war zwar eine Woche in Wien, hatte aber einen über-
vollen Terminkalender. Es gab eigentlich nur eine Möglich-
keit, mit Kreisky ein längeres Gespräch zu führen: bei mir zu
Hause, wohin ich ihn nach dem Konzert mit einigen Freunden
eingeladen hatte. Kreisky fragte, ob er auch kommen und
seine Frau mitbringen dürfe. Und rief, ganz vollendeter Gent-
leman, meine Frau zu Hause an, um sich dafür zu entschuldi-
gen, dass er sich selbst eingeladen habe.

Bruno und Vera Kreisky erschienen mit Verspätung. Er bat
um Entschuldigung. Er habe vorher noch die Regierung um-
bilden müssen. Manfred Mautner Markhof, damals Präsi-
dent der Konzerthausgesellschaft und eine der einflussreichs-
ten Persönlichkeiten des Landes, fragte, wer denn neu in der
Regierung sei. »Unterrichtsminister wird der Sinowatz«, sag-
te Kreisky, »ein burgenländischer Krowod, aber ein glänzen-
der Organisator und hervorragender Schulmann. Und Ge-
sundheitsminister wird die Ingrid Leodolter, eine Ärztin. Das
eine habe ich in meinen zwei ersten Regierungsjahren gelernt:
Ein guter Minister ist nur der, der dem Berufsstand, für den
er die politische Verantwortung trägt, auch wirklich ange-
hört. Wie der Kirchschläger, der Diplomat ist. Oder der Bro-
da, der Rechtsanwalt ist. Oder der Androsch, der Steuerbe-
rater ist.«

Und dann erzählte Kreisky den Anwesenden (Präsident Maut-
ner Markhof und Frau, Dr. Hans Landesmann und Frau,
Otto Schenk und Frau, Dr. Marcel Prawy, Christl Zimmerl,
Sir William und Lady Glock, Michel Béroff, Emmie Montjoye,
Pierre Boulez), für die ein sozialistischer Finanzminister noch

immer eine Art Schreckensgespenst war, über Hannes Androsch, über dessen Geschick als Klubsekretär, über seine
brillante Rede zum Budget als frischgebackener Abgeordneter
der Opposition, über die Geschwindigkeit, in der er das Vertrauen seiner durchaus bürgerlichen Ministerialbeamten gewonnen hatte, und beschwichtigte Mautner Markhof, dem
bei dieser überaus liebevollen Schilderung ein gewisser Un-
glauben im Gesicht abzulesen war, mit der Feststellung: »Und
was die Steuern anlangt, brauchen Sie keine Angst zu haben,
Herr Präsident. Einer, dem die Steuerkanzlei ›Consultatio‹
gehört, und die hat sehr viele Klienten in der Wirtschaft, weiß
besser als jeder Theoretiker, wie wichtig eine gute Ertragslage
der Privatwirtschaft ist.«

Und dann erging sich Kreisky in einem seiner unvergesslichen,
fast genialen Monologe über die semantische Bedeutung des
Wortes Steuern, indem er erklärte, das Staatsschiff sei kein
Dampfer, sondern ein Segelschiff, das den Ozean überquert,
wobei die Wogen, die ihm entgegenkommen oder es leiten,
weltwirtschaftlicher Art sind, der Wind, der die Segel bläht,
hingegen die eigene Wirtschaftskraft. Die Kunst des Staatslen-
kers bestehe darin, die Segel so zu setzen, dass das Schiff nicht
kentere, die Kunst des Steuermannes, dass es durch geschick-
tes Steuern – in der doppelten Bedeutung dieses Wortes – seinen Kurs einhalte.

Allen Anwesenden war an diesem Abend klar: Bruno Kreisky war der unbestrittene Kapitän des österreichischen
Staatsschiffes, Hannes Androsch sein auserwählter Steuermann.

»Da müssen S' schon zum Androsch gehen …«

19. Oktober 1973. Bundeskanzler Kreisky empfing Präsident Mautner Markhof und mich im Parlament. Der Grund unserer Vorsprache: Die Wiener Konzerthausgesellschaft war am Ende ihrer finanziellen Möglichkeiten angelangt. Konzerthaus und Musikverein waren (und sind es noch immer) die letzten privaten Musikgesellschaften Europas, denen die Gebäude, in denen ihre Veranstaltungen stattfinden, gehören. Anders als beim Musikverein hatten die Nazis 1938 das Vermögen der Wiener Konzerthausgesellschaft konfisziert, sodass sie 1945 mit Null anfangen musste. Das ging fast 30 Jahre lang gut – oder zumindest mehr recht als schlecht –, aber nun war das 1913 errichtete Gebäude, der letzte große Kulturbau der österreichisch-ungarischen Monarchie, in einem beklagenswerten Zustand. Wir baten also Kreisky, einen der raren Konzertbesucher unter den österreichischen Politikern, um Hilfe. Ob er mit Sinowatz reden könnte, damit wir wenigstens die Mittel für die dringendsten Reparaturarbeiten erhielten.

»Der Sinowatz kann allein gar nix«, brummte Kreisky, »da müssen S' schon zum Androsch gehen.« Und erging sich abermals in Elogen über seinen Finanzminister, der ihm erst kürzlich eine neue Kulturoffensive vorgeschlagen hatte. Obwohl von der gleichen Partei, der SPÖ, mit absoluter Mehrheit regiert, wie der Staat, war nämlich Wien in der Konkurrenz der Kulturstädte in den letzten Jahren zurückgefallen. Unglückliche Personalentscheidungen, vor allem aber antiquierte Musentempel waren an diesem Hintertreffen schuld. Die Berliner Philharmonie, die London Royal Festival Hall, das New York Lincoln Center atmeten einen anderen Geist, in Paris war das Centre Pompidou im Entstehen. »Kriegen wir auch so ein modernes Gebäude?«, fragte Präsident Mautner Markhof.

»Nein«, sagte Kreisky, »der Androsch hat einen anderen Plan. Wien muss sich abheben. Wien soll bei seinen traditionellen Gebäuden bleiben. Aber die müssen auf Hochglanz hergerichtet werden, damit alle Welt sieht, dass bei uns die Vergangenheit noch lebendig ist. Gehen S' zum Androsch, vielleicht macht er das nicht nur mit den Gebäuden, die in öffentlicher Hand sind, sondern auch mit Ihrem Konzerthaus.« Mautner Markhof meldete Bedenken an. Er hatte in dieser Frage schon mit vielen Finanzministern gesprochen, mit Kamitz, Klaus, Schmitz und Koren, in ihnen immer wohlwollende Zuhörer gefunden, aber nie mehr als leere Versprechungen erhalten. »Wohlwollender Zuhörer ist er keiner«, sagte Kreisky, die Unterredung damit beendend, »aber geh'n S' trotzdem zu ihm. Er ist ein Politiker, der halt', was er verspricht. Wahrscheinlich der einzige bei uns.«

Finanzminister Androsch war in der Tat kein wohlwollender, sondern ein bohrende Fragen stellender Zuhörer. Aber wir konnten antworten und unsere Antworten belegen und es entspann sich eine Diskussion, die weit über die Konzerthausprobleme hinausgriff. Es war klar, dass Androsch tatsächlich die Mittel für eine kulturpolitische Offensive bereitzustellen bereit war, wie Kreisky gesagt hatte, und es war ebenso klar, dass er der Initiator dieser – keineswegs nur auf Wien beschränkten – Offensive war. Bereits 1975 erstrahlten Konzerthaus und Akademietheater in neuem Glanz, Volksoper, Volkstheater und Theater in der Josefstadt folgten, die Pläne zur Modernisierung der Nationalbibliothek und der großen Museen entstanden. Zu Beginn der Achtzigerjahre, als Androsch nicht mehr im Amt war, hatte Wien als Kulturstadt keine Konkurrenz mehr zu fürchten.

»Machen Sie sich den Androsch zum Freund!«

19. Juni 1977. Bei Kreisky im Garten. Der Bundeskanzler hatte mir soeben eröffnet, dass er mich mit der Leitung der im Entstehen begriffenen Energieverwertungsagentur (EVA) betrauen wolle. Die Atmosphäre dieses Gespräches war sehr persönlich, wohl auch, weil Kreisky wusste, dass sein Wohnsitz gegen Ende des vorigen Jahrhunderts meiner Familie gehört hatte. Er wurde schließlich, wiewohl immer beim Thema bleibend, fast privat: »*Sie werden nur Feinde haben. In der Regierung den Staribacher, der auf Sie eifersüchtig ist. Im Parlament die Energiesprecher, die sich einbilden, sie könnten Energiepolitik machen. Dann die Arbeiterkammer, die glaubt, Energiesparen ist die Sache von ihrem Verein für Konsumenteninformation. Dann die Industriellen und die Bundeskammer, die sich beide vor der Elektrizitätswirtschaft fürchten. Und dann natürlich die ganze Energiewirtschaft, die mehr und nicht weniger verkaufen will. Aber Ihre ärgsten Feinde werden die Beamten sein, weil Sie ihnen mehr Arbeit machen werden. Sie werden eigentlich nur einen haben, der auf Ihrer Seite sein wird, den Androsch. Machen Sie sich ihn zum Freund. Von ihm können Sie sehr viel lernen. Vor allem, dass man Beamte nur dann für sich gewinnen kann, wenn man sie motiviert.*« *Und dann erzählte er, fast zwei Stunden lang, über Androsch, über dessen Arbeitskraft, Weitblick und Kunst der Menschenbehandlung, und empfahl mir zum Abschied noch einmal:* »*Halten Sie sich an ihn. Dann kann Ihnen nichts passieren.*« *Es war das letzte Mal, dass ich Kreisky nicht nur bewundernd, sondern sogar liebevoll von Hannes Androsch reden hörte.*

Kreisky hatte Recht. Androsch war (außer natürlich Kreisky selbst) die einzige Stütze der am 6.12.1977 gegründeten EVA. Er war auch einer der wenigen Politiker Europas, der in der internationalen »Club of Rome«-Euphorie des Jahres 1978 kühlen Kopf bewahrte. Für ihn war das geradezu wahnwitzige Ansteigen der Energiepreise kein Grund zu Horrorszenarien, sondern Ansporn zu Energiesparmaßnahmen, die Industrie und Gewerbe, Wohnbau und Verkehr sowie die Energieerzeugung selbst auf den neuesten Stand der Technik bringen, also eine durchgreifende Modernisierung der Wirtschaft bewirken konnten. Von Verboten, Geboten, Panik-Steuern und Hals-über-Kopf-Subventionen, wie sie in fast allen Industrieländern beschlossen wurden, hielt er ebenso wenig wie von werbewirksamen, aber sonst völlig unwirksamen kosmetischen Aktionen wie dem autofreien Tag.

»Energiesparen«, meinte Androsch, »ist eine wirtschaftliche Tätigkeit. Und jede wirtschaftliche Tätigkeit ist auf Gewinn ausgerichtet. Wenn die Autohersteller jetzt benzinarme Autos konstruieren, so tun sie das, damit die Leute trotz der gestiegenen Benzinpreise weiterhin Autos kaufen. Wir brauchen daher Wohnungen, in denen sich die Mieter nicht an den Heizkosten verbluten, also müssen wir anders bauen als bisher. Wir brauchen Industrien, die den Energieanteil an ihren Produktionskosten senken, also müssen wir sie informieren, wie man das macht. Wir brauchen Warenhäuser, Banken, Hotel- und Handelsketten, die ihren Energieverbrauch laufend kontrollieren, aber damit sie das tun können, müssen wir sie lehren, was eine Energiebuchhaltung ist. Wir brauchen Kraftwerke nicht mit einem Drittel, sondern mit zwei Drittel Wirkungsgrad, also brauchen wir Fernwärmesysteme, in die wir die überschüssige Abwärme einführen können. Wir brauchen stromsparende Elektrogeräte. Wir brauchen eine höhere Mehrwertsteuer auf importierte Energieträger. Wir brauchen eine bessere Ausnutzung der eigenen Energieressourcen, also mehr Kleinwasserkraftwerke, mehr Holzfeuerungsanlagen, mehr Müllverbrennungsstätten. Natürlich brauchen wir auch

Geld, wie für die Sanierung der Papierindustrie, die die Umwelt gefährdet. Aber vor allem brauchen wir Fantasie.«

Kreisky hatte die EVA auf die Schiene gesetzt, Androsch versorgte sie mit Strom. Als im Gefolge abermaliger Energiepreiserhöhungen ein negativer Volksentscheid über die Inbetriebnahme des Atomkraftwerkes Zwentendorf im Herbst 1978 die Hilflosigkeit des für Energie zuständigen Handelsministers Staribacher evident machte (Staribachers bemerkenswerteste Äußerung im Kernkraft-Wahlkampf: »Wenn Zwentendorf im November net ans Netz geht, sitz' ma im Jänner im Finstern.«), übernahm Androsch den Vorsitz in einem so genannten Energie-Ministerrat. Nach der von der SPÖ haushoch gewonnenen Wahl vom 6. Mai 1979 erstellte Androsch innerhalb weniger Wochen mit den zuständigen Ressorts und der EVA ein energiepolitisches Maßnahmenprogramm, das am 10. Juli 1979 verabschiedet wurde und auf Jahre hinaus bindend blieb. Innerhalb von 18 Monaten konnte der Primärenergieverbrauch auf das Niveau von 1973, dem Jahr des ersten Ölpreisschocks, gesenkt werden und trotz eines bedeutenden Wirtschaftswachstums seither, trotz außerordentlicher Komfortsteigerungen in hunderttausenden neugebauten Wohnungen ist er bis heute gegenüber 1973 kaum angestiegen.

»Er darf nur net beliebter werden«

18. Mai 1979. Ein schmuckloses Zimmer in der Hohenstaufengasse. Erich Schmidt, damals volkswirtschaftlicher Referent des ÖGB und später Landwirtschaftsminister, sieht sich den ersten Entwurf zum energiepolitischen Maßnahmenprogramm an. Der ÖGB hatte nämlich Sitz und Stimme im Vorstand der EVA. Mit dem meisten war er einverstanden, aber mit einigem war er unglücklich. So z. B. mit der steuerlichen

150

Absetzbarkeit von Energiesparmaßnahmen im Wohnbaubereich, die mehr den Wohnungseigentümern und den Besitzern von Einfamilienhäusern entgegenkam als dem durchschnittlichen Mieter. Plötzlich stürmt, angeblich unangesagt, der Abgeordnete Kurt Heindl herein, der Energiesprecher der SPÖ. Schmidt unterrichtet ihn summarisch. Heindl explodiert: »Das ist eine Frechheit! Energiepolitik wird im Parlament gemacht und nicht von der EVA. Und schon gar nicht vom Herrn Androsch!« Ich: »Entschuldigen Sie, aber der Herr Bundeskanzler hat Herrn Dr. Androsch zum Vorsitzenden im Energie-Ministerrat gemacht.« Heindl: »Und was glauben Sie, wie das der Kreisky schon bereut. Der Androsch soll sich lieber ums Budget kümmern und sich nicht in Sachen einmischen, die ihn nichts angehen. Z'erst war's die Handelspolitik, dann war's die Verkehrspolitik, dann die Kulturpolitik, dann die Beschäftigungspolitik und jetzt ist's die Energiepolitik – was will er denn noch alles? Glaubt er vielleicht, er ist der Bundeskanzler?« Erich Schmidt lächelte wissend, vom Ausbruch Heindls offenbar nicht unangenehm berührt.

Eine Woche später war ich bei Erich Hofstetter, dem leitenden Sekretär im ÖGB. Hofstetter war der untadeligste, aufrichtigste, bescheidenste Politiker, dem ich je begegnet bin. Ich erzählte ihm von meiner kürzlichen Begegnung mit Heindl. Hofstetter lächelte, aber nicht wissend, wie Schmidt, sondern ironisch. »Schau'n S'«, sagte er, »der Heindl ist größenwahnsinnig. Zuerst war er der Schammes vom Staribacher, jetzt ist der Staribacher der Schammes von ihm. Das ist ihm in den Kopf gestiegen. Aber dass sich der Kreisky beim Androsch jetzt ein bissl zurückhalt', das stimmt. Der Androsch ist zu beliebt.« Und dann schilderte er, wie sich Androsch durch Können und Verlässlichkeit das Vertrauen der ihm anfangs sehr distanziert gegenüberstehenden ÖGB-Spitze errang, vor allem sein und Benyas Vertrauen sowie das der mächtigen

Gewerkschaften der Metallarbeiter, der Bau- und Holzarbeiter, der Chemiearbeiter und der Eisenbahner (»… der Sepp Wille, der Roman Rautner, der Teschl und der Schmölz stehen eisern hinter ihm, nur der Dallinger macht ein G'sicht, aber der will noch was werden«) und wie er vor allem durch seine Paktfähigkeit (Hofstetters oberstes politisches Gebot) selbst Gegner in der ÖVP zu Gleichgesinnten gemacht habe: »Der Koren, der Sallinger, der Wallnöfer und der Ludwig lassen nichts über ihn kommen. Und bei uns in der Partei? Der Broda ist genauso für ihn wie der Czettel, der Waldbrunner genauso wie der Wagner. Und die Frauen hat er auch, sogar die Firnberg und die Offenbeck. Dabei war er am Anfang gar nicht ihr Typ. Sogar die Genossen in den Sektionen wissen, dass der Androsch die letzte Wahl für sie gewonnen hat. Denn wie's drauf angekommen ist, war der Kreisky im Spital. Und das alles hat der Kreisky halt net gern. Dass der Androsch vielleicht mächtiger ist als er, stört ihn gar net. Er darf nur net beliebter werden.«

Falls in diesem, einem Nichtsozialisten gegenüber unglaublich freimütigen Zwiegespräch eine leise Warnung des mir gewogenen ÖGB-Sekretärs verpackt gewesen sein sollte, habe ich sie entweder überhört oder nicht verstanden. Ich hielt mich hingegen – und das mit Gewinn – an seine Abschiedsworte: »Geben S' Acht auf den Heindl. Das ist ein Intrigant.«

In London nichts verloren

5. Juli 1979. London. Energy Management Konferenz der Internationalen Energie Agentur, bei der ich Österreich vertrat. Auch Dr. Androsch war in London, um in Chatham House vor dem Royal Institute for International Affairs einen Vortrag zu halten. Da ich noch nie eine Rede Androschs ge-

hört hatte, verschaffte ich mir eine Einladung über die österreichische Botschaft. Alles, was in Londons Finanzwelt und Diplomatie Rang und Namen hatte, war anwesend. Der Vortrag selbst, ein kühner, nicht nur finanzpolitischer Tour d'horizon, war brillant. Das Presseecho am nächsten Tag war enorm. Man schrieb von völlig neuen, richtungsweisenden Perspektiven.

Am nächsten Tag besuchte ich meinen Freund Bernard Ingham, Presse- und Stabschef von Margaret Thatcher, in Downing Street Nr. 10. Ingham kam sofort auf den Vortrag zu sprechen und fragte, ob Androschs Vorstellungen mit den außen- und finanzpolitischen Zielen der österreichischen Regierung übereinstimmten. Ich erwiderte, Androsch sei stellvertretender Regierungschef und Kreiskys wesentlichster politischer Mitgestalter. Daraufhin meinte Ingham, eigentlich sei es hoch an der Zeit, dass Mrs. Thatcher Kreisky kennenlerne. Meine Frage, ob sie einen Staatsbesuch in Österreich plane, verneinte er, fügte aber hinzu, Kreisky werde doch vermutlich zur nächsten Konferenz der Labour Party nach Brighton kommen. Und Brighton sei nicht weit. Diesen Wink verstand ich.

Nach Wien zurückgekehrt, informierte ich Kreisky telefonisch kurz über mein Gespräch mit Bernard Ingham. Er bat mich für den 10. Juli in sein Büro, fragte mich nach Details, nach Inghams Nahverhältnis zu Mrs. Thatcher und dankte mir für die Information. Er werde die Sache in Erwägung ziehen. (Tatsächlich fand im Anschluss an die Labour Konferenz in Brighton diese von Ingham in die Wege geleitete Begegnung zwischen Bruno Kreisky und Margaret Thatcher in London statt. Aber – wie mir später sowohl Ingham wie Kreisky erzählten – die beiden konnten sich nicht ausstehen. Es war Abneigung auf den ersten Blick.)

Dann fragte mich Kreisky nach meinen sonstigen Londoner Eindrücken. Ich erzählte ihm vom Vortrag Dr. Androschs. Kreisky unterbrach mich brüsk: »Was haben Sie dort verloren?« Ich stotterte etwas von einer Einladung über die Botschaft. »Natürlich, diese Botschafter. Wer immer ins Ausland fahrt, dem besorgen sie eine Claque. Das ist das Einzige, was sie noch z'amm'bringen!« Ich dachte an ein Missverständnis und erwähnte, in der Überzeugung, ihm damit eine Freude zu machen, dass die Londoner Finanz-Lords und eine Menge Diplomaten Dr. Androsch stehend applaudiert hätten und die Presse begeistert gewesen sei. An Kreiskys Gesicht sah ich, dass das das Dümmste war, was ich hatte sagen können. Seine Nase wurde plötzlich dünn, seine Haut fast durchsichtig. Aus seinem Gesicht war alles Blut gewichen. Ich musste ihn furchtbar geärgert haben. Aber ich war ihm wohl einen Ausbruch nicht wert. »Wenn wir Sie ins Ausland schicken«, sagte er schließlich, »dann nicht, damit Sie sich dort wichtig machen, sondern damit Sie etwas für uns erledigen. Wenn Sie ein Gesichtsbad beim Dr. Androsch nehmen wollen, haben Sie in Wien genug Gelegenheit dazu. Und was die englische Presse anlangt: Die sitzt den gleichen Stehsätzen auf wie die österreichische. Besonders, wenn sie sie zum ersten Mal hört.« Es war das erste Mal, dass mich Kreisky ungnädig entließ, und das erste Mal, dass ich aus seinen Worten eine Eifersucht auf Androsch heraushörte.

»Den Androsch lassen S' bitte aus«

22. November 1979. Vorbesprechung mit Kreisky für die nächsttägige Generalversammlung der EVA. Ich hatte den Tätigkeitsbericht der Geschäftsführung zu präsentieren. Dessen Hauptstück war natürlich das energiepolitische Maßnahmenprogramm. Da es hinlänglich bekannt war, wollte ich auf dessen Nebeneffekte zu sprechen kommen. Androsch hatte nämlich bei den Vorarbeiten immer wieder gefordert, vor allem jene Maßnahmen zu bedenken, die indirekt positive Beschäftigungseffekte bewirken würden. Hiefür gab es ein Paradebeispiel. Mit Stichtag 1. Juli 1979 gab es in ganz Österreich einen einzigen Hafnerlehrling. Holzdauerbrandöfen und somit Kaminsetzer waren nicht mehr gefragt. Ins besagte Maßnahmenprogramm wurden schließlich, dank Androschs persönlichem Engagement (ÖGB und AK waren dagegen), neuangeschaffte Holzdauerbrandöfen unter jene Energiesparmaßnahmen gereiht, die steuerlich absetzbar waren (öS 20.000.– für den Haushaltsvorstand, öS 5.000.– für jedes weitere Familienmitglied). Der direkte Effekt war die verstärkte Nutzung heimischen Holzes zur Erzeugung von Raumwärme, der indirekte Effekt ein (bis heute anhaltender) Boom bei Holzdauerbrandöfen. Am 1. November 1979 gab es bereits 30 Hafnerlehrlinge, acht Monate später waren es bereits 300 und die Wartezeit auf Holzdauerbrandöfen betrug 1982 über zwei Jahre.

Kreisky lauschte beinahe fasziniert meinem Bericht, bat um weitere Beispiele, war hochzufrieden und beendete die Vorbesprechung mit den Worten: »Morgen bei der Generalversammlung sagen Sie das alles genau so. Nur den Androsch lassen S' bitte aus. Das Verdienst für dieses Maßnahmenprogramm soll bei der EVA bleiben, Sie brauchen Ihr Licht nicht unter den Scheffel zu stellen. Es gibt dafür ein altes jüdisches Sprichwort: ›Machen Sie sich nix eso klein, Sie sind nix eso groß!‹« Ich war gerührt, denn Kreisky sprach so väterlich, dass ich in meiner eindimensionalen Bewunderung für ihn nichts Negatives gegen Androsch heraushörte, sondern nur Positives für mich.

»Anonyme Bomben wirft man nicht«

13. August 1980. Empfang zum 70. Geburtstag von Altbundeskanzler Josef Klaus in der Salzburger Residenz. Ich saß am Tisch mit Theodor Piffl-Percevic, dem ehemaligen Unterrichtsminister. Alois Mock, damals Parteiobmann der ÖVP, setzte sich zu uns. Er erzählte, dass demnächst eine Bombe losgehen werde. Aus einem Schreiben, das zwar anonym, aber sehr glaubwürdig belegt sei, gehe hervor, dass Androsch seine Villa in Neustift am Walde unter mehr als seltsamen Umständen gekauft habe. Wir würden staunen. Piffl: »Ein anonymer Brief?« – »Ja, aber eine Bombe.« Piffl: »Anonyme Bomben wirft man nicht.« Mock war betreten und verließ uns. Dann erzählte mir Piffl (er publizierte es auch später in seiner Autobiografie »Zuspruch und Widerspruch«), wie ihn seinerzeit seine eigene Partei in einen Hinterhalt gelockt habe, worauf er Ministeramt und Abgeordnetenmandat sofort niederlegte. »Politik hat immer auch etwas mit Ehre zu tun, und Ehre und Ehrlichkeit haben den gleichen Wortstamm.« Theo Piffl war – und ist – ein Mann mit Rückgrat.

Wenige Tage später holte die ÖVP wegen einer dringlichen Anfrage das Parlament zu einer Sondersitzung aus den Ferien, präsentierte das anonyme Papier, sprach von einem österreichischen »Watergate« und inszenierte eine wahre Hexenjagd. Ich war tief deprimiert, besprach die Situation mit meiner Frau, die Androsch ebenso hoch schätzte wie ich und die wie ich wusste, was ich ihm verdankte. Dabei erwähnte ich das Gespräch mit Theo Piffl vor wenigen Tagen. »Vergiss nicht, dass du mit ihm verwandt bist«, sagte sie. »Du meinst, ich soll aus der ÖVP austreten?« – »Das ist das Mindeste, was du tun kannst.«

Am 20. August schickte ich der ÖVP, der ich 25 Jahre lang angehört hatte, mein Parteibuch zurück. Das sprach sich herum. Die »Salzburger Nachrichten« brachten sogar eine Meldung darüber. Am 23. Oktober war ich bei Kreisky in EVA-Angelegenheiten im Parlament. »Sie sind aus Ihrer Partei ausgetreten?« fragte er. »Ja.« – »Wegen der Anfrage gegen den Androsch?« – »Ja.« – »Wenn Sie glauben, dass Ihnen das nützen wird, könnten Sie sich täuschen.« – »Ob es mir etwas nützt, habe ich mir nicht einmal überlegt.« – »Überlegen schadet nie«, meinte Kreisky. »Im Übrigen: Ich glaub', ich hab' Ihnen schon einmal gesagt, Sie haben einen Hang zum Sich-Wichtigmachen. Übertreiben Sie das nicht.« Ich verließ Kreisky im Bewusstsein, dass die dünne Glaswand, die naturgemäß zwischen uns stand, auf seiner Seite zerbrochen war.

»Ein mieser Charakter«

23. September 1983. Concordia. Pressekonferenz Kreiskys. Zum ersten Mal ist er als Privatmann und nicht als Bundeskanzler aus seinem Urlaubsdomizil Mallorca zurückgekehrt. Der Saal war gesteckt voll. Auch ich wollte mir das Schauspiel nicht entgehen lassen – ein solches waren seine Pressekonferenzen immer –, denn erstens war ich von Kreisky nach wie vor fasziniert, wenn ich ihn auch nicht mehr so eindimensional und kritiklos bewunderte wie ehedem, zweitens aber hatte er bei meinem letzten Besuch am 21. April 1983, vier Tage vor der Wahl, deren Ausgang ihn zum Rücktritt bewog, mir gegenüber eine geradezu elegische Freundlichkeit an den Tag gelegt. Die Pressekonferenz war dann in der Tat etwas Außerordentliches. Kreisky sprach über den Weltfrieden und wie Hass und Habgier ihn immer wieder gefährden und was die Welt unternehmen müsse, um einen nächsten Krieg, ja den kleinsten Kriegsherd, im Keim zu ersticken. Er war großartig, sodass es keine Fragen gab, dafür am Schluss, für Wiener Pressekonferenzen absolut unüblich, starken Applaus.

Zu Mittag wollte ich hören, was der Rundfunk darüber berichtete. Ich traute meinen Ohren nicht. Kein Wort von Frieden, kein Wort von Kriegsgefahr, dafür eine Philippika gegen Androsch, die im Ausspruch gipfelte: »Er ist ein ganz mieser Charakter.« Was war geschehen? Nach dem Ende der Pressekonferenz, die ich bald verlassen hatte, fragte der ORF-Reporter Hlavac (der diesbezüglich einen Hinweis aus Kreiskys Umgebung erhalten haben soll), ob Kreisky, wie seinerzeit als Bundeskanzler, zu einem zwanglosen Pressefoyer bereit sei. Kreisky stimmte zu. Man ging in einen anderen Raum (der Pressekonferenzsaal war inzwischen von Justizminister Ofner eingenommen worden) und dort legte Kreisky auf eine Reihe von Fragen, die bestellt zu sein schienen, in einer Art und Weise los, die auch dann würdelos gewesen wäre, hätten alle Vorwürfe, die man je gegen Androsch erhoben hat, bis ins letzte Detail gestimmt. Ich war nicht nur entsetzt, ich war verzweifelt und schrieb am nächsten Tag Kreisky folgenden Brief:

»Wien, am 24. September 1983
Sehr geehrter Herr Bundeskanzler!

Ich muss Ihnen schreiben, da etwas in mir zerbräche, könnten sich meine aufrichtige Freundschaft zu Herrn Dr. Androsch und meine tiefe und dankbare Bewunderung für Sie nicht länger im Gleichgewicht halten. Und ich darf Ihnen schreiben, da ich die gnadenlose Auseinandersetzung zwischen einem Älteren und einem Jüngeren, der diesem Älteren die große Chance seines Lebens verdankt, am eigenen Leib verspürt habe.

Gestern war ich bei Ihrer Pressekonferenz. War bewegt von den Gedanken, die Sie zur Frage des Weltfriedens darlegten. War beflügelt von der Brillanz und der Klarheit, mit der Sie diese Gedanken in Worte kleideten. War beeindruckt von der Kraft, die Sie ausstrahlten und vom Humor, den Sie aufblitzen ließen.

Sie können sich vorstellen, wie sehr mich die inferiore Berichterstattung der entscheidenden Medien über die Pressekonferenz enttäuscht hat. Statt die beklemmende Gefahrensperspektive, die Sie entworfen haben, wiederzugeben, statt auf Ihre überzeugende Skizzierung des möglichen Friedensstandpunktes einzugehen, nichts als ein Wühlen im Kot der eigenen Fragen – Fragen, die man Ihnen im Nachhinein stellte, weil man die Vision von Krieg und Frieden, von der Sie erfüllt sind, aus Kleinkariertheit nicht nachvollziehen konnte.

Vielleicht bin auch ich kleinkariert. Kleinkariert zumindest insofern, als ich nicht begreifen kann, wieso Sie überhaupt derartige Fragen beantworten – Fragen, die von Leuten gestellt werden, auf die der sonst zu Recht umstrittene Ausspruch des verewigten Bruno Pittermann von der ›präpotenten Journaille‹ ausnahmsweise zutrifft. Jedenfalls aber gibt es einen Punkt, an dem immer wieder nicht nur mein Begriffsvermögen auslässt, sondern auch meine tiefe und dankbare Bewunderung für Sie. Und da es mich jedes Mal wie ein Faustschlag trifft, plötzlich Abneigung gegen Sie, dem ich so zugetan bin, zu empfinden, muss ich mich mit Ihnen aussprechen. Wenigstens brieflich.

Ich möchte Sie an den Tag erinnern, an dem Sie uns mit Ihrer Frau die Ehre Ihres Besuches erwiesen, um Pierre Boulez kennenzulernen. An diesem Tag hatten Sie aber auch eine Regierungsumbildung bekanntgegeben und erzählten daher bei Tisch viel über Dr. Sinowatz und Frau Karl und bemerkten, dass die auch in die Regierung beru-

fene Frau Dr. Leodolter zwar ihr Primariat, aber nicht ihre Ordination aufgeben werde. Auf die Frage Präsident Mautner Markhofs, ob das denn zeitlich überhaupt möglich sei, erwiderten Sie, dass der Gewinn, den sie aus der weiteren Befassung mit den Alltagsproblemen der Kranken ziehen werde, wertvoller sei als die Zeit, die sie sich dafür von ihrem Ministeramt absparen müsse.

Im Anschluss daran hielten Sie eine Art Privatissimum über die Vorteile fortdauernder Berufsverbundenheit von Fachpolitikern, bedauerten in diesem Zusammenhang, dass die Berufung eines ›gestandenen‹ Bauern zum Staatssekretär im Landwirtschaftsministerium an der Borniertheit der ÖVP gescheitert sei und erwähnten nicht ohne Stolz, dass Ihr Finanzminister eine erfolgreiche Wirtschaftskanzlei betreibe, deren Angestellte ihn als Erste auf Blößen oder Fehlerquellen in der Steuergesetzgebung aufmerksam machen würden. Mir ist dieser Exkurs umso erinnerlicher, als ein Freund von mir Patient von Frau Dr. Leodolter war und der Vater meiner engsten Mitarbeiterin, Dr. Franz Montjoye, ein von der freiberuflichen Tätigkeit Dr. Androschs ganz und gar nicht angetaner Wirtschaftsprüfer. Ich wusste also genau, wovon Sie sprachen.

Sie können sich kaum vorstellen, sehr geehrter Herr Bundeskanzler, was in mir vorgeht, wenn die Medien immer wieder Aussprüche von Ihnen kolportieren, die mit dem, was ich aus Ihrem eigenen Mund gehört habe, inkonsistent sind. Nicht, dass ich auch nur eine Sekunde lang annähme, Sie würden Ihr Gedächtnis absichtlich am kurzen Zügel führen: In diesem Fall hätte ich weder das Bedürfnis, mich mit Ihnen auszusprechen, noch den Mut, Sie an Fakten zu erinnern.

Klein Hannes schon früh aktiv

Das Elternhaus in der Gerasdorfer Straße

Hannes, Eltern, Großeltern, Großonkel 1942

Das Haus des Großonkels in Piesling

Die Schule in Piesling

Mit Schwester Sonja

Die Schulklasse in Floridsdorf: Hannes in der 1. Reihe (4. von links)

Hannes, Schwester, Eltern 1955

Hannes Androsch vor der Matura

Ein besonderer Liebling: der Familienhund

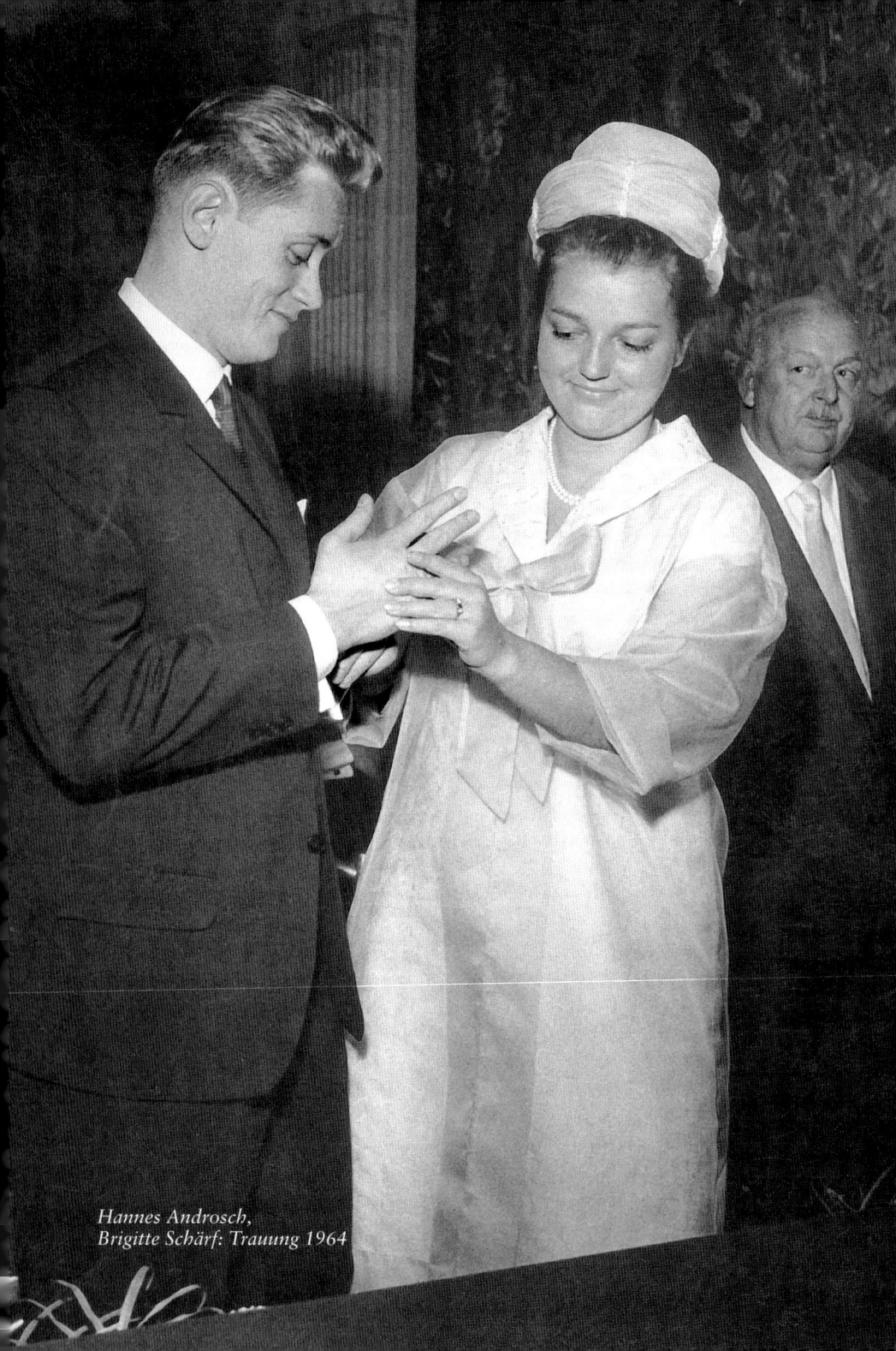

Hannes Androsch,
Brigitte Schärf: Trauung 1964

Hannes, Claudia, Natascha, Brigitte Androsch

Familie komplett: Natascha, Claudia, Hannes, Brigitte Androsch

Hannes, Claudia, Natascha Androsch

Der junge Abgeordnete

Der Sportler beim Skifahren
(gefilmt vom deutschen Fernsehen) ...

... und beim zweiten Lieblingssport, dem Tennisspiel

Unterwegs: mit Pressesprecher Beppo Mauhart im ersten Regierungsjahr …

… und mit dem Dritten aus der ersten Phase des Ministerbüros: Franz Vranitzky

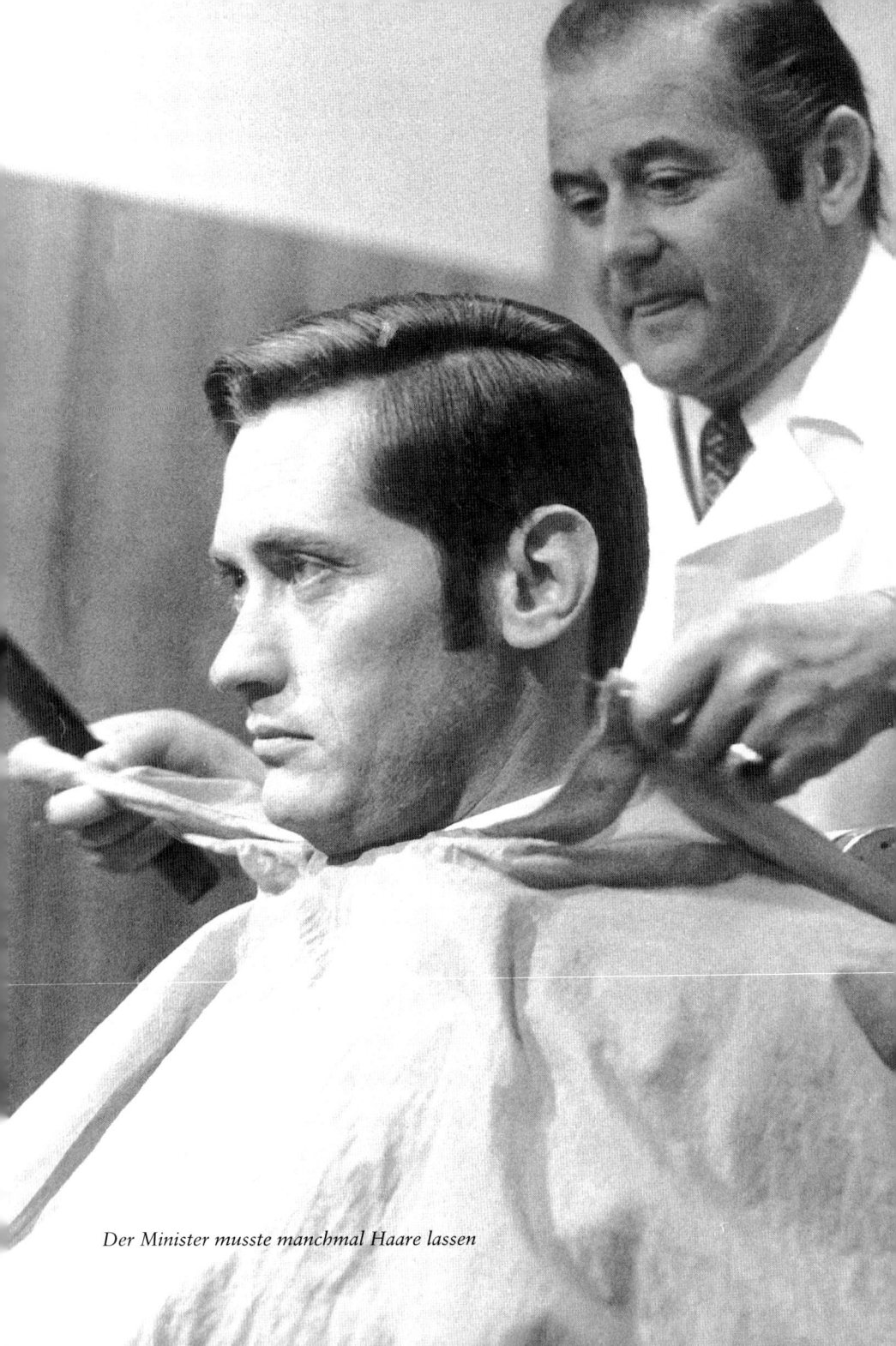

Der Minister musste manchmal Haare lassen

Androsch setzte anfangs auf breite Diskussion, dann aber auf rasche Umsetzung

Mit seinem Vorgänger im Finanzministerium
und späteren Nationalbankpräsidenten Stephan Koren

Bad in der Menge: Androsch war immer extrem beliebt

Mit Ressortkollege Helmut Schmidt, dem langjährigen Freund

Voll im Einsatz: Androsch auf Wahlkampftour 1971

Auf der 1.-Mai-Tribüne: Androsch, Gratz, Kreisky, Slavik

Nie als politischer Ziehsohn gefühlt: Androsch mit dem Kanzler

Bis 1975 ein Traumduo: der Kanzler und sein Finanzminister

Dann begann die Entzweiung: Androsch mit Kreisky und dessen Kabinettschef Ferdinand Lacina

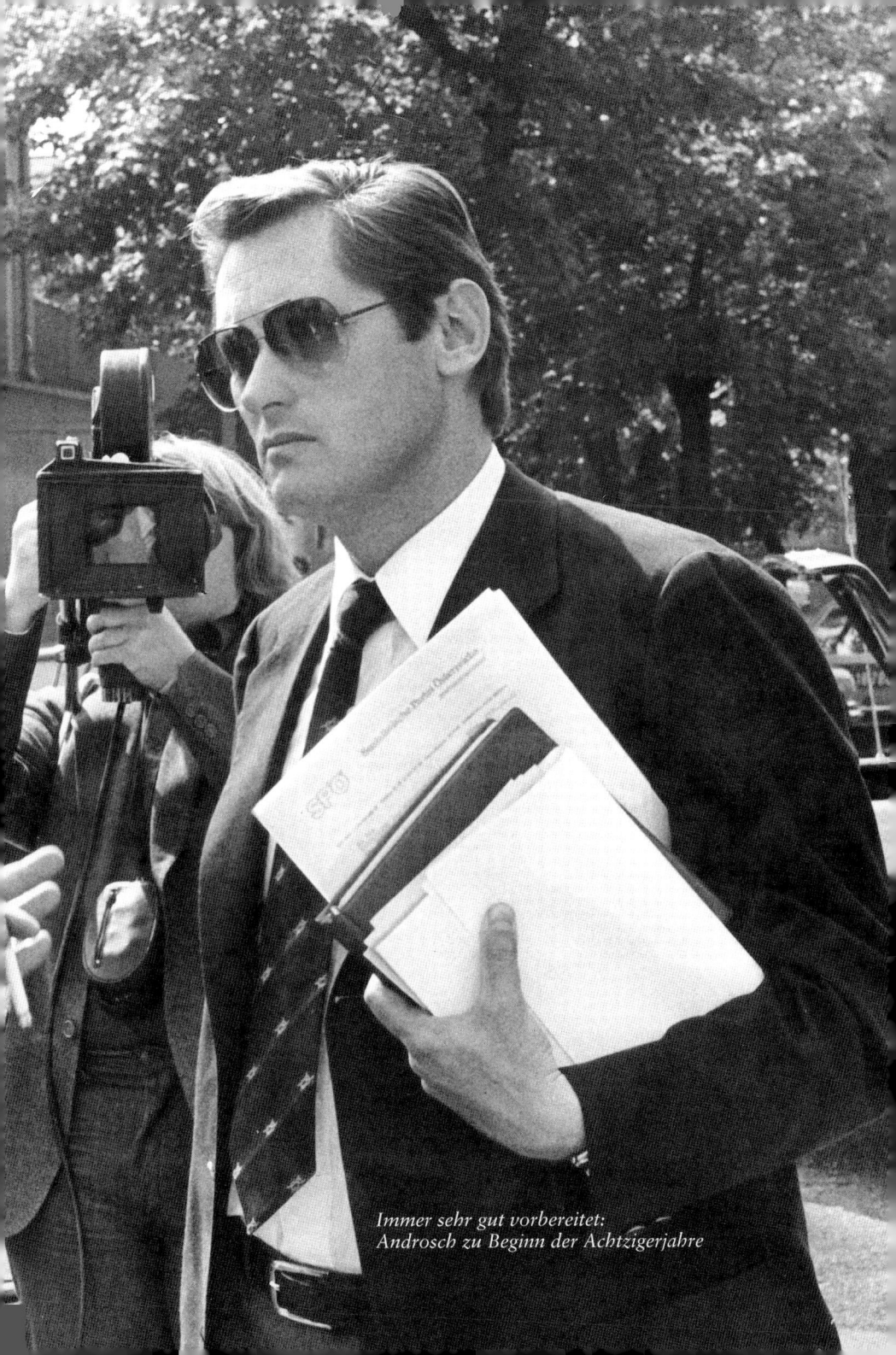

*Immer sehr gut vorbereitet:
Androsch zu Beginn der Achtzigerjahre*

Kooperation über alle Grenzen hinweg: mit Tirols Landeshauptmann Eduard Wallnöfer und Ex-Finanzminister Reinhard Kamitz

Erstmals mit absoluter Mehrheit: die SPÖ-Regierung 1971

Starke Achse: Androsch mit ÖGB-Präsident Anton Benya

Im Weißen Haus 1974: Androsch, Kreisky, US-Präsident Gerald Ford, Außenminister Henry Kissinger, Sicherheitsberater Brent Scowcroft

*Eine Münzprägung
zu Ehren des Finanzministers:
Hall in Tirol*

Der Mentor: Karl Waldbrunner mit Androsch (rechts) und Mauhart (links)

Schon kein Friede mehr: Androsch, Kreisky 1979

»Governor« of Austria: Weltbanktagung 1971, Washington, D.C.

Androsch mit Sohn Gregor und dessen Mutter Claudia Rothschedl

Ein besonderer Liebling: Sohn Gregor, geboren 1997

Die Wanderer: Gregor Rothschedl und Hannes Androsch

Expo-Eröffnung Shanghai 2010: Regierungskommissär Androsch und seine Stellvertreterin Birgit Murr mit dem damaligen Wirtschaftsminister Reinhold Mitterlehner

»Österreich. Geschichte, Gegenwart, Zukunft« – Androsch mit der englischsprachigen Ausgabe des Buches vor dem Weißen Haus

»Österreich darf nicht sitzen bleiben«: die Lokomotive für das Bildungsvolksbegehren

Die AT&S-Zampanos seit 1994:
Willi Dörflinger, Hannes Androsch

Expansion nach und in China: Bundespräsident Heinz Fischer und seine Frau Margit besuchen das AT&S-Werk in Shanghai

Zukunftschance: neues AT&S-Werk in Chongqing

Bodenständig: Androsch im Salzkammergut …

Steinberg

...geschlagen im Jahre 1319.

... und vor einem Stolleneingang
der Österreichischen Salinen AG

Lebenslang ein begeisterter Medienkonsument – Print wie digital

Täglich werden Dutzende Zeitungen aus dem In- und Ausland studiert

Mit den beiden Töchtern bei der Eröffnung des neuen Gesundheitshotels VIVAMAYR Altaussee am 7. April 2015

Stolzer Vater: Hannes Androsch mit Maturant Gregor Rothschedl 2015

Immer wieder aufstehen: Hannes Androsch, gemalt von Martin Schnur

*Was ich jedes Mal – und von Mal zu Mal stärker – spüre,
ist dies: dass hier zwei Menschen, die ungeheuer viel verbindet, sich plötzlich in erinnerungsloser Feindseligkeit
gegenüberstehen, weil eine emotionale Sperre in ihrem
Unterbewusstsein verhindert, dass Begebenheiten, die zu
Gunsten des anderen sprechen, aus der Tiefe des Gedächt-
nisses an die Bewusstseinsoberfläche dringen.*

*Ich habe das, wie erwähnt, am eigenen Leib verspürt. Ich
habe eine solche Situation mitverschuldet, denn bei derlei
ist nie einer der allein Unschuldige und ein anderer der
allein Schuldige. Und ich habe für eine solche Situation
auch einen ungetrübten Blick: Ein Brief, den ich schrieb,
führte, knapp vor seinem tödlichen Unfall, eine aufrichtige Versöhnung zwischen Präsident Mautner Markhof und
mir herbei.*

*Dennoch fehlen mir Ihnen gegenüber die richtigen, mit
dem Herzen wahrnehmbaren Worte. Wahrscheinlich spüre ich, dass es mir nur zusteht, Ihnen als Fragender gegen-
überzutreten. Erlauben Sie also, dass meine verstorbene
Freundin Ingeborg Bachmann für mich spricht. In einem
ihrer tiefsten Gedichte stellt sie Ihre jetzige Situation in
drei Zeilen dar:*

*Wo am Horizont der Weg deines Glücks
und der Weg deines Unglücks
in eins verlaufen, richte die Schlacht.*

Im selben Gedicht stehen aber auch die Worte:

*Eins sollst du wissen:
erst wenn du nicht mehr versuchst,
wie viele vor dir, mit dem Degen*

den unteilbaren Himmel zu trennen,
treibt der Lorbeer ein Blatt.

Es ist dies eine von der Dichterin ganz bewusst in den
Wind gesprochene Mahnung: Das Gedicht heißt ›Einem
Feldherrn‹ und handelt vom nächsten Krieg.

Sie, sehr geehrter Herr Bundeskanzler, sind aber kein
Feldherr und wollen einen Krieg – jeden Krieg – verhin-
dern. Ich habe Ihnen auf Ihrer gestrigen Pressekonferenz
schon deshalb zugejubelt. Aber Sie haben es heute schwarz
auf weiß, dass für die meisten anderen die Aufrechterhal-
tung eines privaten Kriegszustandes interessanter war als
die Erhaltung des Weltfriedens. Der Eindruck, den die
Medien von Ihnen vermitteln, ist nicht der eines Friedens-
stifters, sondern der eines Angreifers.

Die Traurigkeit darüber ist es, die mich Ihnen schreiben
lässt. Und die Verzweiflung über meinen Verdacht, man
hätte eine großartige Friedenspressekonferenz nur des-
halb inszeniert, um einer möglichst prominent vertrete-
nen Öffentlichkeit im richtigen Moment zeigen zu kön-
nen, dass ein kleinliches Kriegsbeil weiterhin geschliffen
wird. Plötzlich Abneigung gegen jemanden zu empfinden,
dem man zugetan ist, ist eine schreckliche Sache. Jetzt
habe ich Ihnen mein Herz ausgeschüttet. Treten Sie es
bitte nicht mit Füßen.«

Bis zum 22. Oktober 1983, also vier Wochen lang, erhielt ich
keine Antwort von Dr. Kreisky. Nach ungeschriebenen öster-
reichischen Usancen heißt das, dass der Absender vielleicht
überhaupt keiner Antwort gewürdigt, aber der Inhalt des
Briefes nicht bestritten wird. Am Sonntag, den 23. Oktober
1983, besuchte ich Dr. Androsch zu Hause und zeigte ihm

meinen Brief an Kreisky, von dem bis zu diesem Zeitpunkt niemand etwas wusste. Der Grund meines Besuches: Am Dienstag, den 25. Oktober 1983, sollte ein SPÖ-Parteitag beginnen und in der abgelaufenen Woche hatte Kreisky ein neuerliches Trommelfeuer gegen Androsch über die Medien begonnen.

Androsch las den Brief und fragte sofort, ob er ihn verwenden dürfe. »Natürlich«, war meine Antwort, »der Kreisky hat den Inhalt ja bis heute nicht bestritten.« Androsch stellte diesen Brief in zahlreichen Kopien allen prominenten SPÖ-Funktionären zu, die in Wien erreichbar waren. Von vielen von ihnen, darunter die Regierungsmitglieder Broda, Firnberg und Rösch sowie ÖGB-Präsident Benya, erhielt ich später Worte der Anerkennung. Am Montag, den 24. Oktober 1983, erhielt ich folgenden Brief, unterzeichnet von Kreiskys getreuer rechter Hand Margit Schmidt:

»Sehr geehrter Herr Professor!

Auftragsgemäß retourniere ich Ihnen in der Beilage Ihren Brief vom 24. September und teile Ihnen mit, dass Herr Bundeskanzler a.D. Dr. Bruno Kreisky keinen Anlass sieht, Ihren Brief entgegenzunehmen. Er enthält rein erfundene Behauptungen, um es nicht deutlicher zu sagen.

*Mit den besten Grüßen
Margit Schmidt«*

Der Brief trug das Datum von Freitag, den 14. Oktober 1983. Der Poststempel hingegen war vom Sonntag, den 23. Oktober 1983. Es ist möglich, dass der Briefkasten, in dem dieser Brief eingeworfen worden war, acht Tage nicht entleert wurde. Wahrscheinlich ist es nicht.

6. Der Bankdirektor: 1981–1988

Die Angriffe auf mich hörten mit meinem Rücktritt als Minister nicht auf, im Gegenteil: Nach meiner Bestellung in die Spitze der Creditanstalt (zum stellvertretenden Generaldirektor am 1.2.1981, zum Generaldirektor am 1.7.1981) nahmen sie an Intensität und Gehässigkeit noch zu. ÖVP-Anwalt Michael Graff startete einen neuen Anlauf und brachte wieder einen Antrag auf Einleitung der Voruntersuchung gegen mich und meinen Schwiegervater ein. Im Kern ging es neuerlich um die Unterstellung, Paul Schärf hätte von der Zentralsparkasse einen besonders günstigen Kredit zur Finanzierung meines Hauses in Neustift erhalten. Worum es politisch ging, erläuterte Graff in einem Brief an Heinz Fischer: Die SPÖ solle Androsch nicht für den CA-Vorstand vorschlagen, »da sich Androsch nach sozialistischen Kriterien moralisch und charakterlich disqualifiziert« hätte.

Diese durchsichtige Taktik ging nicht auf: Ich hatte es vornehmlich Anton Benya zu verdanken, dass mein Abgang ehrenvoll verlief und auf einen – nebenbei weit besser bezahlten – Posten, der meinen Qualifikationen und Erfahrungen entsprach. Ich war ausgebildeter Wirtschaftsprüfer, immerhin elf Jahre Eigentümervertreter der größten österreichischen Banken gewesen, davor Staatskommissär in der Zentralsparkasse. In der adelig-großbürgerlichen und vom ÖAAB dominierten CA wurde ich dennoch mehr als skeptisch erwartet.

Die Geschichte der CA

1855 wurde auf Initiative des damaligen Finanzministers Karl Ludwig von Bruck, der wegen einer politischen feindseligen Intrige aus dem Leben schied, die Gründung der österreichischen Creditanstalt für Handel und Gewerbe initiiert, die Gründung selbst erfolgte durch Anselm Salomon Freiherr von Rothschild. Die CA war die wichtigste Bank der Monarchie gewesen, für die Erste Republik war sie dann »zu groß«. Das gesamte Bankenwesen im klein gewordenen Österreich war von Krisen und Streitigkeiten gebeutelt. Die Creditanstalt hatte bereits 1926 die angeschlagene Anglo-Österreichische Bank übernommen, wurde 1929 von der Regierung Schober auch zur Übernahme der Verpflichtungen der praktisch insolventen Bodencreditanstalt (inklusive einer um die Steyr-Werke gescharten Industriegruppe) gezwungen.

Die im Oktober 1929 vom New Yorker Börsenkrach ausgelöste Weltwirtschaftskrise versetzte der gesamten Bankenbranche einen schweren Schlag, auch die CA wurde zum Sanierungsfall. Am 8. Mai 1931 musste die größte österreichische Bank für 1930 einen Verlust von 140 Millionen Schilling ausweisen und ihre Zahlungsunfähigkeit erklären. Das wurde – mit unübersehbaren Parallelen zu 2008 – zum Auslöser einer Bankenkrise, die neben Amerika ganz Mitteleuropa erfasste, auch die Realwirtschaft. Der kurze Boom nach Ende des Ersten Weltkriegs war endgültig zu Ende. Die Rettung der CA kostete bis 1933 fast eine Milliarde Schilling. In der NS-Zeit wurden die jüdischen Miteigentümer aus der Bank gedrängt, nach Ende des Zweiten Weltkriegs wurde sie verstaatlicht. Ab 1956 wurde sie durch Ausgabe von Volksaktien zu 40 Prozent privatisiert, ab 1964 wandte sie sich auch – langsam – dem Privatkundengeschäft zu.

Generaldirektor Treichl

Ab 1970 wurde Heinrich Treichl Generaldirektor der damals immer noch größten Bank Österreichs. Er setzte auf Expansion, auch in Richtung Auslandsgeschäfte. Die Creditanstalt-Bankverein gehörte damals zu den hundert größten Banken der Welt, hatte aber immer größere Probleme mit Industriekonzernen, speziell mit Steyr-Daimler-Puch und Semperit. Sie galt aber weiter als DIE große bürgerliche Bank, war zudem mit zahlreichen »adeligen« Spitzenmanagern ausgestattet. Da musste ein roter Ex-Minister mit Misstrauen und Skepsis rechnen. Es entbehrt nicht einer Ironie der Geschichte, dass Bundeskanzler Kreisky vorerst noch formalen Widerstand gegen meine Bestellung aus dem Weg räumen musste: Staatskommissär Othmar Haushofer hatte angedeutet, ihr nicht zustimmen zu wollen, mir würden praktische Erfahrungen im Bankgeschäft fehlen. Da ich ihm in meinen letzten Tagen meiner Ministerschaft schwer eine Weisung in eigener Angelegenheit erteilen konnte, übernahm das der Kanzler. Ich reiste für einen Tag ins Ausland, der mich vertretende Kreisky wies Haushofer an, keinen Einspruch gegen meine Bestellung einzulegen. So wurde ich zwei Wochen nach meinem Rücktritt stellvertretender Generaldirektor der CA.

Zuvor hatte er noch einmal seine guten Beziehungen zur FPÖ genutzt, zu meinem, vor allem aber zu seinem eigenen Vorteil: Bei einer Gesprächsrunde in seiner Villa in der Armbrustergasse, an der auch Benya, Peter und Steger teilnahmen, wurde den Freiheitlichen klargemacht, sie könnten sich in der Frage meines Wechsels an die CA-Spitze eine Möglichkeit für eine rot-blaue Koalition schaffen, falls die nächste Wahl eine solche erforderlich mache. Darauf hat Benya bestanden. Ergebnis: Der FPÖ-Vertreter Hilmar Kabas stimmte im Aufsichtsrat der CA für meine Bestellung.

Bankerfahrung hatte ich abgesehen von meiner Ausbildung als beeideter Wirtschaftsprüfer zwischen 1967 und 1970 auch als Vertrauter von Felix Slavik als stellvertretender Staatskommissar bei der Zentralsparkasse der Gemeinde Wien sammeln können. Im Hinterkopf hatte ich zudem die Erfahrungen meines Vaters als Aufsichtsrat der Volksbank in Großjedlersdorf, wo er durch die Schieflage eines Kreditnehmers einmal drohende Haftungen befürchtete, sowie von seiner späteren Tätigkeit als Obmann des Kreditvereins der Zentralsparkasse der Gemeinde Wien. Schließlich brachte ich eine über elfjährige Erfahrung als Ressortleiter des Finanzministeriums und damit als Haupteigentümervertreter der CA, der Länderbank und des österreichischen Creditinstituts sowie als oberster Vertreter der Bankenaufsicht ein.

Die Spitze der CA machte kein Geheimnis aus ihrer Ablehnung. Insbesondere Treichl selbst hatte mir nie verziehen, dass ich als Finanzminister 1978 seinen Vertrag nicht um fünf Jahre, sondern nur mehr um zweieinhalb verlängert hatte. Formal, weil der damals 67-Jährige dann die übliche Altersgrenze von 70 Jahren erreichen würde, inhaltlich auch wegen seiner Animosität der Regierung, insbesondere ihrem Chef, gegenüber: Treichl konnte Kreisky nie gut leiden. Umso mehr traf es ihn, dass ich nicht nur als sein Stellvertreter – anstelle des für ihn »pflegeleichteren« Franz Vranitzky, der die Länderbank übernahm – antrat, sondern binnen weniger Monate auch als sein Nachfolger: Am 1. Juli 1981 wurde ich und nicht der von ihm favorisierte Guido Schmidt-Chiari Vorstandsvorsitzender der CA und damit »echter« Generaldirektor, Letztentscheider.

Vranitzky konnte die unter seinem Vorgänger in schwere Turbulenzen geratene Länderbank – traditionell der »roten« Reichshälfte zugerechnet wie die CA früher der »schwarzen« – übrigens nicht nachhaltig retten, weder als Generaldirektor noch als Finanzminister, noch als Bundeskanzler. Nach den schon unter dem Vorgänger Vranitzkys aufgetretenen Problemen mit den pleitegegangenen österreichischen Unternehmen Eumig und Klimatechnik hatten sie nur beträchtliche staatliche Zuschüsse am Leben erhalten, auch das nur für kurze Zeit. Nach abermaligen Problemen wurde sie 1991 mit der Zentralsparkasse der Gemeinde

Wien zur Bank Austria fusioniert. Als solche übernahm sie 1996 die CA, wurde 2000 an die bayrische Hypo verschenkt und 2005 von der italienischen Unicredit übernommen.

Das halbe Jahr der Zusammenarbeit zwischen Treichl und mir hat jedenfalls so gut funktioniert, dass er mir zugestand, ich hätte im Bankhaus eine gute Karriere machen können, wäre ich nicht in die Politik gegangen. Und immerhin attestierte mir Treichl wiederholt öffentlich, in »einem Punkt wirklich etwas geleistet zu haben: bei der Währungspolitik, indem er am harten Schilling festgehalten hat«. Zuvor hatten wir noch eine unser Verhältnis belastende Episode aufzuarbeiten: Ich hatte ihm als Eigentümer-vertreter einmal informell verbieten müssen, bei Steyr Hunderte Kündigungen auszusprechen, nachdem kurz zuvor Hunderte Arbeitskräfte aufgenommen worden waren. Das hielt ich für eine unnötige Provokation der Gewerkschaft. Ich habe Treichl aber nicht untersagt – wie er es später einmal darstellte –, Semperit an den französischen Michelin-Konzern zu verkaufen. Offenbar hat er mir zwei weitere Entscheidungen meiner Ministerzeit nicht verziehen: dass er keine große Kapitalerhöhung für die CA zuge-standen bekam; und dass eine Novelle zum Kreditwesengesetz 1979 nur Sparkassen mehr Rechte im Wettbewerb einräumte. Beide Vorwürfe waren umso weniger verständlich, als zur Stär-kung der Eigenmittelbasis von mir als Finanzminister 1976 sehr wohl eine Kapitalaufstockung bei der CA veranlasst wurde, und zwar von 1,2 Milliarden Schilling auf 1,8 Milliarden. Das brach-te mir vom Bundeskanzler den Vorwurf ein: »Für die Bank hat er Geld, aber für meine Verstaatlichte nicht!«

Auch von der Novelle zum Kreditwesengesetz 1979, die den Sparkassen mehr Rechte im Wettbewerb einräumte, profitierte die CA. Bis zu dieser Novelle war die Eröffnung von Bankfilialen reglementiert und bewilligungspflichtig. Dies benachteiligte den Ausbau des Filialnetzes der CA und damit der Primärmittelbe-schaffung, weil die Bank ihr Kontingent weitgehend ihren drei Tochterbanken (Bank für OÖ, Bank für Tirol und Vorarlberg,

Bank für Kärnten und Steiermark) überließ. Aus diesem Grund litt die CA unter einer ungenügenden Mittelbeschaffung, was sich auf die Ertragslage ungünstig auswirkte. Bis zur Forcierung des Retail-Geschäfts und damit auch eines größeren Filialnetzes soll Privatkunden, aber auch kleineren Betrieben von Mitarbeitern in der CA Schottengasse durchaus wohlwollend geraten worden sein, sie mögen doch lieber vis-à-vis zur Zentralsparkasse gehen.

Sachlich waren Treichl und ich zumeist ganz ähnlicher Meinung: Die CA gehöre modernisiert, ihr Industriebereich saniert. Emotional trennte uns aber einiges: Treichl, Sohn einer Gräfin Ferstel, nannte mich, den Sohn Floridsdorfer Steuerberater, öffentlich einen Parvenu, also einen neureichen Emporkömmling. Als mich ein Journalist darauf ansprach, gab ich ihm zur Antwort: »Wenn Generaldirektor Treichl der Gentleman ist, der er sein will, dann hat er das nie gesagt.« Nach unser beider CA-Zeit hatten wir nur sporadisch höflichen Kontakt, er äußerte sich aber wiederholt anerkennend über mich.

Aufsichtsratchef der CA-BV (den Beinamen Bankverein trug die CA durch die von Dollfuß 1934 angeordnete Fusion mit dem Wiener Bankverein) war seit 1969 Fritz Bock, davor zwölf Jahre Handelsminister und zwei Jahre Vizekanzler der ÖVP. Wir hatten uns im Parlament mehrere Rededuelle geliefert. Bock hatte meinem Schwiegervater Paul Schärf, dem Generaldirektor der Wiener Städtischen Versicherung, vor meinem Amtsantritt trotzig angekündigt: »Auch wenn Ihr Schwiegersohn jetzt kommt, wird er die Regionalbanken nicht bekommen.« Also wurde noch im Februar eine außerordentliche Hauptversammlung bei einer Regionaltochter der CA orchestriert, der »Bank für Kärnten und Steiermark«. Sie sprach mir zur Sicherheit von vornherein ihr Misstrauen aus – ein Schlag ins Wasser: Der Bund hatte schließlich die Aktienmehrheit, dort war die Sache längst klar. Bock, mit Treichl nicht gerade ein Herz und eine Seele, verhielt sich dann zu mir als Generaldirektor sehr freundlich – erst danach änderte sich das wieder. Zum Unterschied von mir legte er großen Wert darauf, seinen Titel als Vizekanzler im Telefonverzeichnis der CA zu fixieren. Ich lehnte ab: »Ein Vizekanzler im Telefonverzeichnis der CA genügt!« Von Vizekanzler zu Vizekanzler fragte mich Bock einmal gespannt, ob ich in dieser Funktion ein eigenes Büro im Kanzleramt gehabt hätte. Meine spontane Antwort: »Das hätte gerade noch gefehlt, Kreisky war ohnehin schon mehr als empfindlich.«

Im Haus gab es zu meinem Amtsantritt absurde politische und persönliche Befürchtungen: Ich könnte die »halbe Arbeiterkammer« in die CA einziehen lassen, überhaupt einen Großteil des alten Teams auswechseln. Dabei hatte ich nur wenige persönliche Mitarbeiter aus dem Ministerium mitgebracht, meinen ehemaligen Kabinettschef Heinz Pekarek und meine Sekretärinnen Brigitte Winkler und Elfriede Bartes. Ernster waren die Befürchtungen der Industriellenvereinigung um die hohen Mitgliedsbeiträge unserer Konzernbetriebe. Diese Angst der Herren am Schwarzenbergplatz konnte ich durch eine bald extrem gute Beziehung zu ihrem Generalsekretär Herbert Krejci entkräften – sie besteht auch heute noch als freundschaftliche Beziehung.

Ein neuer Führungsstil

Ich wollte intern vor allem eins verändern: den patriarchalischen Führungsstil in der CA. Es gab eine hervorragende zweite Führungsebene, die auch bei guter Führung die dritte und vierte mitreißen könnte. Ich versuchte sie durch einen kooperativen Führungsstil zu gewinnen. Ich wollte mehr Demokratie im Haus, eine stärkere Einbeziehung der Mitarbeiter, vorerst zumindest ein besseres Kennenlernen. Ich wollte kein abgehobener Generaldirektor in einem abgeschlossenen Büro sein, sondern ein angreifbarer Chef, den man sehen und eventuell bald mögen konnte. Eine besondere Absurdität, die mir zeigte, wie weit die CA anfangs atmosphärisch von meinem Wunschziel noch entfernt war, bekam ich nach wenigen Wochen zu sehen. Ein Bankbeamter überreichte mir ein zugeklebtes Kuvert mit erfreulich dickem Inhalt: »Ihre Vorstandsverrechnung.« Auf meine verdutzte Frage, warum ich die Zahlung nicht auf ein Konto erhielte, sondern in bar, erhielt ich eine verblüffende Erklärung: »Damit niemand weiß, was der Vorstand verdient.« Diese (Un-)Sitte wurde prompt abgestellt. Mein Bezug war ohnedies über die Medien bekannt gemacht worden.

Auch wenn ich zu Beginn meiner Tätigkeit deutlich spürte, in vielen Sektoren der Bank nicht unbedingt willkommen zu sein, war mir klar, dass ich eine gute Bank zu übernehmen und eine im Prinzip schon beste Mannschaft zu motivieren hatte. Die Vorbehalte der Bankmitarbeiter konnte ich bald ausräumen. Zuerst jener im Vorstandssekretariat; dort enthüllte man mir nach einigen Wochen, mehrere Juristen fühlten sich unterbeschäftigt, wären sie doch zuvor ausschließlich damit beschäftigt gewesen, Gründe gegen meine Bestellung zu finden – sie bekamen nun neue Aufgabengebiete. Andere Ebenen konnte ich mit anderen Methoden gewinnen: mit der Einführung des Du-Worts für führende Manager, zuvor ebenso ein No-Go wie der bald übliche Handschlag mit Mitarbeitern. Dazu lud ich regelmäßig die Belegschaftsvertreter zu Heurigenabenden in meinem Wohnort Neustift ein.

Punkten konnte ich vor allem mit der Etablierung einer erweiterten Vorstandsrunde. Zuvor hatte es eine sogenannte »Kaffeerunde« gegeben, zu deren Abhaltung sich etliche führende Herren (Damen hat es damals in leitender Position nicht gegeben) nach dem Mittagessen im »Postlesezimmer« getroffen hatten. Zu diesen Treffen waren die Stabs- und Bereichsleiter eingeladen, Vorstandsmitglieder ausdrücklich nicht. Meine Forderung gegen eine solche informelle Doppelgleisigkeit war klar: »Entweder kooptiert die Kaffeerunde den Vorstand oder der Vorstand die Kaffeerunde!« Ergebnis: Neben der weiter täglich tagenden Kaffeerunde gab es noch jeden Donnerstag eine 90-minütige erweiterte Vorstandssitzung von beiden Kreisen. Die zweite Führungsebene wurde voll informiert und konnte diese Informationen schnell nach »unten« weitertragen. Dabei allfällige neu zur Sprache gekommene Probleme konnte der Vorstand per Beschluss rasch lösen, war er doch vollständig anwesend.

Mein Führungsstil unterschied sich auch sonst bald stark von jenem Treichls. Ich führte etwa Planungsklausuren ein, an denen auch sämtliche Filialleiter der Bank teilnahmen. Später auch die sogenannte CA-Akademie, ein Projekt zur Weiterbildung, in dessen Rahmen führende Mitarbeiter auch in eine berühmte Business School nach Fontainebleau bei Paris geschickt wurden. Eine echte Veränderung: Zuvor war ein Angebot zur Weiterbildung für das Führungsteam fast als Zeichen des Misstrauens betrachtet worden. Auch den Aufsichtsrat bezog ich viel mehr ein als Treichl. Überhaupt legte und lege ich großen Wert auf effektive Kommunikationsformen: Nach den mittwöchigen Mittagessen mehrerer Bankdirektoren inklusive Kontroll- und Notenbank (später als »Lombard-Club« geheimnisvoll überschätzt) gab ich die relevanten Informationen sofort wesentlichen Mitarbeitern weiter, die diese wiederum sofort den Kollegen in den anderen großen Banken mitteilten – meist noch ehe deren Generaldirektoren überhaupt in ihren Etagen eingetroffen waren. Die CA blieb in Folge als führende Kraft am Finanzplatz Wien dokumentiert. An das, was im Lombard-Club ausgemacht war, haben sich übrigens die wenigsten gehalten, am allerwenigsten Generaldirektor Flöttl von der BAWAG. Aber es war eine wichtige Informationsplattform, die man nur gut nutzen musste.

Die Wahl 1983: Ende der Ära Kreisky

Noch viel wichtiger war es für mich, von vornherein den Verdacht parteipolitischen Agierens zu zerstreuen. Für mich war die Farbe des Parteibuchs bei einer Besetzung stets unerheblich; ich ging schon im Finanzministerium stets ausschließlich nach der fachlichen Qualifikation eines Bewerbers vor, da spielte es überhaupt keine Rolle, ob er ein Genosse war oder nicht. Noch dazu entwickelte sich meine Beziehung zur Parteispitze der SPÖ immer unerfreulicher. Mein Nachfolger im Ministeramt heizte meine steuer- und strafrechtliche Verfolgung persönlich an, Kreisky meine mediale: Er wurde gegen mich immer ausfälliger, nannte mich öffentlich einen »miesen Charakter«.

Beide trugen letztlich die Hauptverantwortung dafür, dass die SPÖ bei der Wahl am 24. April 1983 ihre absolute Mehrheit verlor. Das sogenannte »Mallorca-Paket« des Kanzlers – bekannt gegeben von seinem Urlaubsdomizil aus – hatte großen Anteil daran; die angekündigte »Quellensteuer« konnte leicht als »Sparbuchsteuer« denunziert werden. Sie war inhaltlich nicht in allen Punkten falsch, aber so schlecht kommuniziert und durchgeführt, als ob zwei frisch gefangene Chirurgen eine schwierige Gehirnoperation mit Taschenmesser in Angriff nehmen wollten. Die Ursache der Niederlage lag weiter zurück: Mit dem ersten von Salcher erstellten Budget 1982 explodierten die Budgetdefizite, das »Mallorca-Paket« war ein dilettantischer Versuch einer Korrektur.

Die Ära Kreisky war damit endgültig beendet, die glorreiche Zeit der SPÖ vorbei. Dennoch bildete der Alt-Kanzler noch einmal eine Regierung, seine letzte. Er diktierte seinem Nachfolger Fred Sinowatz eine Koalition mit der FPÖ, deren Parteiobmann Norbert Steger Vizekanzler wurde. Kreisky hätte lieber Karl Blecha zu seinem Nachfolger gekürt, aber AK-Präsident Adolf Czettel hatte ihm namens der sozialistischen Gewerkschafter klargemacht: »Mit dem Blecha brauchst du uns gar nicht erst kommen.« Kreiskys später Lieblingsschüler wurde aber Innenminister. Und war in dieser Funktion an einer Nebenabsprache anlässlich der Regierungsbildung mit Kreisky beteiligt, bei der dem neuen Justizminister Harald Ofner von der FPÖ nach Aussagen von zwei »blauen« Parteiobleuten zugebilligt worden war: »Den Androsch können Sie haben, den Proksch lassen Sie laufen.« Bekanntlich hat Ofner tatsächlich lange eine Anklageerhebung gegen Udo Proksch wegen des Untergangs des Schiffes »Lucona« unterdrückt (»Die Suppe ist zu dünn«) – Proksch wurde dafür später dennoch verurteilt. Und Blecha musste 1989 unter anderem wegen seiner Verwicklung in diese Affäre zurücktreten – inzwischen haben wir uns einigermaßen verständigt.

Bruno Kreisky blieb aber stets unversöhnlich. Vor dem SPÖ-Parteitag im Oktober 1983, bei dem Sinowatz auch als Parteivorsitzender zu seinem Nachfolger gewählt wurde, hatte er mit seinem Fernbleiben gedroht, sollte ich wieder von Wien für den Parteivorstand nominiert werden. Ich weigerte mich, aus freien Stücken darauf zu verzichten, also wurde ich einfach nicht kandidiert. Ich nahm als einfacher Delegierter daran teil – mein Name, der nicht auf dem Stimmzettel stand, wurde von 169 anderen hinzugefügt. In meinem Heimatbezirk Floridsdorf blieb ich aber weitere zehn Jahre im Parteivorstand. Sinowatz hatte mit der Unversöhnlichkeit Kreiskys bald auch hart zu kämpfen: Nachdem mein Nachfolger in der Regierung im September 1984 mit einer Sachdarstellung an die Staatsanwaltschaft (übergeben in seiner Privatwohnung!) die Verfahren gegen mich neu aufzurollen versucht hatte, löste ihn der neue Kanzler ab. Nachfolger Salchers wurde mein ehemaliger Mitarbeiter Vranitzky.

Die Modernisierung der CA

Die Fortsetzung der Jagd auf mich belastete mich natürlich persönlich. In den ersten Jahren als Generaldirektor konnte ich mich aber noch voll auf die nötige Modernisierung der CA konzentrieren. Die seriöse Bank, noch immer die größte des Landes, wirkte leicht verstaubt, glaubte nicht besonders viel an die Notwendigkeit professioneller Imagepflege, fing mit Begriffen wie »Public Relations«, »Corporate Identity« oder »Corporate Design« nichts an. Eigene Planungsklausuren dazu ergaben erste

Ergebnisse: Die CA trat künftig wieder ohne den Zusatz »Bankverein« aus dem Jahr 1934 auf, etwa mit der von mir spontan bei einer Pressekonferenz geborenen Charakterisierung »CA – die monetäre Visitenkarte Österreichs«. Oder mit dem bis 2002, bis zu ihrem Ende als eigenständige Bank, erfolgreichen Slogan »CA – die Bank zum Erfolg«. Der entstand bei einem Abendessen mit dem Chef einer großen Werbeagentur wie die sprichwörtliche Idee, die auf der Serviette entsteht: Der Erfolg ist auch für den Bankkunden das Entscheidende, vielleicht muss man ihn nur auf die Wand schreiben und mit dem Begriff CA verbinden. Der Slogan wurde jedenfalls zum Erfolg und die CA eine ganz starke Marke.

Ich setzte auch beim Sponsoring neue Akzente. Treichl hatte mit Ausstellungen im Kassensaal der Bankzentrale begonnen, nun kamen Vorträge echter Koryphäen im Oktogon des Hauses dazu, so etwa von Helmut Schmidt oder Henry Kissinger. Kaum überraschend, dass sich insbesondere der früher auf allen Klavieren spielende Kreisky darüber gar nicht freute. Schon gar nicht über eine Buchpräsentation, bei der mich Leonard Bernstein animierte, eine Stelle über Kreisky vorzulesen: »And you read that – do it!« Die CA wurde auch zum Veranstalter der nach wie vor wichtigen Alpbacher Wirtschaftsgespräche. Und zum Sportsponsor, etwa beim Wiener Hallentennisturnier oder bei Rapid; das nicht zuletzt auf Bitte des großen Rapid-Fans Anton Benya (das einzig »Grüne« an ihm). Guido Schmidt-Chiari kam gleich in den Rapid-Vorstand und ließ sich gerne von Benya auf der Tribüne die kleinen Geheimnisse des Fußballs erklären, etwa was Abseits bedeutet.

All das trug dazu bei, das Image der CA zu verbessern. Wir gewannen nun neben den großen industriellen Kunden auch mehr Privatkunden und steigerten dadurch unsere Erträge, deren Wachstum mir wichtiger war als das Bilanzwachstum. Der Kreditapparat war auf diesem Sektor ohnehin ungesund gewachsen, der Wettlauf um immer mehr neue Zweigstellen hatte zu laufenden Ertragsverschlechterungen beigetragen. Ich wollte zudem ein spezielles Defizit der CA beseitigen: Sie hatte lange Jahre nicht gut genug verdient, war durch die beschränkte Mittelaufbringung (»Funding«) in ihrem Aktionsradius behindert. Die Verbesserung ihrer Ertragskraft, die Modernisierung ihres Images und die Verbreiterung ihres Kundenkreises – das waren meine drei zentralen Ziele. Wir sprachen verstärkt auch »Kleinsparer« an, ein neuer Zug in der CA – als Treichl an einem Weltspartag am Schalter noch einmal Hunderte neue Sparbücher ausgab, meinte er nachher eher resigniert als erfreut: »Wir haben diese Kunden gerufen. Jetzt haben wir sie!« Dieser Erweiterung diente auch die Eröffnung von Filialen in allen Bundesländern; dieses Geschäft hatte man früher Regionalbanken mit einem Syndikatsvertrag überlassen, nach dessen Kündigung 1984 wurden wir selbst als CA tätig. Ich profitierte dabei von meiner eigenen früheren Tätigkeit, hatte ich doch als Finanzminister den Filialmarkt liberalisiert, der früher ständisch reglementiert gewesen war wie jener der Apotheker oder Notare. Gezielt warben wir auch um Studenten (CA-Studentenkonto), generell um Junge (CA-Konto der Jugend). Der Erfolg zeigte sich bald: 1986 entfielen drei Viertel der gesamten Primärmittel der Bank auf Gelder inländischer Kunden, wiederum zwei Drittel davon waren Einlagen und Wertpapierveranlagungen Privater.

Ein besonderes Anliegen war mir dennoch die weitere Internationalisierung der Bank. Ich wollte die CA zur wichtigsten mitteleuropäischen Bank machen. Damit hatte schon Treichl begonnen, unter ihm waren Auslandspräsenzen in der Schweiz und in Ungarn auf- und ausgebaut worden. Nun wollten wir in den großen Finanzzentren Präsenz zeigen: Das Institut expandierte nach New York, London (noch unter Treichl, hier kamen wir durch einige kurzfristige Kredite in Schieflage, erholten uns aber rasch), Moskau und Hongkong. Die CA war auch als erste österreichische Bank im (mittel-)osteuropäischen Raum tätig, schon vor dem Fall des Eisernen Vorhangs: in Moskau, Warschau oder

Prag. Nach Hongkong und seinen hervorragenden Ergebnissen beackerten wir in Asien auch Thailand und Japan. Die osteuropäischen und asiatischen Tochterbanken trugen wesentlich zum wahren Wert der CA bei – umso ärgerlicher, dass sie später weit unter ihrem Wert verkauft wurden. Die internationale Expansion wurde von einem internationalen Beirat begleitet und unterstützt: Meine elfjährige Tätigkeit als Finanzminister half mir, für ihn echte Koryphäen zu gewinnen wie etwa die deutsche Unternehmerlegende Otto Wolf von Amerongen oder Helmut Sonnenfeld, einen der erfahrensten amerikanischen Kenner der internationalen Politik. Dieser in allen Geschäftsberichten vermerkte Beirat hatte fur die CA sowohl einen hohen Werbe- als auch großen Geschäftswert.

»Bank besser, Beteiligungen schlechter«

Kein Licht ohne Schatten: Die historisch über mehr als ein Jahrhundert gewachsenen Industriebeteiligungen der CA, 1980 fast 200, hatten sich zu einer starken finanziellen Belastung der Bank entwickelt. Bereits kurz nach meinem Amtsantritt im Juli hatte ich meinem Stellvertreter Schmidt-Chiari meinen ersten Eindruck mitgeteilt: »Die Bank ist noch besser, als ich vermutet hatte, die Industriebeteiligungen sind jedoch schlechter.« Nicht nur ich sah das so: Vom Aufsichtsrat erhielt ich die Ermächtigung zur Änderung unserer diesbezüglichen Unternehmenspolitik. Es war höchste Zeit: 1982 erreichte der Verlust aus den Beteiligungen den Rekordwert von 1,6 Milliarden Schilling, in den nächsten Jahren sollten noch insgesamt 9,3 Milliarden dazukommen. Viele Hauptverursacher trugen traditionsreiche Namen: Steyr-Daimler-Puch, Semperit, Andritz, Heid, Stölzle. Franz Leibenfrost, der Generaldirektor von Semperit, war der Erste, der mir mitteilte: »Wir sind pleite.« Semperit war ein großes Unternehmen, eine offizielle Pleite hätte für die gesamte österreichische Wirtschaft schwerwiegende Folgen gehabt. Insgesamt umfassten die Beteiligungen der CA mit einem Gesamtumsatz von mehr als 50 Milliarden Schilling fast 10 Prozent der österreichischen Industrie. Die Bank befand sich in einer höchst gefährlichen Situation. Und mit ihr das Land.

Es war meine Pflicht, die Regierung von der brisanten Lage zu informieren. Im September 1983 schickte ich dem Finanzminister ein Memorandum, danach sprach ich mit Sinowatz. Ich stellte klar, dass die Probleme einzelner Unternehmen nur von ihnen selbst zu lösen wären, nicht von der CA. Wie dringlich dieses Anliegen war, erlebte ich 1984 bei einem Flug nach Japan. Robert Scheriau, Generaldirektor von Andritz, informierte mich von Problemen seiner bisherigen Herzeigefirma. Nach der Rückkehr aus Japan erfuhr ich die ganze Dimension: Andritz fuhr 1984 einen Verlust von 1,3 Milliarden Schilling ein, eine Sanierung würde etwa vier Milliarden erfordern, ein Aus hätte denselben Betrag gekostet. Vom Finanzminister erhielt ich eine Finanzierungszusage, von der Belegschaft die Zustimmung zu einem harten Sanierungsplan.

Ähnlich die Situation bei Steyr; dort hatten vor allem Probleme mit der Panzerproduktion – Lieferungen in die Diktaturen von Chile, Argentinien oder den Iran waren politisch höchst umstritten – das einstige Paradeunternehmen zum Sanierungsfall gemacht. Generaldirektor Michael Malzacher hatte sich inzwischen damit abgefunden, dass die zivilen Produktsparten (neben Lkws etwa Traktoren oder Fahrräder) nicht mehr mit Gewinn zu führen seien, und alles Gewicht auf die militärischen Produkte gesetzt – eine Sackgasse, weil politisch viel zu riskant. Ende 1985 kündigte ich Malzacher. Es ging aber nicht nur um die Panzer: Steyr war insgesamt mit den veralteten Strukturen aus den Fünfzigerjahren ein Auslaufmodell. Man hatte sich zu lange auf alte Stärken verlassen: In der Nachkriegszeit hatte Steyr mehr Lastkraftwagen produziert als Daimler-Benz und war der größte Körperschaftssteuerzahler im Land gewesen, seither war nichts modernisiert und zu wenig investiert worden – so existierten in Maschinenhallen noch in den Achtzigerjahren Riemenantriebe.

Drei Industrieruinen

Es waren die drei Industrieruinen Semperit, Andritz und Steyr, welche die CA in den Abgrund zu reißen drohten. In der CA herrschte (zu) lange die Stimmung: Die Bank arbeitet, damit sie sich den Konzern leisten kann. Das war höchst unbefriedigend. Um nicht den Weg der Länderbank zu gehen, die mit zwei kaputten Industriebetrieben letztlich selbst pleitegegangen war, benötigten wir einen Staatszuschuss von zehn Milliarden Schilling für die drei Unternehmen, die CA wollte denselben Betrag aufwenden. Die staatliche Unterstützung sollte nicht als Verlustabdeckung verstanden werden, sondern als Investitionsförderung, ganz nach dem Vorbild ähnlicher Unterstützungen für General Motors oder BMW. Salcher und der ihm ab September 1984 als Finanzminister folgende Vranitzky stimmten zu, nun sollte auch die ÖVP im Parlament diesen Kurs unterstützen.

Zwar hatte Parteichef Mock dies bei einem Besuch der CA-Zentrale am Weltspartag 1984 unserem Aufsichtsratspräsidenten Bock zugesagt, doch vor dem formellen Beschluss der Industriesubvention im Frühjahr 1985 tagte im Warmbad Villach der Parlamentsklub der ÖVP. Mir kam meine politische Erfahrung zugute: Ich organisierte für den führenden ÖAABler in der CA ein Flugzeug nach Kärnten, bald darauf kam der erlösende Anruf: »Die ÖVP stimmt zu.« Sogleich rief ich Sinowatz an, der gerade in Moskau auf Staatsbesuch weilte: »Die ÖVP wird mit uns gehen.« Lapidare Reaktion des Kanzlers: »Du hast ihnen doch hoffentlich dafür nichts versprochen?« So verpflichtete sich die Republik zu einem Gesellschafterzuschuss von 7,2 Milliarden Schilling an die CA, der Rechnungshof bezifferte die Rahmenzusagen des Bundes für die Beteiligungsunternehmen mit insgesamt

10,1 Milliarden. Das war übrigens nur ein Zehntel der Kosten für die Verstaatlichte Industrie. Und ein Bruchteil jener Kosten, die Staat und Steuerzahler heute für die Sanierung einer Kärntner Regionalbank zu tragen haben.

Die Sanierung des Konzerns

Dieser Beschluss bildete den Grundstein für eine nachhaltige Sanierung des Konzerns. Mit Unterstützung der einzelnen Belegschaftsvertretungen schlugen wir einen neuen Kurs ein: Künftig sollten auch industrielle Kooperationen möglich sein oder – wenn nötig – der Verkauf von Unternehmensteilen. Wenn sich Lösungen im In- oder Ausland anböten, wollten wir sie ergreifen, das war keine ideologische Frage, vielmehr eine pragmatische. Das industrielle Engagement der CA war keine Glaubensfrage, sondern hatte sich aus der wirtschaftlich-historischen Entwicklung Österreichs ergeben. In Zukunft sollte es auch geordnet zurückgestuft werden können.

Natürlich gab es auf diesem Weg auch Rückschläge, aber eben geordnete: 1983 musste die Leykam-Papierfabrik in Niklasdorf geschlossen werden, sie hatte dem Konzern insgesamt 1,4 Milliarden Schilling gekostet. Wesentlich kleinere Verluste fuhren wir mit Hotelbeteiligungen ein, mit dem Bristol oder dem Imperial in Wien oder dem Goldenen Hirschen in Salzburg. Aber es gab auch erfolgreiche Beteiligungen: Jenbacher, Treibacher, Chemiefaser Lenzing, Wertheim, Universale, Donauchemie, Steirische Brauindustrie, Wienerberger, Chemia, Halvig, ÖRAG, Alwa. Einige Beteiligungen wurden verkauft, aber stets an verlässliche Partner, die nicht ans Zusperren dachten. Insgesamt galt und gilt mein Prinzip: Betriebe sollen von Industriellen geführt werden, Banken von Bankern. Schließlich setzte ich mich auch in meiner Partei und gegenüber dem ÖGB durch: Es war für die CA kein Tabu mehr, industrielle Töchter zu verkaufen, wenn sie dauerhaft

Verluste schrieben und dadurch auch die Mutterbank gefährdeten. Dementsprechend wurde die CA bis 1988 um zwei Dutzend Töchter, die nichts mit dem Bankgeschäft zu tun hatten, »erleichtert«. So wurde etwa die Reifensparte von Semperit an den deutschen Conti-Konzern verkauft, Steyr in Einzelgesellschaften zerlegt und diese teils abgestoßen, teils mit strategischen Partnern verbunden.

Dieser Prozess wäre wohl ohne Auffliegen des Intertrading-Skandals Ende 1985 und des Merx-Skandals nicht so rasch gelungen. Diese Handelsfirmen, Töchter der VÖEST und der Chemie Linz AG, waren ursprünglich zur Verwertung von Waren gegründet worden, die durch Kompensationsgeschäfte mit Ostblock-Firmen anfielen. Später hatten sie sich jedoch auch zu Akteuren auf den internationalen Rohstoffmärkten entwickelt. Nachdem VÖEST-Generaldirektor Heribert Apfalter bekannt gegeben hatte, durch Spekulationen am Ölmarkt hätte die Intertrading auf dem Papier Verluste von fast 6 Milliarden Schilling erlitten, gaben Sinowatz und der zuständige Minister Lacina den Rücktritt des gesamten VÖEST-Vorstandes bekannt – politisch vielleicht verständlich, sachlich eine Panikreaktion: Die spekulativen Verluste hätten einige Monaten später Gewinne gebracht, bei der CA hätte man die Nerven behalten.

Wendepunkt bei der Verstaatlichten Industrie

Freilich waren die Nerven rund um die Verstaatlichte Industrie ohnehin bereits höchst angespannt. Die Zeiten, in denen Kreisky – und solange es wirtschaftlich vertretbar war, auch ich – die Verstaatlichte Industrie aus regional- und sozialpolitischen Gründen gestützt, ja auch benutzt hatte, um Arbeitsplätze zu erhalten, waren längst vorbei. Allein zwischen 1981 und 1983 betrugen die staatlichen Zuschüsse für sie über 20 Milliarden Schilling. Die Vorgänge um die Firmen Intertrading und Merx wurden zu einem

Wendepunkt, die Politik gegenüber der Verstaatlichten Industrie entideologisiert. Auch die VÖEST-Alpine wurde zerlegt und stufenweise privatisiert.

Der De-facto-Zusammenbruch der Verstaatlichten Industrie ebnete wohl auch – neben einer höchst emotional geführten Auseinandersetzung um seine angebliche und tatsächliche Vergangenheit im Krieg – dem ÖVP-Kandidaten Kurt Waldheim bei der Wahl am 8. Juni 1986 den Weg in die Präsidentschaftskanzlei. Im zweiten Wahlgang besiegte er den sozialdemokratischen Kandidaten Kurt Steyrer. Am Tag danach trat Sinowatz zurück, auf ihn folgte Franz Vranitzky; neuer Finanzminister wurde Industrieminister Lacina, dem Rudolf Streicher, ein alter Freund aus VSStÖ-Zeiten, folgte. Vranitzky, über dessen Bestellung ich mich ebenso wie über seine seinerzeitige zum Finanzminister freute, berichtete mir das bereits am Abend des Wahltages bei einem Treffen in der Wohnung Streichers. Der neue Kanzler fragte: »Hast du einen Finanzminister?« – »Nein, aber einen in Zeiten wie diesen so wichtigen Verstaatlichtenminister, den Streicher.« Auf seinen zweifelnden Hinweis, ich hätte Streicher doch gerade als Steyr-Generaldirektor in den CA-Konzern geholt, konnte ich ihn beruhigen: »Da find ich schon eine Lösung. Und Außenminister hast du auch schon einen, da steht der Peter Jankowitsch.«

Nachdem Jörg Haider auf dem FPÖ-Parteitag am 13. September 1986 Steger gestürzt hatte, kündigte Vranitzky die Koalition mit der FPÖ und für den 23. November Neuwahlen an. Diese brachten SPÖ und ÖVP Verluste, der Haider-FPÖ Gewinne. Die Grünen zogen mit 8 Mandaten erstmals in den Nationalrat ein. Das Land wurde nun wieder von einer Großen Koalition unter dem Gespann Vranitzky–Mock regiert, neuer Justizminister wurde der parteilose Egmont Foregger.

Distanz zur Politik

Ich hielt mich von der Politik fern, so weit es ging. Ich dementierte regelmäßig nachgesagte oder herbeigeschriebene Ambitionen auf eine Rückkehr in die Regierung (25 Prozent der Österreicher wünschten sich nach einer Umfrage des Meinungsforschungsinstituts OGM im Mai 1986 mich als Nachfolger für Kanzler Sinowatz) und hatte alle Hände voll zu tun, Attacken angesichts weiterlaufender Verfahren gegen mich abzuwehren: »Ich bin kein Generaldirektor auf Abruf, es sei denn, es zieht in Österreich die Willkür ein!« Das »profil« hatte zu diesem Zeitpunkt unter Hinweis auf das Verfahren gegen mich gegen meine bevorstehende Verlängerung als Generaldirektor polemisiert – ich wurde am 14. Mai 1986 für weitere fünf Jahre bestellt, die 13 der ÖVP nahestehenden Aufsichtsräte enthielten sich der Stimme. Salcher hatte mich vor seinem von Sinowatz erzwungenen Rücktritt noch einmal in ungeheurer Weise attackiert, indem er mir (und damit auch seinem Mentor Kreisky) nicht nur »die Schuldenpolitik« der Siebzigerjahre vorwarf, sondern auch meinen Führungs- und Arbeitsstil in der CA. Der konnte nicht gar so schlecht sein: Die Bank nahm nach einer im Juli 1987 im »The Banker« veröffentlichten Liste unter den 500 Top-Bankunternehmen der Welt den 98. Rang ein.

Ich bilanziere auch heute drei große Erfolge für die CA während meiner Amtsperiode: Die Bank wurde im Inhalt ihres Geschäftes, ihres Marketings und ihrer Führungsstrukturen modernisiert; sie erhielt die nötigen staatlichen Unterstützungen, um die Krise ihrer Industriebeteiligungen zu bewältigen; und sie machte rechtzeitig ihre »Hausaufgaben«, um künftig nicht mehr aus dieser Richtung gefährdet zu werden. Die Sanierung der die Bank jahrelang belastenden Problemfälle war gelungen, das Management der CA konnte sich auf das Kerngeschäft konzentrieren. Sie trat in den wichtigsten Finanzzentren eigenständig auf, hatte sich eine globale Präsenz erarbeitet – und galt in Österreich weiter als angesehenste und größte Bank.

Bei meinem Abgang betrug der Anteil der Republik an ihr 60 Prozent im Wert von etwa 60 Milliarden Schilling. Nachher (ver-)wirtschaftete man großzügiger: Leykam, bis heute ein Vorzeigebetrieb, wurde verkauft, die Gösser-Aktien sind heute im Besitz von Heineken, Jenbach ging an die General Electric, die chemischen Werke in Treibach an einen guten Bekannten meines Nachfolgers Schmidt-Chiari. Die Bank selbst wurde erst 1997, sechs Jahre nach einem entsprechenden Parlamentsbeschluss, privatisiert. Mit der Abwicklung wurde kein Investment-Banker beauftragt, sondern Schmidt-Chiari, der sich damit quasi selbst verkaufen sollte.

Der Wert der Staatsanteile an der CA hatte sich von 60 Milliarden Schilling im Jahr 1988 auf 24 Milliarden 1997 verringert. Letztlich zahlte Bank-Austria-Chef Gerhard Randa nur 18,7 Milliarden Schilling dafür, nachdem ein von Schmidt-Chiari angeführtes Konsortium gar nur 8 Milliarden geboten hatte. Während die Fusion von Länderbank und Zentralsparkasse und ihr Aufgehen in der Bank Austria 1990 sinnvoll gewesen war, stellte das Ende der Selbstständigkeit der CA einen schweren Fehler dar. Die ÖVP gab sich politisch entsprechend gekränkt, obwohl ihr nahestehende Kreise die Bank um einen guten Preis hätten erwerben können – sie waren aber zu gierig. Vier Jahre vor ihrem 150. Geburtstag wurde die CA samt Bank Austria an die bayrische Hypo Vereinsbank praktisch verschenkt.

Der Rechnungshofbericht: Bestätigung eines Erfolgs

Ein kurz vor meinem Abgang Ende Jänner 1988 veröffentlichter Rechnungshofbericht dokumentierte meine persönliche Erfolgsbilanz mit objektiven Zahlen: Die Erträge der CA stiegen von 1,16 Milliarden Schilling in meinem ersten Amtsjahr (1981) auf zwei Milliarden in meinem letzten vollen (1987), die Bilanzsumme wuchs um 60 Prozent, der Auslandsanteil von 41,8 auf 48,2 Prozent. Dennoch konnten die inländischen Marktanteile bei 11 Prozent gehalten werden. Und: »*Der Bankvorstand unter seinem ab 1981 bestellten Vorstandsvorsitzenden legte als Schwerpunkte seines beteiligungspolitischen Konzepts fest, betriebswirtschaftliche Überlegungen bei notwendigen Sanierungen von Beteiligungsunternehmen vorrangig zu beachten ... sie konnten in ihrer Gesamtheit nach vielen Jahren erstmals ein positives Unternehmensergebnis verzeichnen ... dem Bankvorstand ist es gelungen, eine Vielzahl der zum Beginn des Prüfungszeitraums vorhandenen notleidend gewordenen Beteiligungsunternehmen erfolgreich zu sanieren.*«

Das war doch wohl ein Erfolgsbericht. Freilich wurde dieser im Parlament überhaupt nicht behandelt, weil das politisch nicht mehr opportun war. Er sollte wohl so entsorgt werden wie ich als Chef der CA. Die persönlichen Angriffe gegen mich gipfelten in einer gerichtlichen Verurteilung. Ende Jänner 1988, knapp drei Monate vor meinem 50. Geburtstag, verließ ich die CA. Ich fiel – für mich ungewohnt – seelisch in ein Tief. Ich hatte zwar genug Zeit, mir meine berufliche Zukunft zu überlegen, sie war aber für mich ebenso wie für meine Familie höchst schmerzhaft.

Helmut Kohls Zuspruch

Umso überraschender kam ein halbes Jahr später ein unerwarteter Zuspruch, der mir viel Freude bereitete: Im August 1988 läutete in Aussee das Telefon, eine meiner Töchter meldete: »Papa, der Herr Bundeskanzler.« Es war aber nicht Franz Vranitzky, sondern Helmut Kohl. Ich kannte den deutschen Kanzler seit einer von Joachim Fuchsberger moderierten TV-Sendung namens »Nachbarn«. Kohl, damals Ministerpräsident von Rheinland-Pfalz, vertrat Deutschland, ich als Finanzminister Österreich. Ein Filmbeitrag zeigte uns beim Sport: Kohl auf dem Rad, ich über das Schneedach eines Heustadels in Lech springend. Kohl war jahrelang auf Sommerfrische in St. Gilgen, von dort kam seine Einladung. Zwei Tage später folgte ich ihr. Kohl hielt sich nicht lange auf: »*Ich bin bestens informiert, Sie brauchen mir nichts zu erzählen. Ich gebe Ihnen folgenden Rat: Schauen Sie sich jetzt genau an, wer zu Ihnen steht und wer nicht. So eine Gelegenheit bekommen Sie nie mehr wieder.*« Ich hatte noch mehrmals Gelegenheit, mich an Kohls Ratschlag zu erinnern. Und ihn zu befolgen.

7. Die Fortsetzung der Jagd: 1981–1996

In den vergangenen Kapiteln habe ich – mit der mir wohl zustehenden Subjektivität – dargestellt, wie mich eine Mischung aus politischen und persönlichen Motiven aus dem Ministeramt gedrängt hat. Diese Bündelung von inner- und außerparteilichen Gegnern sowie von Helfershelfern in Medien, Justiz und Finanzverwaltung haben ihre Tätigkeit auch während meiner Zeit in der CA nicht beendet – und auch danach nicht. Zweimal haben sie ihr Ziel erreicht.

Die »falsche Zeugenaussage«

Am 20. Jänner 1988 wurde ich mit Urteil des Landesgerichts für Strafsachen Wien wegen des Verdachts der »falschen Zeugenaussage« schuldig gesprochen und zu einer Geldstrafe von 1,2 Millionen Schilling verurteilt. Der Schuldspruch erfolgte wegen einer Aussage vor dem parlamentarischen AKH-Untersuchungsausschuss am 17. März 1981, bei dem es um angebliche Geldflüsse zwischen der Ökodata und mir ging. Bezüglich sieben anderer Vorwürfe im Strafantrag – alle in Zusammenhang mit der Ökodata – wurde ich wegen erwiesener Unschuld freigesprochen. Und in sechs weiteren Punkten erfolgte ein Freispruch wegen Nichtvorhalt des Entschlagungsrechts.

Vor dem AKH-Untersuchungsausschuss war ich zweimal als Zeuge befragt worden. Das erste Mal etwa einen Monat vor meinem Ausscheiden aus der Bundesregierung, das zweite Mal drei Monate nach meiner Bestellung zum Generaldirektor-Stellvertreter der CA. Ich wurde von den jeweiligen Vorsitzenden, Norbert Steger und Kurt Mühlbacher, zwar in allgemeiner Form darauf hingewiesen, dass ich die an mich gerichteten Fragen wahrheitsgemäß beantworten müsse, eine ausdrückliche Belehrung über die Wahrheitspflicht und allfällige Möglichkeiten der Aussageverweigerung, wie dies gesetzlich vorgesehen ist, erfolgte nicht.

Bei meiner ersten Befragung am 11. November 1980 wurde ich vom Abgeordneten Heribert Steinbauer über eine allfällige Beteiligung meinerseits an der Ökodata befragt. Ich sagte wahrheitsgemäß aus, mich hätte in den Siebzigerjahren der damalige Consultatio-Geschäftsführer gefragt, »ob ich mittun wollte«. Meine eindeutige Antwort: Das käme für mich nicht in Frage. Weder zu diesem Zeitpunkt noch später gab es wie auch immer geartete Kontakte meinerseits zur Ökodata. Am 17. März 1981 wurde ich ein zweites Mal wegen einer allfälligen Beteiligung meiner Person an der Firma befragt. Ergebnis: Der Ausschuss stellte einstimmig fest, es habe nie einen wie auch immer gearteten Zusammenhang zwischen mir und der Ökodata gegeben.

Anlässlich dieser zweiten Befragung am 17. März 1981 – nach der ersten, mich völlig entlastenden Steuerprüfung vom November 1980 – entspann sich zwischen dem ÖVP-Abgeordneten Heribert Steinbauer und mir völlig unabhängig vom eigentlichen Thema im AKH-Untersuchungsausschuss (die Vorgänge rund um den Bau des AKH und meine allfällige Beteiligung an der Spitalsfirma Ökodata) folgender Dialog:

Steinbauer: »*Hat der Dr. Steiner Ihnen Geld zwecks Anschaffung von Wertpapieren, oder hat er Ihnen Wertpapiere zur Verfügung gestellt, die er, der Steiner, bereits angeschafft hat?*«

Ich: »*Er hat mir zunächst zur Besicherung und dann für Darlehenszwecke, also zur Finanzierung, Wertpapiere und deren Gegenwert zur Verfügung gestellt.*«

Steinbauer: »*Durch welche Zahlungen ist die Forderung des Dr. Steiner vom 31.12.1976 von 2,9 Millionen Schilling bis 31.12.1977 auf 3,4 Millionen Schilling gestiegen?*«

Ich: »*Durch Zahlungen des Dr. Steiner an mich.*«

Steinbauer: »*Durch eine Zahlung oder – es handelt sich ja um eine Differenz von 1 Million – durch eine Zahlung oder mehrere kleine Zahlungen? Können Sie sich da erinnern? Die Einzahlung von 1 Million ist ja etwas, was man nicht im Laufe jedes durchschnittlichen Jahres erlebt.*«

Ich: »*Wenn ich mich richtig erinnere, waren das zwei Zahlungen.*«

Steinbauer: »*Die etwa wann waren?*«

Ich: »*Die waren 1977.*«

Nach weiteren Fragen zum Kontostand 1978 und 1979:

Steinbauer: »*... Herr Zeuge, wären Sie allenfalls bereit, das Girokonto Nr. ... so weit uns zu eröffnen, dass man die Teilzahlungen sehen kann, da ja doch im Raum steht, dass sich zeitmäßig die Dinge mit möglichen Geldflüssen der Ökodata decken?*«

Ich: »*... Mein Konto ist vollständig den Finanzbehörden natürlich offengestanden ...*«

Steinbauer: »*Sie erklären sich also nicht bereit, uns die Einsicht in die Zahlungen zu ermöglichen. Das ist Ihr gutes Recht. Ich will es nur wissen.*«

Ich: »*Ja, und lege Wert auf die Feststellung, dass ich den Finanzbehörden das vollständig offengelegt habe und diese Frage von eben den dafür Zuständigen geprüft wurde und meines Wissens eine Zuständigkeit Ihrerseits zu solchen Dingen gar nicht gegeben ist.*«

Dieser Dialog über meine privaten Vermögensverhältnisse war kein Gegenstand des AKH-Untersuchungsausschusses und damit absolut unzulässig. Erst auf mein Verlangen hin ließ Ausschussvorsitzender Norbert Steger diese Fragen in Folge nicht mehr zu. Dennoch wurden die von mir in gutem Glauben gemachten Aussagen zum Aufhänger für das folgende bekannte politische Tribunal – und meinen Schuldspruch wegen »falscher Zeugenaussage«. Denn Untersuchungsrichter Anton Zelenka war im Dezember 1985 zum – allen bisherigen Untersuchungen widersprechenden und dementsprechend weiter bekämpften – Schluss gekommen, meine Villa sei nicht mit Geldern Steiners finanziert worden, sondern mit Schwarzgeld.

Die erste Verurteilung

Also wurde ich dreieinhalb Jahre später wegen einer sieben Jahre alten »falschen Zeugenaussage« verurteilt, die ich vor einem Ausschuss zu einem ganz anderen Thema, und ohne ausdrücklich über mein Entschlagungsrecht informiert gewesen zu sein, getätigt haben soll. Selbst ein langjähriger »Androsch-Jäger« wie »profil«-Chef Peter Michael Lingens hielt fest: »Gerade weil es mich so sehr gestört hat, dass Hannes Androsch Jahre hindurch ein Vorteil dadurch erwachsen ist, dass er Hannes Androsch heißt, gerade deshalb stört es mich, dass Androsch ein Nachteil daraus erwächst, dass er Hannes Androsch ist.«

Einer Berufung meines Anwalts Herbert Schachter wurde vom Oberlandesgericht am 2. März 1989 nicht stattgegeben, lediglich die Geldstrafe um 300.000 Schilling herabgesetzt. Folge des ersten Schuldspruchs war zwei Wochen später mein Ausscheiden aus der CA per 31. Jänner 1988. Fritz Bock, der mich zuvor jahrelang seiner Loyalität versichert hatte, betrieb sofort nach meiner Verurteilung meine Abberufung, Vranitzky und Mock hatten dem zumindest nicht entgegengewirkt, auch wenn mir der Kanzler am Morgen nach meiner Abberufung durch den Aufsichtsrat einen Kondolenzbesuch abstattete. Zuvor war noch eine vorbereitete Solidaritätserklärung sozialdemokratischer Banker für mich als Präsidenten des Bankenverbandes zurückgezogen worden, die ÖVP-nahen Kollegen hatten das im Vorfeld verhindert.

Die Mitglieder des Aufsichtsrates einigten sich untereinander und dann mit mir auf einen Kompromiss: Die Abfertigungs- und Pensionsansprüche blieben mir teilweise erhalten, ein Weiterlaufen der Bezüge bis zum Vertragsende 1991 unterblieb. Möglich wurde diese Lösung durch Aufsichtsrat Walter Fremuth, der mich schon als »Frischling« im Finanzministerium unterstützt hatte. Er hatte im Aufsichtsrat eine Mehrheit gegen Bocks Bestreben gefunden, mich zu entlassen, so konnte ich den Kündigungsschritt selbst setzen. Er war zu Recht froh und aufgeregt, als er mich anrief: »Nimm dir sofort ein Taxi, komm her, und unterschreib. Dann eine Abschiedsrede, dann dein Amtsverzicht.«

Vranitzky auf Distanz

Der Kanzler hingegen wollte sich damals überhaupt nicht mit mir »belasten«. So machte er Funktionären klar, er schätzte es nicht, würde ich – wie von einigen ventiliert – die Nachfolge meines Berufskollegen Kurt Mühlbacher als Obmann des Sozialdemokratischen Wirtschaftsverbandes antreten – die »Gefahr« eines Sitzes im Parteivorstand für mich, gar eines Abgeordnetenmandats, schien ihm wohl zu groß. Und 1988 zog er sein bereits verfasstes Vorwort zu einem von Beppo Mauhart und meinem engen Ex-Mitarbeiter Herbert Cordt herausgegebenen Buch zu meinem 50. Geburtstag »Zurück in die Zukunft« zurück (allerdings war dieses bereits im Buchhandel erhältlich), in dem er sich zum letzten Mal anerkennend über mich geäußert hatte: »*Hannes Androsch zählt zu den größten politischen Talenten, die unsere Zweite Republik hervorgebracht hat. Er ist nicht nur ein Produkt der österreichischen Nachkriegsgesellschaft, er verkörpert geradezu den Aufstieg eines Landes von einem Nachzügler unter den Ländern Europas zu einem Staat an der Spitze der Industrieländer. Wirtschaftspolitiker, Staatsmann, Parteifunktionär, Parlamentarier, Finanzfachmann und Gesellschaftsmensch, der Geist, Wohlleben und Belesenheit miteinander verband, war er der richtige Mann am richtigen Ort zur richtigen Zeit. Er hat, wie vielleicht nur wenige im öffentlichen Leben und in seiner Partei, Ende der 60er und Anfang der 70er Jahre Aufbruchsstimmung, Kompetenz und Jugend verkörpert und dabei meistens taktisches Geschick und politischen Weitblick gezeigt ... Das Mittelmaß war nie die Orientierung des Hannes Androsch. Das war und ist sein bleibender verdienstvoller Beitrag zur Politik. Im geistlos Mechanischen der sogenannten Sachzwänge darf Politik niemals versinken, weil dieses Versinken ihren Untergang bedeutet.«* Genug der Ehre! Aber selbst zur angeblich ähnlichen Art, wie Kreisky und ich unseren Konflikt ausgetragen hätten, diagnostizierte Vranitzky ungewöhnlich eindeutig: *»Den habituellen Gleichklang der beiden Kontrahenten, als eine der wesentlichen Ursachen des Zerwürfnisses, lasse ich mir nicht nehmen ... Die Überzeugung, dass die Integrationsaufgabe beim Älteren eher als beim Jüngeren gelegen wäre, auch nicht.«*

Dieses Vorwort Vranitzkys wurde also zurückgezogen. Wohl deshalb, weil sich Mauhart in seinem Beitrag sehr kritisch mit manchen Entwicklungen der Politik Kreiskys befasst hatte – was noch einmal dessen lauten Grimm hervorrief. Im Sommer 1990 ist der trotz allem so große alte Mann der Sozialdemokratie verstorben, inzwischen mit Franz Vranitzky – ganz im Gegensatz zu mir – versöhnt.

Der Kanzler wollte mich noch weiter entfernt wissen: Ich sollte auch den Aufsichtsrat der VÖEST verlassen, ließ er mir auf Druck Mocks über Streicher mitteilen. Dem stets um Harmonie bemühten Minister war das sehr unangenehm. Wie auch die Rolle, in die er 1992 hineingedrängt wurde: Die SPÖ stellte ihn als Kandidaten für die Bundespräsidentenwahl gegen den »unbelasteten« ÖVP-Karrierediplomaten Thomas Klestil auf. Zuerst gab es auch den Plan, Vranitzky selbst solle kandidieren, Benya war dafür, Sinowatz dagegen. Vranitzky lehnte ab, ich riet Streicher, dasselbe zu tun: »Das ist nicht dein Strickmuster.« Vergeblich – Streicher unterlag dann Klestil ziemlich deutlich. Vranitzky hätte bessere Chancen gehabt, er hatte Österreich im Zuge der Waldheim-Affäre gut repräsentiert. Und Streicher hätte eventuell in die Kanzlerrolle gut hineinwachsen können.

Das Steuerverfahren:
Salchers »Sachverhaltsdarstellung«

Die strafrechtliche Dimension wegen einer angeblich falschen Aussage vor dem AKH-Untersuchungsausschuss war die eine Seite der hässlichen Medaille, die steuerrechtliche die andere. Bis zu seiner Ablösung im September 1984 war mein Amtsnachfolger als Finanzminister, Herbert Salcher, Speerspitze der Angriffe gegen mich. In Begleitung von Teilen der ÖVP, der Finanz- und der Justizverwaltung sowie der Medien. Logisch, dass er dabei wohl keinen Schritt ohne Wissen, ja ohne Anleitung Bruno Kreiskys setzte.

Offizieller Höhepunkt von Salchers Aktivitäten war eine Sachverhaltsdarstellung, die er am 2. August 1984 in seiner Privatwohnung dem Leiter der Staatsanwaltschaft Wien, Werner Olscher, übergab. Kurz zuvor, am 20. Juli, hatte mir eine »Schlussbesprechung« in meiner Steuersache – zum zweiten Mal (nach 1982) – eine vollkommene Entlastung bescheinigt. Gemäß dieser Entscheidung hätte es keine Zuwendungen der Ökodata an mich oder die Consultatio gegeben, es bestünden keine Bedenken über die Rechtmäßigkeit des Kaufvertrags bezüglich der Villa in Neustift und kein Anlass, die Vermögenswerte Gustav Steiners mir zuzuordnen. Für eine Wiederaufnahme des Strafverfahrens gebe es keinen Anlass. ÖVP-Generalsekretär Michael Graff kommentierte dennoch am Tag danach in der Eden-Bar einem Sektionschef aus dem Finanzministerium gegenüber: »Wer zuletzt lacht, lacht am besten.« Danach kursierten mehrere Tage Gerüchte über einen angeblich »neuen Zeugen« gegen mich.

In Salchers Sachverhaltsdarstellung wurde erklärt, am Tag vor der Schlussbesprechung, am 19. Juli 1984, sei ihm von einer Persönlichkeit aus Bankkreisen mitgeteilt worden, Gustav Steiner hätte mit den genannten Wertpapierkonten nichts zu tun gehabt, sie würden mir und meiner Familie gehören. Aus den Handzeichen auf Belegen der entsprechenden Konten könnten

Angestellte der Zentralsparkasse Wien herausfinden, wer die tatsächlichen Inhaber wären. Salcher rechtfertigte danach auch sein Vorgehen, diese Sachverhaltsdarstellung nicht den für mich zuständigen Finanzbehörden noch vor der Schlussbesprechung übergeben zu haben: In diesem Fall habe er nicht als Finanzminister handeln müssen, sondern als höchster Beamter des Finanzministeriums – als solcher müsse er ihm zur Kenntnis gelangende »strafrechtlich relevante« Tatbestände der Staatsanwaltschaft anzeigen. Dem konterte der Ex-Präsident des Obersten Gerichtshofes, Franz Pallin: Behörden der Finanzverwaltung müssten bei amtlicher Kenntnisnahme eines Finanzvergehens immer die zuständige Finanzstrafbehörde verständigen. Anderer Meinung war natürlich Worm im »profil«: »Es scheint, als hätte dieser Herbert Salcher mit dieser Harakiri-Aktion eine historische Tat gesetzt.«

Die Sachverhaltsdarstellung, mit der Salcher formal Anzeige wegen Steuerhinterziehung gegen mich als seinen Amtsvorgänger erstattete, wurde am 2. August 1984 dem nach interner Arbeitsaufteilung eigentlich unzuständigen Staatsanwalt Walter Geyer (später Nationalratsabgeordneter der Grünen) zur Bearbeitung übergeben. Er hatte bereits 1981 die »Causa Dr. Steiner« vor Gericht bringen wollen, das war damals aber abgelehnt worden. Bundeskanzler Sinowatz wurde von Salcher knapp vor der Erstattung der Anzeige über sein Vorhaben informiert. Sinowatz zu Salcher: »Wenn du dies tust, handelst du gegen den Willen deines Bundeskanzlers.« Salcher replizierte, er sei dazu genötigt, weil die ÖVP genau Bescheid wisse.

Keine neuen Fakten

Im »profil« wurde die Sachverhaltsdarstellung nahezu wörtlich abgedruckt, eine neue Verletzung von Bank- und Amtsgeheimnis. Ihr Inhalt wurde von Herbert Kreutz, Verhandlungsleiter der

Schlussbesprechung meiner Steuerprüfung, genau überprüft. Ergebnis: Es handle sich um keine neuen Fakten. Die Identität des anonymen Informanten Salchers wurde übrigens nie geklärt. Kreisky lobte im »profil« Salcher wie Geyer, der am 16. August 1984 bei der Oberstaatsanwaltschaft Wien die gerichtliche Voruntersuchung gegen mich beantragte. Was neuerlich abgelehnt wurde, denn die Zuständigkeit eines Gerichtes in Finanzstrafsachen sei erst dann gegeben, wenn in einem Bescheid der Finanzbehörden Steuerhinterziehung behauptet oder festgestellt wird.

Auch der ehemalige OGH-Präsident Franz Pallin bestätigte in der »Salzburger Nachrichten«-Beilage »Der Staatsbürger« vom 11. Dezember 1984, dass zunächst das Steuerverfahren und erst in Folge eventuell ein Finanzstrafverfahren durchgeführt werden muss: *»Sollten Staatsanwaltschaft und Gericht die vorgeschriebenen Mitteilungen an die Finanzstrafbehörden tatsächlich unterlassen haben, so wäre Dr. A. um ein gesetzlich vorgeschriebenes, einem Strafverfahren vorauszugehendes Prüfungsverfahren durch die Finanzstrafbehörde gebracht worden; die Durchführung eines Strafverfahrens ohne diese Voraussetzung ist rechtswidrig und ungewöhnlich.«*

Die gerichtliche Voruntersuchung

Im Justizministerium herrschten unterschiedliche Rechtsauffassungen bezüglich der weiteren Behandlung der Sachverhaltsdarstellung Salchers. Der Leiter der Strafsektion war der Ansicht, sie wäre nur von den Finanzbehörden und nicht von den Gerichten zu behandeln. Daraufhin entzog ihm Minister Ofner den Akt und erteilte entgegen der Entscheidung der Oberstaatsanwaltschaft Wien (und seiner früheren Versicherung) die Weisung, die gerichtliche Voruntersuchung gegen mich einzuleiten. Meinem Anwalt Herbert Schachter erklärte er: »Lieber Herr Kollege, wegen Ihrem Klienten Androsch werde ich mich nicht mit dem

›profil‹ anlegen.« Darauf leitete das Landesgericht für Strafsachen Wien die gerichtliche Voruntersuchung wegen Steuerumgehung gegen mich ein. Dazu wurde das Strafverfahren, das durch eine Strafanzeige Graffs am 14. Jänner 1981 eingeleitet und bereits am 27. März 1981 wieder eingestellt wurde, wiederaufgenommen.

Da eine Voruntersuchung (heute Ermittlungsverfahren) dem Gericht dazu dient, zu entscheiden, ob überhaupt Anklage erhoben oder das Strafverfahren eingestellt wird, wurden vom Landesgericht für Strafsachen Wien bis zum 3. Dezember 1985, also fast eineinhalb Jahre lang, 61 Zeugen vernommen und 317 Konten von elf Banken überprüft. Diese Ermittlungen wurden von Untersuchungsrichter Anton Zelenka geführt. Bezeichnend: Bereits das »profil« vom 1. April 1985 behauptete unter dem Titel »Aus für Androsch«, Zelenka hätte ermittelt, es gebe zwar keine Zuständigkeit des Gerichtes für mein Steuerverfahren, dennoch seien ich und einige meiner Familienmitglieder der Steuerhinterziehung überführt.

All das hatte Salcher wieder ins Rollen gebracht. Und damit der ÖVP ermöglicht, weiter einen Feldzug gegen mich als CA-Generaldirektor zu führen. Kanzler Sinowatz war darüber entsprechend verärgert. Ende August 1984 bildete er die Regierung um: Salcher wurde als Finanzminister durch meinen ehemaligen Mitarbeiter und nunmehrigen Länderbank-Generaldirektor Franz Vranitzky ersetzt. Sinowatz war überhaupt bemüht, die SPÖ in dieser Hinsicht möglichst »unbefleckt« zu erhalten, das dauerte ein Jahr. Im September 1985 kam es zu einem Kompromiss zwischen Sinowatz, Salcher und mir: Ich legte meine Funktion als stellvertretender Bezirksparteiobmann von Wien-Floridsdorf vorläufig zurück, was von den Mitgliedern nur widerwillig akzeptiert wurde. Im April 1986 wurde ich dann mit 90,76 Prozent der Stimmen wieder zum stellvertretenden Vorsitzenden der SPÖ-Floridsdorf gewählt, das Ruhen meiner Parteifunktionen war beendet. Aber natürlich nicht das Vorgehen gegen mich.

Am 13. Dezember 1984 ging bei der Staatsanwaltschaft Wien eine weitere anonyme Anzeige gegen mich ein, die mich einer Reihe von Vergehen während meiner Amtszeit als Finanzminister beschuldigte. Diese Anschuldigungen waren zwar völlig absurd, dennoch führte Geyer intensive Erhebungen durch. Wegen des Vorwurfs, es seien Provisionszahlungen an mich auf ein Konto einer Schweizer Bank geleistet worden, wurden auf Weisung Ofners auch die Schweizer Justizbehörden eingeschaltet. Ergebnis: Der Vorwurf wurde von der Staatsanwaltschaft des Kantons Zürich unter Berufung auf eine Auskunft des Rechtsdienstes des Schweizer Bankvereins widerlegt. Umso erstaunlicher: Bei seiner Zeugenaussage vor Zelenka legte Salcher am 14. Juni 1985 ein von ihm verfasstes Schreiben vor, das fast ident mit dieser anonymen Anzeige war. Und am 24. Juni 1985 berichtete Alfred Worm, damals auch Gemeinderatsabgeordneter der Wiener ÖVP, ausführlich über den Inhalt der anonymen Anzeige und die Zeugenaussage Salchers.

Wohl kein Zufall: Am 31. Juli 1985 erschien ein langjähriger Freund Salchers bei mir, Max Gessler. Er berichtete, Salcher habe dem »profil« Unterlagen aus meinem Steuerakt zukommen lassen. Außerdem habe ihm Salcher erzählt, er habe den anonymen Zeugen aus der Zentralsparkasse erfunden, um ein gerichtliches Verfahren gegen mich in Gang zu bringen. Und Salcher habe selbst eine Reihe anonymer Anzeigen gegen mich erstattet. Da Gessler im Herbst 1985 starb, konnten seine Aussagen nicht mehr weiterverfolgt werden.

Da sich das Landesgericht für Strafsachen Wien trotz aller gegenteiliger Rechtsmeinungen für zuständig erachtete, leitete es am 3. Dezember 1985 die Akten an das zuständige Finanzamt als Finanzstrafbehörde 1. Instanz weiter. Es solle prüfen, ob es Gründe für eine Wiederaufnahme des Steuerverfahrens gebe. Dazu befand es als Begründung im Stile einer Anklage, meine Darstellung bezüglich der Wertpapierkonten Dr. Gustav Steiners sei »in wesentlichen Teilen ernstlich anzweifelbar«, da ich sie erst nach der parlamentarischen Sondersitzung im August 1980 so gewählt hätte. Das, obwohl die zweite Steuerprüfung, die mich ebenso wie die erste 1980 von jeglichem Verdacht der Steuerumgehung freigesprochen hatte, in den Jahren 1982 bis 1984 durchgeführt worden war, also ebenfalls erst nach der Sondersitzung.

Insgesamt wurden in diesem Ersuchen an die Finanzbehörden Wertungen vorgenommen, die auf Vermutungen und Spekulationen beruhten. Kein einziger der 61 vom Untersuchungsrichter vernommenen Zeugen bestätigte die in der Begründung ausgesprochenen Behauptungen. Den von Salcher ins Spiel gebrachten anonymen Zeugen gab es nie, auch sonst keinen Beweis für ein Steuervergehen meinerseits. In der Justiz verbreitete sich bald das Gerücht, der Hauptautor des Gerichtsbeschlusses sei gar nicht Untersuchungsrichter Zelenka gewesen, sondern der damalige Sekretär des ÖVP-Klubs, Oberstaatsanwalt Franz Fiedler, später Präsident des Rechnungshofes.

Die dritte Steuerprüfung

Am 18. Dezember 1985 wurde, nun zum dritten Mal, eine Steuerprüfung bei mir angeordnet, für die Jahre 1971 bis 1985. Sie betraf also im Wesentlichen Zeiträume, die bereits geprüft, aber auch Zeiträume, die bereits verjährt waren, und dauerte bis Ende 1987. Nie wurde klar, ob dies nun eine »normale« Steuerprüfung nach der Bundesabgabenordnung oder eine Prüfung im Rahmen eines Finanzstrafverfahrens war. Zu keinem Zeitpunkt erhielt ich Informationen darüber, welches Verfahren nach welchen Grundsätzen abgehandelt wurde. Mir wurde nie in der für eine »normale« Steuerprüfung vorgeschriebenen Form Parteiengehör gewährt, ich erhielt nie Gelegenheit zu einer Stellungnahme. Diese Prüfung diente in Wahrheit finanzstrafrechtlichen Ermittlungen. Es wurde bei mir formal und inhaltlich keine »normale« Steuerprüfung durchgeführt, der daraus resultierende Steuerbescheid kam daher nicht rechtswirksam zustande. Ihn hätte das Gericht niemals zur Grundlage seiner Beurteilung machen dürfen.

Zu dieser Zeit ereignete sich die ungeheuerliche »Weihnachtsepisode«: Am 24. Dezember 1985 versuchte der Leiter des Finanzamtes 9/18/19, mit Wissen und Zustimmung von Finanzminister Franz Vranitzky, mir am späten Nachmittag persönlich an meinem Wohnsitz einen »vorläufigen Vermögensteuerbescheid 1971« zuzustellen; wobei er unzulässigerweise von seinem Sohn begleitet wurde. Dieser Bescheid, den ich damals nicht annahm (er wurde drei Tage später dann zugestellt), diente der Fristenwahrung (die Sache wäre ab dem Jahreswechsel verjährt gewesen) und wurde später wegen Rechtswidrigkeit aufgehoben. Finanzminister Vranitzky hatte diese Vorgangsweise mit seiner Unterschrift ermöglicht, weil er sich – wie er später argumentierte – nicht durch eine Weisung gegen die Absicht der Beamten politisch beschädigen wollte.

Immer öfter kamen auch sonst höchst eigenartige Vorgänge ans Tageslicht: Am 28. Oktober 1986 berichtete die Illustrierte »Basta« von der Aussage einer Zeugin vor der Wirtschaftspolizei. Diese behauptete, ihr ehemaliger Geliebter, Karl Partsch, sei jener Mann, der mich im Auftrag der ÖVP ruinieren sollte. Dabei ging es um Fälschungen von angeblichen Millionen-Überweisungen des ehemaligen AKH-Direktors Winter in den Jahren 1978 und 1979 an mich. Der persönliche Sekretär des Wiener ÖVP-Obmanns Erhard Busek und ein Wiener Landtagsabgeordneter seien in die Sache verwickelt. In Folge wurde gegen Karl Partsch ein Strafverfahren durchgeführt, er wurde allerdings am 9. Juli 1987 mangels an Beweisen freigesprochen. Meine Anträge, die ÖVP-Auftraggeber als Zeugen zu laden, hielt das Gericht für »nicht erforderlich«.

Im Februar 1987 erschien bei meinem Anwalt Schachter ein Mann namens Hans Siegl, der angab, für Gustav Steiner Vermögensgegenstände von großem Wert veräußert zu haben – dieser wäre tatsächlich sehr vermögend und daher durchaus in der Lage gewesen, Eigentümer der Wertpapierkonten zu sein. Bei der Zeugeneinvernahme durch Zelenka fühlte er sich so schlecht behandelt und unter Druck gesetzt – der Untersuchungsrichter beschuldigte ihn, bestochen worden zu sein –, dass die Einvernahme wegen eines Asthma-Anfalls beendet werden musste. Danach bleib Siegl bei seiner Aussage – offensichtlich wurde ihr aber keine Bedeutung beigemessen, weil sie für das Verfahren nicht erwünscht war.

Um die gewünschte Richtung im Verfahren zu erreichen, wurde auch Druck auf die Finanzbehörden in Form anonymer Anzeigen gegen die beiden Sektionschefs Egon Bauer und Franz Manhart im Finanzministerium sowie den Präsidenten der Finanzlandesdirektion für Wien, Niederösterreich und Burgenland, Friedrich Schneider, ausgeübt. Die daraufhin eingeleiteten Verfahren blieben jahrelang unerledigt und mussten schlussendlich eingestellt werden. Gegenüber Bauer hatte Worm durchblicken lassen, diese Anzeigen seien die Rute, die der Finanzbehörde von der Justiz ins Fenster gestellt worden sei.

Abgehörte Telefonate

Ab Sommer 1987 gab es eindeutige Beweise, dass die Telefone in meinem Büro abgehört wurden. Nicht nur ich selbst musste das feststellen, das berichteten auch mehrere andere Personen, und es wurde auch durch die öffentliche Darstellung diverser Telefongespräche bestätigt. Auch der Leiter des für mich zuständigen Prüfungsteams im Finanzamt, Tschernutter, gab meinem Anwalt gegenüber zu, Tonbänder und Transkripte von meinen widerrechtlich abgehörten Telefonaten erhalten zu haben. Derartige Transkripte wurden auch von ihm selbst angefertigt. Darüber hinaus habe er im Auto des Abhörers zu meiner Identifizierung selbst ein Tonband über ein Telefonat abgehört. In der »Wochenpresse« vom 9. Oktober 1987 wurde ein angeblich abgehörtes

Telefongespräch zwischen mir und Bundesminister Streicher wiedergegeben. Inhalt dieses Gesprächs war der vom nächsten Justizminister, Egmont Foregger, wieder aktualisierte Strafantrag gegen mich wegen »falscher Beweisaussage«.

Auf Ersuchen meines Anwalts an Tschernutter, den Namen und die Adresse des Abhörenden bekannt zu geben, weigerte sich dieser; seine Beteiligung beim Abhören von Telefonaten beträfe seine »private Sphäre« und hätte mit dem Finanzstrafverfahren nichts zu tun. Daraufhin beantragte ich die Einleitung der Voruntersuchung wegen widerrechtlich abgehörter Telefonate, Tschernutter berief sich aber auf die Amtsverschwiegenheit. Ich erstattete Anzeige gegen ihn, diese wurde von Staatsanwalt Friedrich Matousek zurückgelegt. Demselben Matousek, der bei der Voruntersuchung in meinem Finanzstrafverfahren Vertreter der Anklagebehörde war und Tschernutter als Zeugen beantragt hatte. Eine Hand wäscht die andere und umgekehrt? Oder nur ein Zufall? Matousek hatte den als grüner Abgeordneter in den Nationalrat eingezogenen Walter Geyer als Staatsanwalt ersetzt, sein Vorschlag auf Strafantrag gegen mich war von Justizminister Foregger nach Aufforderung des mit ihm eng befreundeten ÖVP-Generalsekretärs Graff kommentarlos bewilligt worden. Der parteilose Foregger, als »Großreinemacher« gegen tatsächliche und vermeintliche Korruptionsfälle eine ganz kurze Zeit Liebkind bestimmter Medien, rechnete sich damals gute Chancen auf eine Kandidatur bei einer künftigen Präsidentschaftswahl aus.

Erste Finanzstrafe wegen Steuerhinterziehung

Am 9. November 1987 fand die Schlussbesprechung im dritten Steuerverfahren statt, am 4. Jänner 1988 wurden die Bescheide erlassen, 16 Tage vor meiner Verurteilung wegen »falscher Beweisaussage« vor dem AKH-Untersuchungsausschuss – wieder so ein Zufall. Als Ergebnis dieser dritten Steuerprüfung waren die Prüfer jetzt »endlich« – entgegen der Ergebnisse der zwei ersten Steuer-prüfungen – der Ansicht, ich hätte für Einkünfte aus unselbstständiger Arbeit Steuern in Höhe von etwa 5,6 Millionen Schilling hinterzogen. Freilich konnten die Prüfer keine »Einkommensquelle« und keinen konkret hinterzogenen Betrag feststellen, sie bedienten sich lediglich des Instruments der Schätzung. Aufgrund neuer Beweismittel lägen nunmehr aber genügend Gründe für eine Wiederaufnahme meines Steuerverfahrens vor, obwohl nicht einmal klar war, ob überhaupt eine Steuerprüfung nach der Bundesabgabenordnung durchgeführt worden war.

Diese Steuerbescheide des Finanzamtes bekämpfte ich bei der Finanzlandesdirektion für Wien, Niederösterreich und Burgenland. Da die Berufungen am 23. März 1990 überwiegend abgewiesen wurden, wurden die Bescheide rechtskräftig, ich zahlte die von mir geforderten Beträge. Die Treibjagd war damit aber nicht beendet, im Gegenteil: Auf Basis der Bescheide brachte die Staatsanwaltschaft am 29. Juni 1990 nun die Anklageschrift im Finanzstrafverfahren ein. Am 8. Oktober 1991 wurde ich schuldig gesprochen und zu einer Geldstrafe in Höhe von 1,8 Millionen Schilling verurteilt. Meine Einsprüche beschäftigten die Justiz weitere fünf Jahre – mit einander widersprechenden Ergebnissen des Verwaltungsgerichtshofes und noch dazu ohne neue Fakten.

Auch die weiteren Finanzstrafverfahren wurden begleitet von lautem Mediengetöse, Vorverurteilungen und Mutmaßungen, die ein faires Gerichtsverfahren, in dem Laienrichter über Verurteilung oder Freispruch entscheiden, immer weniger gewährleisten konnten. Diese Art der medialen »Berichterstattung« führte zu einer gerichtlichen Verurteilung Worms, weil er mich bereits im Juli 1991, Monate vor meiner tatsächlichen Verurteilung, in einem Artikel der Steuerhinterziehung bezichtigt hatte. In zweiter Instanz wurde er deshalb zu einer Geldstrafe von 48.000 Schilling verurteilt. Auch eine Klage Worms gegen die Republik Österreich, die er 1993 wegen seiner Verurteilung bei der Europäischen Kommission für Menschenrechte einbrachte und in der er sein »Recht auf freie Meinungsäußerung« geltend machte, scheiterte. Die europäischen Richter entschieden am 29. August 1997 mit sieben zu zwei Stimmen, der »profil«-Artikel sei geeignet gewesen, die Meinung der Laienrichter im Verfahren gegen mich zu beeinflussen. Auch Menschen, die – wie Minister – im öffentlichen Rampenlicht stünden, hätten »wie alle anderen Personen das Recht, einen fairen Prozess garantiert zu bekommen«. Die Verurteilung Worms könne daher als »in einer demokratischen Gesellschaft notwendig« angesehen werden. Worm ließ übrigens 2004 in einem »News«-Gespräch mit mir meine Darstellung unwidersprochen, dass die Vorwürfe gegen mich im Zusammenhang mit dem AKH-Skandal ein weiterer Versuch Kreiskys gewesen waren, mich aus der Politik zu drängen: »*Heute weiß man, dass das AKH die Korruptionsgeschichte eines Managers war ... Während Frau Partik-Pablé als Untersuchungsrichterin das AKH dazu nutzte, politische Karriere zu machen, wollte man mich ausschalten bis zur Existenzvernichtung.*« Und er bestätigte mir, dass das gegen mich angestrengte Verfahren von A bis Z getürkt war. Diese Feststellung habe ich mehrmals in der Öffentlichkeit wiederholt, ohne dass jemals widersprochen worden wäre.

Auch abseits der Medien wurde meine öffentliche Demontage fortgesetzt, selbst in meiner eigenen Partei. Aus Anlass der Feiern zu »100 Jahre Sozialdemokratie« gab es eine Ausstellung über »Die ersten 100 Jahre«. In einer Vitrine war ein blauer Nadelstreifanzug zu sehen, dessen weißes Futter mit einer Reihe von Skandalen beschriftet war. Bei einer Führung erklärte der Sprecher der Ausstellung, dieser Anzug wäre von mir. In der Redeanleitung für die Führung war folgender Satz enthalten: »Die Sozialdemokratie an der Regierung ist auch nicht von Korruption und den Verlockungen der Macht frei. Ein Originalanzug von Hannes Androsch mit einer gar nicht so reinen Weste soll das verdeutlichen.« Über Anfrage wurde erklärt, ich hätte den Anzug selbst zur Verfügung gestellt – tatsächlich war es ein Jugend-Anzug von Fürst Schwarzenberg, den man sich zu diesem Zweck ausgeborgt hatte. In einem Schreiben an den Parteivorsitzenden Vranitzky – er war Sinowatz 1988 auch in dieser Funktion gefolgt und hatte sie dann bis 1997 inne – ersuchte ich um Prüfung des Sachverhalts. Daraufhin ließ Vranitzky diese Informationen aus dem Verkehr ziehen, die Vitrine samt Anzug entfernen und sein Bedauern zum Ausdruck bringen.

Vorerst gab es auch vor Gericht einen weiteren Rückschlag für mich: Der Oberste Gerichtshof bestätigte am 25. März 1993 im Wesentlichen meine Verurteilung vom Oktober 1991. Nun ist eine Entscheidung eines Höchstgerichtes der Republik Österreich immer zu respektieren und zu akzeptieren, ich weise aber noch einmal darauf hin, dass die Verurteilung durch das Landesgericht für Strafsachen Wien zu einem Zeitpunkt erfolgte, als die Gerichte an Steuerbescheide der Finanzbehörden gebunden waren und die darin festgestellte Steuerhinterziehung als Tatsache übernehmen mussten. Lediglich für die Jahre 1973 und 1974 gab der OGH meinem Einwand recht, dass bereits Verjährung eingetreten war. Die Geldstrafe wurde daher neu bemessen und mit 1,7 Millionen Schilling festgelegt, der angeblich nicht versteuerte Betrag reduzierte sich auf 6,1 Millionen Schilling. Zuvor waren über 30 Millionen behauptet worden – und zwar aus verdeckten Gewinnausschüttungen, wobei die Behörden selbst einschränkten, dass auch nicht annähernd ein Gewinn in dieser Höhe vorliegen hätte können. Trotzdem wurde die Ausschüttung eines erst gar nicht erzielbaren Gewinns als verdeckt behauptet.

1993: Teilweise Aufhebung der Steuerbescheide

Zwei Monate nach diesem Spruch des Obersten Gerichtshofes erreichte ich dann einen großen Erfolg: In letzter Instanz entschied der Verwaltungsgerichtshof – auch dieser Spruch ist wie jeder eines Höchstgerichtes zu respektieren und zu akzeptieren – am 26. Mai 1993 wesentlich differenzierter. Er hob die Steuerbescheide der Finanzbehörden in weiten Teilen auf, vor allem hinsichtlich zweier Vorwürfe: Auf den in Frage stehenden Konten handle es sich um unversteuertes Geld und beim Kauf des Anteils eines aus der Consultatio ausscheidenden Miteigentümers sei eine verdeckte Gewinnausschüttung vorgelegen.

Bezüglich der Einschätzung, auf den in Frage stehenden Wertpapierkonten handle es sich um von mir dort unversteuert angelegtes Geld, stellte das Höchstgericht unmissverständlich klar, es sei »*sauber zu trennen*«, wer tatsächlich über die Konten verfügte und woher die auf den Konten liegenden Gelder stammten. Während die Finanzbehörden immer wieder argumentiert hatten, Steiner wäre »arm und vermögenslos« gewesen, schon aus diesem Grund müssten die fraglichen Konten mir gehören, hatten für den Verwaltungsgerichtshof die tatsächlichen Vermögensverhältnisse Steiners keine Relevanz.

Besonders deutlich wurde das Höchstgericht in einem Punkt: »*Aus rechtsstaatlicher Sicht sehr bedenklich war die vom Beschwerdeführer gleichfalls gerügte mediale Aufbereitung seines Verfahrens. Durch die Veröffentlichung und publikumswirksame Aufbereitung dem Amtsgeheimnis unterliegender Sachverhalte wurde der Beschwerdeführer in seinen Rechten fraglos verletzt. Seiner Beschwerde gegen den angefochtenen Bescheid ist mit dieser Feststellung freilich nicht geholfen. Dass die Veröffentlichung und Kommentierung von Einzelheiten aus den Steuerakten des Beschwerdeführers das Ergebnis des vor dem Verwaltungsgerichtshof angefochtenen Bescheides in der Weise beeinflusst hat, dass die belangte Behörde zu einem anderen Bescheid hätte kommen können, wenn derlei unterblieben wäre, lässt sich nicht feststellen.*«

Meine erste Reaktion: »*Jetzt werde ich um meine totale Rehabilitierung kämpfen!*« Der »Kronen-Zeitung« antwortete ich auf die Frage, was ich jetzt fühle: »*Vor allem Freude. Dass meine Freunde, meine Familie bestätigt worden sind im Vertrauen, das sie in mich gesetzt und niemals verloren haben. Dass all jene, die in eine ähnliche Situation kommen, wissen, dass es eine Instanz gibt, auf die sie sich verlassen können: den Verwaltungsgerichtshof. Und dass es sich lohnt zu kämpfen.«* Ähnlich interpretierten die Schlagzeilen zahlreicher Medien den Spruch des Höchstgerichtes: »Kronen-Zeitung«: *»Androsch: Sieg im Steuer-Verfahren!«* »Kurier«: *»Androsch-Steuerbescheide teilweise aufgehoben«.* »Kleine Zeitung«: *»Androsch: Teilerfolg«.* »Die Presse«: *»Teilerfolg für Androsch vor Höchstgericht«.* »Der Standard«: *»Wende im Steuerfall Androsch – Verwaltungsgerichtshof hob Bescheide auf – Strafverfahren werden neu aufgerollt«.* Am 18. Juni berichtete der »Standard«, Finanzminister Lacina sehe nach der jüngsten Entwicklung *»keinen Handlungsbedarf«.* Zur Aufhebung von Steuerbescheiden, die ein Strafverfahren gegen mich zur Folge hatten, erklärte ein Sprecher Lacinas: *»Wir unternehmen gar nichts, sondern haben sehr geachtet, dass davon nichts in unser Haus kommt.«* Keinesfalls würden irgendwelche Weisungen an Behörden ergehen. Die bereits »als Rute im Fenster« erwähnten Strafrechtsdrohungen gegen hohe Finanzbeamte waren zu dieser Zeit allerdings weiterhin aufrecht.

Comeback in der Politik?

Nach der für mich positiven Entscheidung des Verwaltungsgerichtshofes spekulierte der »Kurier« am 18. Juni 1993 in einem groß aufgemachten Artikel über mein mögliches Comeback in der Politik. Unter anderem wurde SPÖ-Bundesgeschäftsführer Peter Marizzi zitiert: *»Als stellvertretender Obmann einer der stärksten Bezirksorganisationen der SPÖ war er ja ohnedies immer politisch tätig. Wenn er will, kann er sich selbstverständlich bei den Vorwahlen für ein Nationalratsmandat bewerben.«* In »News« stellte ich klar: *»Ich strebe das nicht an, ich werde meinen Freunden davon abraten. Ein praktisches Comeback-Szenario kann ich mir nicht vorstellen.«* Der Floridsdorfer SPÖ-Abgeordnete Kurt Eder wünschte sich in »News«: »*Am liebsten würde ich Androsch sofort wieder für uns im Nationalrat sehen!*« Auch im »profil« vom 28. Juni 1993 wurde über meine angeblichen Ambitionen einer Rückkehr in die Politik berichtet. Anton Benya meinte dazu in »News«, er glaube trotz meiner teilweisen Rehabilitierung durch das Höchstgericht nicht an mein politisches Comeback: »*Das wäre nur Munition für die Gegner der SPÖ.*«

Während sich die Finanzbehörden nach der Entscheidung des Verwaltungsgerichtshofes nun neuerlich mit meinen Steuerbescheiden befassen mussten, wurde in den Medien weiter über mein mögliches politisches Comeback spekuliert. Vor allem angesichts der Nationalratswahl am 9. Oktober 1994, bei der die SPÖ eine schwere Niederlage erlitt: Sie stürzte um fast 8 Punkte auf knapp 35 Prozent ab, die ÖVP um 4,4 auf 27,6. Die FPÖ gewann 5,8 Prozentpunkte auf 22,5 hinzu, die Grünen 2,5 auf 7,3, das Liberale Forum schaffte mit knapp 6 Prozent erstmals den Einzug in den Nationalrat. Bereits im Vorfeld stellte ich zu Gerüchten über mein Comeback in der »Wirtschaftswoche« klar, »*man solle niemals nie sagen, aber es müssten schon ganz besondere Konstellationen und Gründe vorliegen, dass so etwas überhaupt erwägenswert wäre*«. Ähnlich zu »News« am 8. Februar 1995: Ich hätte »*heute keine Ambitionen*«, die Wahrscheinlichkeit dafür setzte ich mit einem »*nicht quantifizierbaren Restrisiko*« an. Eine Rückkehr in die Politik würde ich nur erwägen »*in einer bestimmten Situation, von der ich hoffe und annehme, dass sie nicht eintritt*«. Voraussetzung wäre nicht nur der »*Ruf der Partei*«, sondern auch ein »*Basis-Konsens*« bei »*anderen gesellschaftlichen und politischen Kräften*«. Auf die jüngsten Aussagen Vranitzkys über mich (»*ein grantelnder Pensionist*« mit »*Kurzzeitgedächtnis*«) erwiderte ich: »*Zu den Äußerungen von Bundeskanzler Franz Vranitzky über mich fällt mir nichts ein.*«

Am 16. Februar 1995 dementierte ich in der »Presse« eine Rückkehr in die Politik dezidiert: »*Ich bin ein politisch denkender Unternehmer, strebe aber selbst kein politisches Amt mehr an*«

und wolle meine unternehmerische Basis ausbauen. Die Spekulationen mich betreffend hörten aber nicht auf: Im »Kurier« wurde eine Umfrage des Meinungsforschungsinstitutes »Integral« über die Zustimmung der Bevölkerung zu Alternativen zu den Parteichefs Vranitzky und Busek veröffentlicht. Dabei wünschten sich bei der SPÖ 26 Prozent mich als neuen Parteiobmann, 12 Prozent Verkehrsminister Viktor Klima, 11 Prozent Innenminister Franz Löschnak und 9 Prozent Finanzminister Lacina. Dieser wurde nach neunjähriger Amtszeit nach der Wahl aber ebenso abgelöst wie Löschnak (durch Caspar Einem).

Staribacher: Ein »neuer Fall Androsch«?

Dem neuen Finanzminister Andreas Staribacher, der wie ich Steuerberater und Wirtschaftsprüfer war, wünschte ich viel Glück für seine neue Tätigkeit. Für mich war es völlig verständlich, dass er sich für seine Kanzlei ein Rückkaufsrecht gesichert hatte. »*Ich wünsche und hoffe, dass es diesmal nicht die gleiche Heuchelei und politische Heckenschützerei ist, wie sie bei mir nach 10 Jahren plötzlich stattgefunden hat. Ein Steuerberater darf nicht deshalb seine Existenz verlieren, nur weil er Finanzminister ist.*« Steuerberater müssten natürlich grundsätzlich auch Finanzminister werden können, es dürfe aber keinen Interessenkonflikt geben. In diesem Zusammenhang bestätigte Ex-Rechtsanwaltskammerpräsident Walter Schuppich noch einmal, ich hätte ihn und die zwei anderen Treuhänder der Consultatio ausdrücklich »*weisungsfrei gestellt*«. Nach dem Treuhandvertrag war ich »*nicht berechtigt gewesen, irgendwelche Anweisungen zu geben*«. Ich regte eine »Politiker-Besoldungsreform« an, um mehr Unternehmer oder Freiberufler in die Politik zu bringen. »*Seit meinem Abgang aus der Politik war der Nationalrat nicht fähig, klare Regeln dafür aufzustellen. Das bringt ein Durcheinander, das schlecht ist, weil Leute mit Qualifikationen weiterhin öffentliche*

Aufgaben übernehmen sollten. Aber es muss ihnen die Rückkehr
in ihren bürgerlichen Beruf möglich sein. Sonst sind Beamte oder
Kammerbedienstete im Vorteil.« Gegenteiliger Ansicht war natürlich Jörg Haider, der diesen »krassen Fall der Unvereinbarkeit«
als »neuen Fall Androsch« bezeichnete. Was ihn nicht daran
hinderte, mich ein halbes Jahr später im Oktober 1995 in »News«
ganz anders zu charakterisieren: »*Androsch wäre mein Wirt-*
schaftszampano mit einem neuen Superressort. Das ist nicht un-
realistisch.«

Staribacher, Sohn von »Urgestein« Josef Staribacher, blieb
freilich nicht einmal ein Jahr im Amt und schaffte es erstmals, als
Finanzminister kein einziges Budget zu erstellen. Der Busek nach-
folgende neue ÖVP-Obmann und Vizekanzler Wolfgang Schüssel
hatte maßgeblichen Anteil an der kürzesten Legislaturperiode der
Zweiten Republik; die neue Regierung konnte sich nicht auf ihr
erstes Budget einigen, am 17. Dezember 1995 gab es schon wieder Neuwahlen. Bei diesen konnte die SPÖ mehr als 3 Prozent
zulegen und erreichte über 38 Prozent, ein Wahlerfolg, der Vranitzky dank Schüssels unpopulärem Coup, die Wahl vorzuverle-
gen, gelang. Auch die ÖVP gewann etwas dazu, alle Oppositions-
parteien inklusive der scheinbar unaufhaltsamen Haider-FPÖ
verloren. Nachfolger des für die Politik offenbar nicht wirklich
geeigneten Staribacher als Finanzminister wurde Viktor Klima.
Im Jänner 1997 folgte er Vranitzky als Kanzler nach. Bereits ein
knappes Jahr zuvor hatte ich mich endgültig aus der Parteipolitik
verabschiedet. Nach Diskussionen im Parteivorstand der SPÖ
Floridsdorf kündigte ich an, bei der kommenden Bezirkskonfe-
renz nicht mehr zu kandidieren. Damit endete meine Zeit als
stellvertretender Parteivorsitzender der SPÖ Floridsdorf nach
33 Jahren. Seitdem bin ich einfaches, aber kritisches Mitglied der
SPÖ, und wie viele andere auch schmerzt mich ihr Niedergang.

Neue Steuerbescheide, neue (Vor-)Verurteilung

Während dieser politischen Entwicklungen beschäftigten sich die Finanzbehörden wieder intensiv mit vier meiner Steuerbereiche: Zurechnung der fast schon berühmten Wertpapierkonten, Herkunft der Gelder, den Kauf der Geschäftsanteile eines aus der Consultatio ausscheidenden Gesellschafters sowie Verkauf meiner Wirtschaftstreuhänderkanzlei an die Consultatio. Obwohl diese Betrachtungsweise vom Verwaltungsgerichtshof ausdrücklich abgelehnt wurde, machten die Finanzbehörden erster Instanz wieder die Vermögensverhältnisse Steiners zum Thema. Die von mir beantragte Vernehmung von Zeugen, die sein hinreichendes Vermögen bestätigen hätten können, wurde abgelehnt. Im Gegensatz dazu wurden jetzt Zeugen ausfindig gemacht, die behaupteten, Steiner wäre arm, unbeholfen und lebensunfähig gewesen.

Für beide abweichenden höchstgerichtlichen Entscheidungen (1993 negativ für mich, 1995 positiv für mich) waren dieselben Steuerbescheide der Finanzbehörden die Grundlage gewesen, an welche der beiden waren die Finanzbehörden nun im neuerlichen Verfahren gebunden? Die Finanzbehörden mussten feststellen, *»auf die Frage, welcher Bindungswirkung Vorrang zukomme, finde sich in Rechtsprechung und Literatur keine Antwort«.* Sie lösten den Konflikt so: Eine Entscheidung des Verwaltungsgerichtshofes liege im rechtlichen Bereich, eine Bindung an ein strafgerichtliches Urteil im Tatsachenbereich. Hebt also der Verwaltungsgerichtshof einen Bescheid wegen Rechtswidrigkeit seines Inhaltes auf, ist die Finanzbehörde im weiteren Verfahren an die Rechtsansicht des Verwaltungsgerichtshofes gebunden, auch wenn ein Strafurteil eine andere Rechtsansicht vertritt. Hebt allerdings der Verwaltungsgerichtshof einen Bescheid wegen Rechtswidrigkeit infolge Verletzung von Verfahrensvorschriften auf, etwa wegen nicht genügend erhobener oder erwiesener Tatsachen, besteht für die Finanzbehörden dann keine Bindung an die Entscheidung des Verwaltungsgerichtshofes, wenn ein Strafurteil denselben Sachverhalt festgestellt hat wie ursprünglich die Finanzbehörden in ihrem eigenen Bescheid.

Für meinen konkreten Fall hieß das: Der ursprüngliche Bescheid der Finanzbehörde stammte vom 23. März 1990, meine strafgerichtliche Verurteilung erfolgte am 8. Oktober 1991. Die endgültige Entscheidung über das Strafurteil fällte der Oberste Gerichtshof am 25. März 1993. Der Verwaltungsgerichtshof entschied endgültig am 26. Mai 1993. Da die Steuerbescheide zeitlich vor dem Strafurteil erlassen wurden, konnte und durfte der Verwaltungsgerichtshof bei seiner abschließenden Beurteilung dieser Steuerbescheide die zeitlich späteren strafgerichtlichen Tatsachenfeststellungen nicht miteinbeziehen.

Und wieder: Bereits zwei Monate vor der Entscheidung der Finanzlandesdirektion für Wien, Niederösterreich und Burgenland als Berufungsbehörde über meine Steuerbescheide am 7. Juli 1995 berichtete »News«, für das Worm inzwischen tätig war, am 10. Mai 1995, ich sei nun doch der Steuerhinterziehung für schuldig befunden worden und werde demnächst einen rechtskräftigen Bescheid zur Zahlung meiner Steuerschuld von 6,8 Millionen Schilling erhalten. »*Die endlose Geschichte von Androschs Steuerverfahren nähert sich somit ihrem Ende. Androsch kann noch einmal beim Verwaltungsgerichtshof berufen, der Steuerbescheid sei diesmal freilich – so die Behörde – ›wasserdicht‹.*« Dass ich den Betrag von 6,8 Millionen schon Anfang der Neunzigerjahre bezahlt hatte, wusste Worm offensichtlich nicht. Am selben 10. Mai 1995 charakterisierte ich in einem ORF-Radio-Interview die jüngsten Entwicklungen als einen seit 15 Jahren laufenden Versuch, »*etwas seitens der Finanzlandesdirektion Wien zu konstruieren, entgegen der ausführlichen Begründung im Erkenntnis des Verwaltungsgerichtshofes*«.

An Nebenfronten erzielte ich juridische Teilerfolge: Das Landesgericht für Strafsachen Wien gab meinem Wiederaufnahmeantrag statt und stellte das Finanzstrafverfahren am 26. März 1996 teilweise ein. Damit verringerte sich der angeblich hinterzogene Betrag neuerlich von 6,1 Millionen Schilling auf etwa 4,1 Millionen, am 21. Mai 1996 reduzierte im wiederaufgenommenen Strafverfahren ein Schöffensenat des Landesgerichtes für Strafsachen Wien die Strafe wegen meiner angeblichen Steuerhinterziehung um 300.000 Schilling auf 1,5 Millionen. Wie der Vorsitzende des Schöffensenats in seiner Urteilsbegründung allerdings festhielt, sei eine inhaltliche Prüfung der Causa nach dem rechtskräftigen Spruch des Obersten Gerichtshofes nicht mehr möglich. *»Die in der letzten Hauptverhandlung vorgebrachten Beweisanträge des Angeklagten Dr. Hannes Androsch, die sämtliche auf eine Wiederholung des bereits abgeführten Beweisverfahrens abzielten, waren, da das Gericht ja wie dargestellt an den rechtskräftig verbliebenen Teil des Schuldspruches gebunden war, eine Neudurchführung des Beweisverfahrens somit nicht mehr statthaft ist, abzuweisen.«*

Die »korrigierten« Steuerbescheide bekämpfte ich neuerlich beim Verwaltungsgerichtshof. Der bestätigte in seiner Entscheidung vom 24. September 1996 die neuen Steuerbescheide der Finanzbehörden in allen Punkten, und zwar unter Berufung auf seine Bindung an das Strafurteil im Finanzstrafverfahren. Hätte der Verwaltungsgerichtshof eigenständig und möglicherweise anders entschieden, hätte die Wiederaufnahme des gesamten Strafverfahrens und damit meine volle Rehabilitierung bewirkt werden können. Der Verwaltungsgerichtshof schloss sich aber den Bescheiden der Finanzbehörden und deren Fixierung auf eine Bindung an vorangegangene Strafurteile an. Er sah es als unbedenklich an, dass sich zunächst das Strafgericht auf Steuerbescheide der Finanzbehörden stützt und dann umgekehrt wiederum die Finanzbehörden eine Korrektur dieser Bescheide unter Berufung auf das Strafurteil ablehnen. Und das sogar dann, wenn den Finanzbehörden eine Korrektur dieser Steuerbescheide vom Verwaltungsgerichtshof aufgetragen wurde! Rechtsstaatlich schlicht eine Ungeheuerlichkeit!

Nach dieser Entscheidung des Verwaltungsgerichtshofes gab es juristisch nicht mehr viele Möglichkeiten, wie mein Anwalt Georg Riedl in seiner ersten Stellungnahme am 17. Oktober 1996 sagte. Auch die von mir geforderte vollständige Einsicht in meine Finanzakten wurde am 29. April 1998 abgelehnt, da wegen angeblicher Verletzung berechtigter Interessen Dritter Schriftstücke davon ausgenommen wurden. Außerdem war laut zuständigen Finanzbehörden »*ein Teil der Schriftstücke nicht mehr auffindbar*«.

Nach der letzten Entscheidung des OGH meinte dessen Präsident ebenso entbehrlich wie decouvrierend: »*Damit ist die Akte Androsch geschlossen!*« Wahrlich ein Beispiel für politische Justiz!

Meine justiziellen Schriftstücke waren maßgeblich vom früheren Generalanwalt und OGH-Präsidenten Franz Pallin, die steuerrechtlichen Eingaben vom früheren Vorsitzenden eines der beiden Finanzsenate des Verwaltungsgerichtshofes, Karl Frühwald, verfasst worden. Beide waren fassungslos über das Verfahren und die getroffenen Entscheidungen. Pallin hat in einem langen Beitrag in den »Salzburger Nachrichten« seinem Unmut Luft gemacht. Daraufhin wurde er von seinem Nachfolger in seinem Amt pikiert gefragt, ob dieser Beitrag notwendig gewesen wäre. Der Inhalt selbst wurde nicht in Frage gestellt.

Oft wurde und wird die Frage aufgeworfen, ob mein Steuerverfahren und meine strafgerichtlichen Verurteilungen wirklich rechtsstaatlich korrekt abgelaufen sind. Noch heute ist das, was mir seitens der Justiz und der Verwaltungsbehörden widerfahren ist, Anlass zum Nachdenken. So schrieb ein Leser der »Presse« am 29. April 2008 folgenden Leserbrief: »*Ich finde, dass jetzt endlich für die österreichischen Historiker und Rechtsgelehrten die Zeit gekommen ist, über dieses 16 Jahre benötigte Justizverfahren gegen Herrn Dr. Hannes Androsch eine objektive juristische und historische Untersuchung anzustellen. Die Frage, die sich allen Zeitungen stellt: War es wirklich in unserer Zweiten*

Republik möglich, einen derartigen politischen Schauprozess zu führen? Vor allem die strafrechtliche Verurteilung des Herrn Dr. Hannes Androsch wegen falscher Zeugenaussage im Zuge des AKH-Untersuchungsausschusses ist mir mit der gesamten Heimtücke des damaligen Verfahrens in übler Erinnerung. ... Österreichische Historiker und Rechtsgelehrte, ihr seid gefordert, diesen Fall endlich objektiv zu untersuchen.«

Meine höchst subjektive Zusammenfassung: Die schweren Rechtsbeugungen und Rechtswidrigkeiten zeigen, dass die Verfahren gegen mich von langer Hand geplant, vorbereitet und inszeniert waren. So hat mir auch ein hochrangiger Vertreter der Justiz konstatiert: »*Ich kenne kein Verfahren, in dem alles in so bedenklicher Weise und zum Nachteil von jemandem entschieden wurde.*«

Mit den gegen mich angestrengten justiziellen Verfahren gelang es der »Jagdgesellschaft«, die sich gegen mich zusammengeschlossen hatte, meine Rückkehr in die Politik zu verhindern. Für mich sollte es aber, im Rückblick gesehen, letztlich kein Nachteil sein. Und mundtot machen habe ich mich auch nicht lassen, und so habe ich in meinem Selbstverständnis als Citoyen meine Meinung zu Entwicklungen in Politik und Wirtschaft weiterhin öffentlich kundgetan und mich vielfältig im Interesse unseres Landes engagiert.

8. Berater, Investor, Industrieller: 1989 ff.

Es wäre Selbsttäuschung zu leugnen, dass ich 1989, nach meinem Ausscheiden aus der CA, schwer getroffen war. Da halfen so positive Bilanzen wie das internationale Echo am Ende meiner Ministertätigkeit oder der anerkennende Bericht des Rechnungshofes über meine Tätigkeit in der CA nur beschränkt. Noch dazu gingen die Attacken auf mich und die Verfahren gegen mich ja weiter, und zwar geschlagene sieben Jahre. Aber ich habe niemals aufgegeben. Wenn man sich so ungerecht behandelt fühlt wie ich, entwickelt man Energien, die wahrscheinlich sonst nie zum Einsatz kämen.

Was also jetzt tun? Die Antwort erleichterte mir die Tatsache, dass ich von Jugend an eine ganzheitliche Betrachtung der Welt gelernt habe. Dadurch, dass meine Eltern Steuerberater waren, bin ich von Kindesbeinen an im praktischen Geschehen aufgewachsen. Gleichzeitig wuchs ich auch in einem informierten und interessierten sozialdemokratischen Milieu auf. Ich war zudem bestens vernetzt an den Schnittstellen zwischen Politik und Wirtschaft, auch in den Bereichen Kultur und Sport gab es vielfältige Kontakte. Gesellschaftliche Veränderungen habe ich immer auch in ihren internationalen Wechselwirkungen umfassend zu verstehen versucht. Das war für meine künftigen wirtschaftlichen Tätigkeiten sehr wertvoll, sowohl für die beratenden als auch für die unternehmerischen. Mir ging es stets primär um Gestaltung, sowohl in der Politik als auch in der Wirtschaft.

Meine Rolle als Investor

Dieses Verständnis ist anders, als es das eines Managers im operativen täglichen Geschäft sein muss. Ich verstehe mich daher auch nicht als Manager, sondern als strategischen Investor, als Kernaktionär. Mit der Überzeugung, dass Unternehmen möglichst dauerhafte Wirkung zeigen sollen, in Verantwortung für die Mitarbeiter, Finanziers, Kunden, aber auch der Gesamtgesellschaft. Im Idealfall sollte es zwischen Shareholder Value, Jobholder Value und Stakeholder Value, also zwischen den Kapitalgebern, den Mitarbeitern und jenen, die sonst von der Entwicklung betroffen sind, stets eine gute Verbindung geben. Mein Verständnis ist, dass jeder Eigentümer auch soziale Verantwortung trägt. Bei einem Betrieb ist diese Verantwortung systemisch auszulegen, weil sie nicht nur gegenüber den Mitarbeitern eines einzelnen Standorts, sondern gegenüber dem Unternehmen in seiner Ganzheit und auch gegenüber der Gesellschaft wahrzunehmen ist. Zu dieser Verpflichtung bekenne ich mich und nehme sie auch in diesem Sinne wahr. Von einer Kuh kann man aber nicht mehr Milch bekommen, als sie geben kann. Sie wird auch nicht im Himmel gefüttert, um auf Erden gemolken zu werden. Meine Verantwortung als Industrieller besteht darin, Entscheidungen daraufhin zu prüfen und umzusetzen, dass die Unternehmen wettbewerbsfähig bleiben und auch in Zukunft bestehen können. Das ist die nachhaltigste Möglichkeit für die Sicherung von Arbeitsplätzen. Dies erfordert, Risiko zu übernehmen, damit zu wagen, aber ebenso zu wägen, jedenfalls zu unternehmen und nicht zu unterlassen, auch wenn es bei manchen Geschäften besser ist, diese nicht zu machen.

Nach meinem Ausscheiden aus der CA 1988 stand ich vor einer nur scheinbar banalen räumlichen Frage: wohin? Ich hätte zwar jederzeit Zimmer in den Räumen der Consultatio in Floridsdorf beziehen können, aber es ergab sich eine bessere Lösung: Peter Weiser hatte zwei Zimmer in der von ihm geleiteten Energieverwertungsagentur (EVA) am Opernring frei, dort, wo die 1989 gegründete AIC (Androsch International Management Consulting GmbH) jetzt noch tätig ist. Im Sommer 1988 zog ich ein, davor hatte ich fünf Monate lang meine Besprechungen hauptsächlich in Kaffeehäusern und Restaurants abgehalten, ein unbefriedigender Zustand. Der anfängliche Platzmangel fiel etwas weniger ins Gewicht, weil ich 1988 und 1989 als Berater der Weltbank international viel unterwegs war, vor allem als Missionschef für ein Projekt in Botswana.

Die Bilderberger

Diese Aufgabe vermittelte mir ein Bekannter aus dem Bilderberger-Kreis. Erstmals wurde die Bilderberger-Konferenz, ein informelles, privates Treffen von Persönlichkeiten aus Politik, Wirtschaft, Medien, Wissenschaft, aus Gewerkschaften und Militärs, im Mai 1954 auf Einladung von Prinz Bernhard der Niederlande in dem damals ihm gehörenden Hotel Bilderberg im niederländischen Oosterbeek veranstaltet. Das erste Treffen entstand aus der Befürchtung, Westeuropa und Nordamerika könnten in der Nachkriegszeit nicht so eng wie nötig zusammenarbeiten.

Heute werden die Teilnehmer so ausgewählt, dass laut Organisatoren eine »wohlinformierte, ausgeglichene Diskussion« über die vorgegebene Tagesordnung sichergestellt sein soll. Gesprochen wird Englisch. Es gilt wie bei ähnlich global ausgerichteten Treffen die Chatham House Rule: Es kann allgemein berichtet, aber nie mit Namen zitiert werden. Dass sich bis heute um die Treffen Verschwörungstheorien ranken, liegt an der Struktur: Bei den Bilderbergern handelt es sich um keine formelle Organisation, es existieren weder ein Mitgliederstatus noch ein Gründungsvertrag. Die Tagesordnungspunkte und Teilnehmerlisten werden erst nach den Treffen öffentlich gemacht. Aber in Wirklichkeit – ich habe etwa zehn Mal an solchen Konferenzen teilgenommen –

sind das Treffen zwischen interessanten, inspirierenden Persönlichkeiten aus der ganzen Welt, wobei eine strenge Diskussionskultur herrscht, damit die Zusammenkünfte ohne zeitliche Leerläufe verlaufen. Ich war einige Jahre für die Abhaltung solcher Treffen in Österreich verantwortlich, eines fand in Baden bei Wien und eines in Telfs in Tirol statt.

Für die Weltbank in Botswana

Einer dieser Bilderberger vermittelte mir also den Auftrag zur Leitung der Beratungsarbeit, welche die botsuanische Regierung von der Weltbank angefordert hatte. Botswana ist ein südafrikanischer Binnenstaat, seit 1966 unabhängig, mit etwa zwei Millionen Einwohnern flächenmäßig etwa achtmal so groß wie Österreich. Botswana war auf einem guten Weg, hatte im Vergleich zu anderen afrikanischen Staaten ein hohes Wirtschaftswachstum. Dies auch aufgrund der gleich nach der Unabhängigkeit entdeckten großen Diamantenvorräte, aber auch weil die so gewonnenen Mittel tatsächlich überwiegend in die Entwicklung des Landes investiert wurden. So hat es sich von einem der ärmsten Länder der Erde zu einem Land mit mittlerem Einkommen entwickelt, es verfügt heute über das höchste Kredit-Rating in Afrika und setzt zunehmend auf ökologischen Tourismus. Wegen seiner politischen Stabilität und der stetigen Verbesserung der Lebensumstände – Minuspunkt heute ist freilich die weite Verbreitung von AIDS – wird Botswana oft als ein »Musterland« Afrikas bezeichnet.

Natürlich hat die von mir in der Hauptstadt Gabarone geleitete Mission der Weltbank für den Aufbau der Finanzinfrastruktur nur einen kleinen Beitrag für diesen positiven Weg leisten können – aber immerhin. Dazu kam eine speziell für mich positive Nebenwirkung: Dieser Job war von hohem therapeutischen Wert, ich konnte unter der afrikanischen Sonne in der Kalahari-

Wüste Abstand zu meinem erzwungenen Ausscheiden aus der Bank und der damit verbundenen Treibjagd gegen meine Person gewinnen und wieder Kraft schöpfen. Dazu trug die Schönheit der faszinierenden touristischen Regionen dieses Teils von Südafrika bei, in der mich meine Wege vom Okavango-Becken zu den Victoriafällen und bis nach Zimbabwe führten.

1989 nahm ich über Einladung der Weltbank im April noch an einem Seminar in Peking teil, das die Grundlagen der westlichen Steuersysteme zum Thema hatte. Dabei wurde ich Zeitzeuge des Beginns eines Ereignisses von einer bis heute nachwirkenden Tragweite. Von einem Tempel aus konnte ich am Samstag, dem 22. April 1989, die Trauerkundgebung Tausender Pekinger Studenten auf dem Tiananmen-Platz für den kurz zuvor verstorbenen Reformpolitiker und Politbüro-Mitglied Hu Yaobang beobachten, ein Vorzeichen für den Ausbruch der studentischen Revolte, die sechs Wochen später von Panzern erstickt werden sollte.

Berater – vor allem für Osteuropa

Zurück in Wien, widmete ich mich voll der Beratertätigkeit im Rahmen meiner neuen Firma AIC. Noch während meiner Tätigkeit bei der Weltbank war ich auch Konsulent für Simon Moskovics, der nach seiner Flucht aus Ungarn mit der Bank Winter eine der größten privaten Banken Österreichs aufgebaut hatte. Für ihn vermittelte ich etwa Leasinggeschäfte mit den ÖBB. Ich konzentrierte mich auf den Aufbau von Tochterfirmen und Repräsentanzen meiner neu gegründeten AIC in Bulgarien und Ungarn, in Prag und Moskau, in Bratislava und Berlin. In den ersten Jahren lief das Geschäft sehr gut, ich konnte auf ein exzellentes Netzwerk aus meinen früheren Tätigkeiten aufbauen. In der Zweigstelle in Berlin nutzte ich etwa vor allem meine guten Kontakte zu dem ehemaligen DDR-Außenhandelsminister Gerhard Beil. Ich bereiste ganz Osteuropa, erlebte den friedlichen Umsturz in Prag, lernte noch immer mächtige Ex- und Wieder-Präsidenten kennen, Rumäniens Ion Iliescu, Kroatiens Franjo Tudjman, Bosnien-Herzegowinas Alija Izetbegović und andere mehr.

Daneben gab es noch mein anderes geschäftliches Standbein, die Consultatio, der ich weiterhin als Partner angehörte, wenngleich meine Berufsbefugnis seit meiner politischen Amtszeit weiterhin ruhte. Die Kanzlei expandierte bereits 1989 nach Ungarn, inzwischen sind Büros in Tschechien, der Slowakei und in Slowenien dazugekommen. Im Laufe der Zeit hatten sich auch die Größenverhältnisse am Opernring verändert, Peter Weiser, inzwischen in Pension, zog mit seiner »Ideenagentur« in einen kleineren Teil des Büros, ich erweiterte die Zimmerzahl. 1993 kam dann Renate Osterode zur AIC, ein Jahr später Ingrid Sauer, dieses Kernteam steht bis heute. In dieser Zeit erlebte die Firma mit ihren Tochterunternehmen im Handels- und Personalberatungsgeschäft jedoch eine erste Flaute: Einige Geschäfte stockten. Herbert Skarke, ehemaliger Direktor der Druckerei für Wertpapiere in der Nationalbank, hat mir kürzlich eine dazu passende Einschätzung aus damaliger Zeit über mich erzählt: Der mache zwar viel, sei aber in Wirklichkeit finanziell schwach. So schlimm war es zwar nicht, aber ganz falsch war es auch nicht. Bis AT&S kam und damit mein Einstieg in meine industrielle Tätigkeit.

1994: Die Übernahme von AT&S

Angefangen hat dieses Kapitel im Ausseerland. Über den Bad Ausseer Manfred Zand, einen leitenden CA-Mitarbeiter in der Obersteiermark, lernte ich bei einem seiner viel besuchten Tennisturniere für Kunden Helmut Zoidl und Willibald Dörflinger kennen. Der eine kaufmännischer, der andere technischer Geschäftsführer der Firma AT&S (Austria Technologie & Systemtechnik AG). Das Unternehmen war, wie sie mir damals erzählten, 1987 aus drei Teilunternehmen entstanden, einer Gesellschaft der Körting Elektronik in Fehring (Leiterplatten für Fernseher), einer ehemaligen Eumig-Firma in Fohnsdorf und einer Betriebsstätte der VÖEST in Leoben. Die Firmen standen im Eigentum der ÖIAG, allerdings passten sie nicht in deren Großkonzept. Ich regte gesprächsweise an, doch ein Management-Buy-out in Erwägung zu ziehen.

Dann hörte ich von den beiden lange nichts. Plötzlich, im Frühjahr 1994, suchten Zoidl und Dörflinger erneut mit mir Kontakt. Sie waren schon früher bei Hugo Michael Sekyra gewesen, den Minister Streicher zum Chef der ÖIAG gemacht hatte und der aus der Verstaatlichten einen europäischen Industriekonzern machen wollte. Sekyra hatte kein Interesse an ihrem Plan, die Firma im Zuge eines Management-Buy-outs zu übernehmen. Ob ich sie nunmehr bei der Erreichung ihres Zieles unterstützen könnte? Sie brachten mir dabei auch ihre Zukunftspläne nahe: die AT&S auf kleine, dünne Leiterplatten zu spezialisieren, geeignet für die erst später richtig anlaufende Handywelle. Die Story klang interessant.

Also pilgerte ich in die Zentrale der ÖIAG, die nach Sekyras Weggang vom Duo Karl Hollweger/Erich Becker geleitet wurde. Die beiden hörten sich meine Argumente zugunsten eines Management-Buy-outs an, kurz darauf meinten sie: »Sag, willst du nicht selber mittun?« Ich sagte zu.

Da keiner von uns über die entsprechenden Mittel verfügte, galt es vorerst, das Finanzierungsproblem zu lösen. Dabei wurde ich mit dem Problem konfrontiert, dass keine Wiener Großbank die Finanzierung übernehmen wollte. Da bekam ich – wieder Aussee! – im Sommer einen Anruf aus meinem Büro: Ludwig Scharinger, Chef der oberösterreichischen Raiffeisenbank, wolle mich sehen, wir hatten bei einem Botschafterempfang vage ein Treffen verabredet. Ich rief in Linz an: »Herr Dr. Scharinger, ich bin in Altaussee, wollen Sie mich vielleicht hier besuchen?« Das haben wir vereinbart, den Termin allerdings habe ich verschwitzt, denn am Tag des vereinbarten Treffens erhielt ich um 17 Uhr – da spielte ich gerade in Bad Aussee Tennis – einen Anruf meiner Frau: »Du, ich glaub, du hast Gäste aus Linz.« Ich wie der Blitz vom Platz und raus aus dem Tennisdress und heim zum wartenden Scharinger. Das ist mir bis heute noch peinlich.

Als ich das nächste Mal mit Zoidl und Dörflinger zusammensaß, einigten wir uns auf ein mögliches Angebot: 90 Millionen Schilling, von jedem ein Drittel. Klestil hätte 100 geboten, aber bar aus einem Koffer, das war der ÖIAG zu heiß. Ich fuhr zu Scharinger nach Linz, er ließ die 800 Seiten starken Pläne überprüfen und willigte dann in eine potenzielle Finanzierung unseres Privatisierungsofferts ein: Nach einer Woche lag die Bankgarantie über 90 Millionen Schilling vor. Das Problem waren aber gar nicht primär diese 90 Millionen, sondern die 600 Millionen Schilling Bankschulden, welche die Firma bei einer Milliarde Umsatz hatte, 100 Millionen davon bei der CA.

Auch mit Scharingers Zusage mussten wir erst einmal die ÖIAG als Eigentümer vom Verkauf überzeugen. Wir gingen zur Aufsichtsratssitzung in ihr Hauptquartier in der Wiener Kantgasse, da saßen an einem langen Tisch im fensterlosen Keller etwa 30 Leute. Zoidl berichtete unsere Pläne, dann fragte mich Engelbert Weckheim von der Ottakringer Brauerei leicht süffisant: »Sagen Sie, Herr Dr. Androsch, warum wollen Sie diese Firma AT&S überhaupt?« – »Weil ich an ihre Zukunft glaube!« Am Montag, dem 4. November, sollte der Aufsichtsrat dann entscheiden. Ich ging mittags über die Kärntner Straße zum Büro, da rief mir meine damalige Assistentin Caroline Weinkamer über die Straße zu: »Wir haben's!« – »Woher weißt du das?« Zoidl hatte sie angerufen, die Betriebsräte hatten ihn informiert, die hatten das wieder von ihren Vertretern im ÖIAG-Aufsichtsrat erfahren. Übrigens: Bis heute haben wir keine offizielle Verständigung, seit inzwischen mehr als 20 Jahren.

Die Erfolgsgeschichte von AT&S

Die AT&S ist eine für Österreich fast einmalige Erfolgsgeschichte: Heute machen wir nicht eine Milliarde Schilling Umsatz wie damals, sondern umgerechnet über neun Milliarden Schilling. Wir haben inzwischen nicht mehr 1000, sondern weltweit fast 8000 Beschäftigte, bald werden es 10.000 sein, wobei der Beschäftigtenstand in den österreichischen Werken über die Jahre nicht nur gehalten, sondern auf 1200 erhöht werden konnte. Daran hatte Willi Dörflinger als Vorstandsvorsitzender entscheidenden Anteil.

Ohne die Internationalisierung gäbe es die AT&S längst nicht mehr. Bereits nach der Privatisierung zu unseren Gunsten ist uns klar geworden, dass die AT&S nur durch eine ständige Modernisierung und Innovationstätigkeit sowie die Expansion nach Fernost, dort, wo der Markt entsprechend wachsen kann und die Kunden vor Ort sind, auf zukunftsstarke Beine gestellt werden kann. Heute exportieren wir zu 90 Prozent in diese Weltregion. Das Geld für die Internationalisierung holten wir uns 1999 über den Gang an den Neuen Markt der Frankfurter Börse, seit 2006 notiert AT&S in Wien. Im Jahr des IPO, des ersten Börsegangs, erwarben wir das größte indische Leiterplattenwerk, das auf Wunsch von Indira Gandhi von einem staatlichen Aluminiumkonglomerat in der Nähe von Bangalore, mittlerweile dem Silicon Valley Indiens, errichtet worden ist. Wir übernahmen das Werk und bauten es aus. Später verankerten wir uns auch in Südkorea. Im Mittelpunkt unseres Interesses stand aber bald China, ich sah mir mit Willibald Dörflinger einige Optionen an, auch in Macao. Bis wir uns dann in einem Vorort von Shanghai auf der Guangdong-Seite als erste Firma auf einem riesigen Acker ansiedelten. Auf einem Sedimentboden, in den man in 30 Meter Tiefe unzählige Rammpfähle einschlagen musste, um für die Fabrik einen tragfähigen Untergrund zu schaffen. Heute ahnt man nichts davon, alles ist dicht verbaut mit anderen Firmengebäuden, darunter die österreichische AVL. Unser unmittelbarer Nachbar ist die Maschinenbaufirma Engel aus Schwertberg in Oberösterreich.

Die AT&S ist noch immer der größte österreichische Investor in China, wo wir seit 2002 in Shanghai eines der modernsten und umweltfreundlichsten Leiterplattenwerke der Welt betreiben. Ein zweites Werk wird demnächst in der Boom-Metropole Chongqing, mittlerweile die größte Stadt der Welt, in Betrieb gehen. Der Produktionsschwerpunkt in diesem Werk, in das in der ersten Phase 480 Millionen Euro investiert wurden – am Ende könnte es eine Milliarde werden –, werden Hightech-Leiterplatten, sogenannte IC-Substrate, sein, die für die zunehmende Miniaturisierung der Mikrochips in immer kleineren Endgeräten, darunter auch für medizinische Einsatzgebiete, etwa in Augen-, Hirn- und Ohrimplantaten oder Herzschrittmachern, geeignet sind. Das Werk in Chongqing, das in technischer Kooperation mit dem weltweit wichtigsten Computerchiphersteller Intel – inzwischen Miteigentümer von AT&S – entstand, steht für den Aufbruch in eine neue Generation von Leiterplatten.

Das AT&S-Investment ist mein bisher erfolgreichstes industrielles Engagement. Die neuen Entwicklungen Richtung Industrie 4.0 und bald 5.0 sowie das Internet aller Dinge eröffnet auch für AT&S Erfolg versprechende Perspektiven. Der Trend zeigt steil nach oben, erfordert aber auch entsprechende innovatorische Anstrengungen. Bereits im abgelaufenen Geschäftsjahr konnten wir überproportional vom starken Wachstum in den Anwendungsbereichen mobile Endgeräte, insbesondere bei Smartphones, und vom immer stärker steigenden Elektronikanteil im Bereich Automotive ganzjährig profitieren. Dies führte zum bisher höchsten Umsatz in der Unternehmensgeschichte. Dieser konnte im abgelaufenen Geschäftsjahr um 13,1 Prozent auf 667 Millionen Euro gesteigert werden, das Konzernergebnis erreichte mit 69,3 Millionen Euro (plus 81,5 Prozent) einen neuen Höchststand. Dank der guten Auftragslage stoßen wir kapazitätsmäßig aber an unser Limit, deshalb gilt unsere volle Konzentration dem neuen Werk in Chongqing. Ab 2016 soll die Produktion starten, der Umsatz könnte sich in den nächsten Jahren um 40 Prozent erhöhen, wie unser CEO Andreas Gerstenmayer meint.

Weltweit ist AT&S heute in Konkurrenz zu Firmen aus Taiwan oder Korea einer der größten Hersteller der Branche, jedenfalls der größte europäische. Wie hoch die Sozial- und Umweltstandards von AT&S sind, zeigt die Tatsache, dass das Unternehmen in den VÖNIX, den Österreichischen Nachhaltigkeitsindex, aufgenommen wurde. Im VÖNIX sind jene börsennotierten Unternehmen gelistet, die unter Berücksichtigung von rund 100 Umwelt- und Sozialkriterien die besten Ergebnisse erzielen. Erfolge der Vergangenheit dürfen aber nie zu Ruhekissen werden. Auch aus diesem Grund besuche ich unsere Standorte regelmäßig – nicht nur als unternehmerische Pflichterfüllung, sondern auch aus Verbundenheit mit der Belegschaft und dem brennenden Interesse für das Ziel, AT&S strategisch zukunftsstark auszurichten. Unterschiedliche Auffassungen über die Erreichung dieses Zieles bewirkten den Absprung von Helmut Zoidl. Die strategische Ausrichtung des Unternehmens hat aber meinem, auch zu einem engen Freund gewordenen, Kompagnon Willi Dörflinger, auch Mister Leiterplatte genannt, und mir recht gegeben. Und mit dieser Vorgabe führen wir beide auch den AT&S-Aufsichtsrat an.

»In jedem Handy ein kleiner Androsch«

In Österreich gibt es die beiden Produktionsstandorte Fehring und Leoben-Hinterberg, zugleich das Headquarter. Technologietreiber sind die Forschungseinheiten in Shanghai und in Leoben-Hinterberg. Jedes AT&S-Werk ist auf ein bestimmtes Technologieportfolio fokussiert. Die Werke in Österreich, Indien und Korea auf kleine beziehungsweise mittlere Serien für den Industrie- und Automobilsektor, die Werke in China vor allem auf

Großserien für Kunden aus der Mobilkommunikations-Industrie. Diese ist nach wie vor unser wichtigster Geschäftszweig. Stark übertrieben dazu die Überschrift eines Artikels in »News«: »In jedem Handy steckt ein kleiner Androsch.«

Die AT&S ist ein österreichisches Unternehmen geblieben und ein Global Player geworden. Die ursprünglichen drei Standorte sind auf zwei geschrumpft, weil wir 2005 die Produktion im Werk Fohnsdorf aus Kosten- und Effizienzgründen in das nur 37 Kilometer Luftlinie entfernte Leoben verlegen mussten. Nur das im Jahr 2003 aus der insolventen AIK Electronics Austria mit rund 100 Mitarbeitern und Mitarbeiterinnen übernommene Leiterplattenwerk in Klagenfurt, in dem mit einseitigen Leiterplatten die einfachste Technologie gefertigt wurde, musste aufgrund des immer größer werdenden Konkurrenzdrucks und eines konjunkturellen Einbruchs in diesem Marktsegment Ende 2013 geschlossen werden. Die Kosten für einen Turnaround wären wirtschaftlich nicht verkraftbar gewesen.

Die immer wieder laut gewordene Kritik, wir würden hiesige Jobs »vernichten« und nach Asien verlegen, geht allerdings ins Leere: Zum Zeitpunkt des Beginns der AT&S-Internationalisierung gab es weltweit drei Milliarden Handys, seither kommen jedes Jahr Millionen neue dazu. Höchstens ein Zehntel dieses Marktes liegt in Europa, mindestens 80 Prozent in Asien. Ohne die asiatischen Produktionsstätten würde es in Österreich überhaupt keine AT&S-Standorte mehr geben, nur die globale Produktion sichert die Konkurrenzfähigkeit des Konzerns und damit auch die hiesigen Standorte. Dass das die hiesigen Gewerkschafter nicht freut, ist klar. Der langjährige Chef der Metaller-Gewerkschaft Rudolf Nürnberger erwog schon zwecks möglichen Protestes Kontakt mit chinesischen Gewerkschaften, auch er sah schließlich die Alternativlosigkeit unserer Strategie ein. Erfahrene Gewerkschafter verstehen jedoch letztlich die Zusammenhänge. So konnten wir zum Beispiel einvernehmlich das ursprüngliche Nachtarbeitsverbot für Frauen beenden, was nicht nur eine große

Erleichterung für die Produktion bedeutete, sondern auch von den Frauen gewollt war!

Ein weiteres österreichisches Projekt kam nicht zustande: Ich hätte gerne die DDSG erworben, die einst ruhmreiche »Donaudampfschifffahrtsgesellschaft«. Sie löste sich 1995 auf, ihre fünf Schiffe gingen an ein Konsortium aus Verkehrsbüro und Wiener Hafen. Meine Mutter hat sich halb im Ernst darüber beklagt – sie hätte sich schon ein dunkelblau-weiß getupftes Kleid mit weißem Kragen gekauft, nun stehe sie mit dem Matrosengewand da. Franz Vranitzky, damals noch Kanzler, hatte mit meinem Vorhaben zumindest »keine Freude«, wie er Dritten gegenüber bestätigte. Bei einem anderem Unternehmen wurden wir zu indirekten Konkurrenten: Um die Jahrtausendwende hätte ich gerne Steyr-Daimler-Puch übernommen, das von der CA unter Generaldirektor Randa verkauft wurde. Später sollte unter Randa auch die CA selbst verkauft werden. Steyr-Daimler-Puch ging 1998 an den Magna-Konzern von Frank Stronach, in dessen Beratergremium Vranitzky saß. Mir bereitet es noch heute eine kleine Genugtuung, dass ich durch mein Mitbieten Stronach die Übernahme von Steyr etwas teurer gemacht habe, obwohl der Preis immer noch weit unter dem wahren Wert lag.

Die Salinen AG

Mein nächstes großes Projekt als Investor galt einem anderen österreichischen Traditionsunternehmen, der ebenfalls verstaatlichten Salinen AG. Seit 1997 bin ich dort Miteigentümer und Vorsitzender des Aufsichtsrats. Mein Partner – diesmal direkt – war Ludwig Scharinger und seine Raiffeisenlandesbank Oberösterreich, 10 Prozent gehören einer Stiftung der Salinen-Belegschaft. Ausgangspunkt: wieder einmal Altaussee. Im Gasthaus Berndl, heute Villa Salis, wurde ich am Stammtisch wegen der DDSG ein wenig aufgezogen: »Die haben sie dir nicht gegeben.«

Ich: »Das war nur ein Probegalopp. Ich sag, was ich jetzt wirklich will: die Salinen, und du, Kurt«, sagte ich zu meinem Freund, dem langjährigen stellvertretenden Generaldirektor der Saline, Kurt Thomanek, gewandt, »wirst mir dabei helfen.« Der Betriebsrat kam bald zu mir, wollte ein Management-Buy-out wie bei der AT&S. Sie gingen zum jungen Staribacher, damals Finanzminister, und nannten mich als ihren Berater. Das war für ihn ein zusätzlicher Grund, schroff abzulehnen.

Aber das war noch lange kein Grund, das Projekt aufzugeben. Staribacher junior war bald weg; sein Nachfolger Rudolf Edlinger war mir und dem Plan mehr gewogen und auch Viktor Klima, Vranitzkys Nachfolger als Kanzler. Ursprünglich sollten die Salinen an die süddeutsche Südsalz-Gruppe gehen, auch das französische Unternehmen Salines du Midi interessierte sich. Wir boten 832 Millionen Schilling, das Zehnfache des Einstiegspreises bei AT&S. Und bekamen Anfang Mai den Zuschlag. Trotz mancher Probleme (Abhängigkeit vom unregelmäßigen Winterwetter bei der Streusalzabnahme, wachsende Konkurrenz im In- und Ausland, Managementfehler) und entsprechender zwischenzeitlicher Verluste entwickelte sich das Geschäft positiv: Anfangs haben wir jährlich 490.000 Tonnen produziert, heute sind es 1,2 Millionen. Und der Exportanteil, 1997 praktisch nicht existent, steigerte sich auf 50 Prozent.

Projekt Tourismus im Ausseerland

Zu Beginn des 20. Jahrhunderts hat es noch fünf Bergbaubetriebe zur Steinsalzgewinnung gegeben, in Bad Aussee, Bad Ischl, Hallstatt (der älteste Salzbergbau der Welt), Hallein und Hall in Tirol. Heute gibt es noch Produktionsstätten in Bad Ischl, Ebensee (heute Sitz der Zentrale), Altaussee und Hallstatt, dazu touristische »Salzwelten« in Hallein, Hallstatt und Altaussee. Die Salinen sind auch an der Dachstein Eishöhle beteiligt. 2003 beteilige ich mich mit 26 Prozent an der Gründung der Loser Bergbahnen GmbH, an der ich seit Oktober 2012 nach dem Erwerb der Anteile des Landes Steiermark durch Übernahme von deren Hafteinlage die Mehrheit innehabe. Noch ist viel zu tun rund um den Loser, dem Ausseer Hausberg, um ihn ganzjährig zu einem attraktiven touristischen Anziehungspunkt zu machen. Denn Investieren in klassisches Skivergnügen ist wohl zu wenig, allein schon deshalb, weil die Winter recht warm werden. Kulturell gibt es zahlreiche Beispiel gebende Initiativen, etwa rund um das von Barbara Frischmuth initiierte Literaturmuseum in Altaussee oder regelmäßige Auftritte von Klaus Maria Brandauer. Es geht nicht nur um die Region Aussee, es geht um die Dachsteinregion und das gesamte Salzkammergut. Das gehört besser erschlossen, egal ob die einzelnen Orte, Berge und Seen in Oberösterreich, Salzburg oder in der Steiermark liegen. Da müssen die Angebote besser abgestimmt werden, die Kooperationen beschleunigt, die Marketingaktivitäten besser verzahnt werden.

»Jeder, der ihn hier kennt – und das ist wirklich fast jeder –, hat Hochachtung vor seinem Lebenswerk und seinen menschlichen Qualitäten. Er gehört hier einfach ›dazu‹, das gelingt nur wenigen, die nicht hier geboren sind … Für die Region hat er speziell durch den Erwerb der Salinen große Verantwortung übernommen, dazu noch für den Erhalt vieler infrastruktureller und kultureller Einrichtungen im gesamten Salzkammergut … Besonders faszinierend ist für mich seine Weltgewandtheit, die aber nie dazu führt, dass er die Bodenhaftung verliert, schon gar nicht zum Ausseerland.«
Marianne Goertz, Jahrgang 1950, Gastwirtin der »Villa Salis« in Altaussee

FACC, bwin: Sinnvolle Investitionen

Natürlich gab es auch Investitionen mit weniger Herzblut, dafür mehr Gewinn. Etwa die FACC (Fischer Advanced Composite Components), ein Flugzeugkomponentenhersteller mit Sitz im oberösterreichischen Ried. Der Produzent von Kunststoffverarbeitungen (insbesondere für Flugzeuge von Boeing und Airbus, auch für Raumschiffe) wurde 1989 als Tochterunternehmen des Skiherstellers Fischer gegründet. 1991 erwarb die Saline einen 50-Prozent-Anteil an diesem Unternehmen. Die von mir als Präsident des FACC-Aufsichtsrats verfolgte Linie der Internationalisierung scheiterte am Widerstand von Pepi Fischer. 2008 übernahmen Scharinger mit seiner Raiffeisenlandesbank Oberösterreich, Dörflinger und ich seine Anteile. Ende 2009 konnten wir unsere Beteiligung mit gutem Gewinn an einen chinesischen Flugzeugbauer verkaufen, damals der größte Kauf einer chinesischen Firma in Mitteleuropa. Aus dem Tochterunternehmen eines Skiproduzenten ist ein weltweit respektierter, mittlerweile börsennotierter Zulieferer der Flugzeugindustrie geworden.

Ein weiteres positives Investment konnte ich trotz zwischenzeitlicher Probleme mit dem Sportwettenanbieter bwin machen, dessen Aufsichtsratsvorsitzender ich war. Gegründet 1997 als »Bet and win« von den beiden Österreichern Norbert Teufelberger und Manfred Bodner, hatte sich das 2006 umbenannte Unternehmen zum größten Sport-Online-Wetten-Anbieter der Welt entwickelt und warb unter anderem auf den Trikots von Real Madrid. Eine Flaute durch Verluste in den USA – Gesetzesänderungen hatten dort das Online-Geschäft verboten – bügelten wir mehr als aus: bwin wurde 2010 mit dem britischen Konkurrenten PartyGaming fusioniert, damit gewann auch mein Aktienanteil an Wert. Ich verstehe von Sportwetten ähnlich wenig wie von Leiterplatten. Aber ich verstehe als ausgebildeter Wirtschaftsprüfer etwas von Bilanzen und Wirtschaftsplänen. Und ich habe meist ein gutes Gespür für Geschäftsideen und Personen, für internationale Entwicklungen und nationale Netzwerke. Ich ging auch weniger gute Beteiligungen ein, nicht alles entwickelte sich wie geplant – aber das waren eher Ausnahmen als die Regel.

Meinen industriellen Engagements ist auch die Firma Europten zuzurechnen. Das Unternehmen, das im Zuge einer Bereinigung des Geschäftsfeldes des Siemens-Konzerns verkauft wurde, ist auf den Leitungsbau mit dem Schwerpunkt Hochspannungsleitungen spezialisiert, ein vor allem in Deutschland stark wachsendes Geschäftsfeld. Das Unternehmen fährt einen Wachstumskurs, bis 2020 soll sich der Umsatz von 60 Millionen Euro etwa verdoppeln, die Zahl der Mitarbeiter von 350 auf bis zu 500 steigen.

Die Hotels: Maria Wörth, Altaussee

Für meine Investitionen ins Hotelgewerbe hatte ich einen ganz persönlichen Anlass: Claudia Rothschedl, die Mutter meines Buben Gregor, hat nach mehreren eigenen Behandlungen auch mich dazu überredet, einmal eine F.-X.-Mayr-Kur zu machen, eine Behandlung zur Gesundheitsförderung und Entschlackung, benannt nach ihrem Erfinder Franz Xaver Mayr (1875–1965). Entgegen meinen früheren Vorurteilen ist das längst nicht mehr die alte »Milch-Semmel-Kur«, es gibt ein breites, wenn auch reduziertes Angebot an »leichten« Speisen.

Ich lernte die Kur im Golfhotel Dellach kennen, sie tat mir sehr gut, daraufhin habe ich sie mehrmals wiederholt. Der leitende Arzt, Harald Stossier, erzählte mir von seinem bevorstehenden Weggang, es gab Unstimmigkeiten mit den Eigentümern. Er suche etwas Neues, es gebe da ein zum Verkauf stehendes Hotel im nahen Maria Wörth, auf einer kleinen Halbinsel im Wörthersee. Ich überlegte nicht allzu lange und erwarb mit Partnern das Hotel. Das alte, baufällige Hotel Astoria wurde umfassend renoviert, das neue VIVAMAYR-Gesundheitshotel auf einer Fläche von

7000 Quadratmetern mit entsprechender medizinischer Abteilung im Juni 2005 eröffnet. 2010 investierten wir eine Million für Um- und Zubauten, 2014 weitere 7,6 Millionen in ein komplettes Face-lifting – die Anlage siedelte während der mehrere Monate dauernden Umbauten samt dem 76-köpfigen Team komplett ans andere Seeufer in ein Hotel in Pörtschach. Das Gesundheitshotel wird sehr gut angenommen, die Auslastungsrate liegt über 80 Prozent, die Mehrheit der Gäste kommt aus dem Ausland, aus ganz Europa, Asien, den Golfstaaten und Amerika. Die Zeitschrift »Vogue« hob das Hotel 2013 in einem mehrseitigen Bericht mit dem Titel »The toughest spa on earth« hervor. Inzwischen wurde mein Sohn Gregor Rothschedl Mitbesitzer: Ich habe ihm zu seinem 18. Geburtstag 25 Prozent am Gesundheitshotel überschrieben.

Auch ich betätige mich gelegentlich international als Marketing-Botschafter für dieses Projekt – und für das nächste. Im Frühjahr 2015, zehn Jahre nach Maria Wörth, wurde das VIVA-MAYR-Gesundheitshotel in Altaussee eröffnet. Zum gesundheitlichen und zum geschäftlichen Aspekt gesellte sich diesmal der emotionale: Ich kenne und liebe diesen elysischen Flecken Erde seit 1942. Das 13.000 Quadratmeter große Grundstück direkt am See, auf dem früher das »Parkhotel« stand, hatte ich schon länger im Auge, erworben konnte es erst nach dem Tod seines Vorbesitzers, des niederösterreichischen Bauunternehmers Julius Eberhardt, im März 2012 werden. Das Hotel wird von einer Gesellschaft geführt, die meinen beiden Töchtern gehört. Alle Einheimischen hoffen auf einen weiteren Aufschwung für den Ganzjahrestourismus in der Region – ich bin mir dessen sicher. Zur medizinischen und philosophischen Ausrichtung des ersten Hotels kommt ein spezieller Aspekt: Altaussee ist ein Luftkurort, wir können zusätzlich die Heilkraft der Sole-Heilquellen nutzen.

Ich bin vom Grundgedanken solcher Gesundheitseinrichtungen überzeugt. Die Zahl jener Menschen, die sich solche Kuren nicht nur leisten können – der Aufenthalt ist nicht gerade billig –, sondern auch leisten wollen, steigt weltweit. Die Kur bedeutet eine Modifikation des gesamten Lifestyles, bedeutet Besinnung, Ruhe und Stärkung von Körper, Geist und Seele, ist ein auf sich selbst bezogenes Stressmanagement. Nicht, um bloß noch schneller in das alte Hamsterrad zurückkehren, sondern um Orientierung und Tempo des Lebens zu hinterfragen und sich danach auszurichten. Natürlich sind Aufenthalte in unseren Hotels nicht als Rezept allgemein verschreibbar. In einer Hinsicht allerdings schon: Selbstbestimmte Eigenvorsorge, vor allem eine gesunde Lebensweise, bewusste Ernährung und Bewegung, sollte in unserem Gesundheitssystem eine größere Rolle spielen als die bloße »Reparatur«. Prävention wird zu wenig beachtet, Behandlungen werden immer aufwendiger – mit der Folge, dass uns die Gesundheitskosten davonzulaufen drohen.

9. Der Citoyen:
Von der Bildung bis zum Heer

Ich bin mein ganzes Leben lang politisch tätig geblieben, unabhängig vom Zustand des Landes oder meiner Partei. Das bedeutet für mich, die Gesellschaft zu gestalten, sich zu informieren und zu engagieren, etwas zu bewegen. Über all ihre Höhen und Tiefen blieb ich der SPÖ verbunden, ihren sozialen und humanitären Idealen, ihrer großen Geschichte. In den Achtziger- und Teilen der Neunzigerjahre ist mir das nicht immer leichtgefallen, zu groß war meine Enttäuschung, gelegentlich auch mein Ärger. Ab 1997 gewann ich zu führenden Exponenten wie dem damals neuen Kanzler Viktor Klima und seinem Finanzminister Rudolf Edlinger wieder ein besseres Verhältnis, an ein Comeback in der Politik dachte ich jedoch nie, obwohl es immer wieder einschlägige Ansinnen aus der Bevölkerung und der Partei gab. So wollte mich der neue SPÖ-Vorsitzende Alfred Gusenbauer vor dem Wahlkampf 2002 als »Schattenfinanzminister« präsentieren.

Kritik an Schwarz-Blau

Im Jahr 2000 registrierte ich wie viele Österreicher empört die Winkelzüge von Wolfgang Schüssel, der sich entgegen seinen vorherigen Zusagen als Drittstärkster in den Kanzlersessel hieven ließ. Mithilfe des ebenso wendigen Jörg Haider, Bundespräsident Thomas Klestil teilte die Empörung. Sein verwegener Plan, doch noch eine schwarz-blaue Koalition zu verhindern (geführt von Ex-EU-Kommissar Franz Fischler und mir), scheiterte schon im Embryonalzustand an beiden Parteien: In der ÖVP stemmte sich eine Gruppe um Schüssel dagegen, die SPÖ baute nach einem Schockzustand lieber auf eine Genesung in der Opposition.

Der vor allem von Schüssel tief enttäuschte Viktor Klima ließ Partei und Land zurück, sein Nachfolger wurde Alfred Gusenbauer als Kompromisslösung zwischen Karl Schlögl und Caspar Einem. Die SPÖ feierte den nächsten bundesweiten Erfolg 2004: Mein alter Weggefährte Heinz Fischer gewann die Wahl zum Bundespräsidenten gegen Außenministerin Benita Ferrero-Waldner. Das Amt des Bundespräsidenten ist ihm auf den Leib geschnitten. Gusenbauer errang bei der Nationalratswahl am 1.10.2006 mit 35,3 Prozent die relative Mehrheit und wurde am 11. Jänner 2007 Kanzler, aber nur für knapp zwei Jahre. Ich empfand es als einen Fehler, dass er – ebenso wie sein Nachfolger Werner Faymann – der ÖVP den Posten des Finanzministers zugestand: Jede Regierung ist nur so stark wie die Achse zwischen Kanzler und Finanzminister.

Kritikpunkt Grasser

Als besonderen Kritikpunkt empfand ich Schüssels Finanzminister Karl-Heinz Grasser. Wahrlich nicht aus Konkurrenzgründen, weil er bei Amtsantritt noch jünger war als ich 1970. Und schon gar nicht wegen seiner Steuerverfahren: Ich weiß am besten, wie leicht man sich in den Schlingen der Behörden verfangen kann – wenngleich ich mir gelegentlich vorstelle, wie es mir ergangen wäre, hätte ich als Finanzminister mehrere Millionen in einem Plastiksack über die Grenze gebracht, angeblich, um Gelder der Schwiegermutter optimal anzulegen. Ich kritisierte Grasser vor allem aus zwei Gründen: weil er – freilich wie die gesamte Regierung – keine Wachstumsimpulse für Wirtschaft, Bildung und Forschung setzte; vor allem aber wegen der in seiner Zeit gesetzten Privatisierungsschritte – die waren höchst angreifbar, weil eine Verschleuderung von Volksvermögen. Der von Grasser geplante Verkauf der Telekom an die Swisscom wurde 2005 im letzten Augenblick verhindert – es wäre auch grotesk gewesen, den Verkauf eines damals florierenden österreichischen Unternehmens an einen Konzern im Schweizer Staatsbetrieb als Privatisierung auszugeben. Inzwischen wurde die Telekom an einen mexikanischen Unternehmer verkauft.

Weil Grasser immer wieder mit mir verglichen wurde, resümierte Peter Muzik 2007 nach dessen Ausscheiden aus der Politik im »Wirtschaftsblatt«: »*Der fast 70-jährige Androsch hüpft dem bald 39-jährigen Grasser vor, wie's gehen könnte. Er hat sich nie wie Letzterer vor irgendeinen Karren spannen lassen, sondern auf sich selbst verlassen, eigenes Kapital riskiert und die sich ihm bietenden Chancen eiskalt wahrgenommen. … Grasser muss zur Kenntnis nehmen, dass es weitaus einfacher war, in der Himmelpfortgasse everybodys darling zu mimen, als sich als gestandener Unternehmer zu behaupten.*«

Die Gedenkausstellung im Belvedere

Einen größeren Erfolg als ein direktes Eingreifen in die Politik, vor allem in die Parteipolitik, schien mir mein Engagement als Citoyen zu bieten, als kritischer, unabhängiger Bürger, der dennoch auch in die Arena steigen kann, wenn es nötig ist. Beispielsweise 2003: Im Frühjahr erfuhr ich, dass Kanzler Schüssel durch seine Unterrichtsministerin Elisabeth Gehrer die seit längerem für 2005 geplante Gedenkausstellung – 50 Jahre Staatsvertrag – absagen hatte lassen. Wohl weil er keine historisch-politischen Auseinandersetzungen mit Haider wollte. Bald teilte ich meine Empörung darüber mit Beppo Mauhart und Peter Weiser. Wir einigten uns rasch: »Dann machen wir es eben selber.« Der Plan war – und wurde schließlich ungefähr so verwirklicht: Ein Proponenten-Komitee wurde gebildet, für das Peter Weiser und ich auch Herbert Krejci, den längst legendären ehemaligen Generalsekretär der Industriellenvereinigung und bekannt für sein phänomenales Geschichtswissen, mobilisieren konnten. Wir legten die inhaltlichen Weichen für das Konzept der Ausstellung und stellten deren Finanzierung auf: ein Drittel von privaten Sponsoren – es waren auch kleine Spenden willkommen –, ein zweites von der Stadt Wien und der Rest vom Bund. Ich rief zuerst Bürgermeister Michael Häupl an, der prompt zusagte. Auch das Bundeskanzleramt finanzierte schlussendlich mit. Insgesamt bekamen wir 2,1 Millionen Euro zusammen. Zum knapp bemessenen Budget für eine so inhaltsdichte zeithistorische Ausstellung kam großer Zeitdruck, der nur durch intensive Zusammenarbeit aller Beteiligten zu meistern war.

»Er ist stolz darauf, ein Bürger dieses Landes zu sein. Bürgerlich ist man nicht, wenn man ÖVP wählt und in den Musikverein geht, sondern eine bürgerliche Gesinnung der Standhaftigkeit, der Festigkeit, der Humanität, der sozialen Verantwortung hat. Und eine der schönsten Früchte dieser Gesinnung war die Staatsvertragsausstellung. In diesem Land war es nicht möglich, dass die Republik eine Gedenkausstellung hat. Aber ein Mann an der Spitze mit zwei treu ergebenen Helfern – Peter Weiser und ich – haben damals bewiesen, was Private Public Partnership bedeutet. Dafür gebührt ihm noch ein Ehrenring der Republik.«
Herbert Krejci, Jahrgang 1922, von 1980 bis 1992 Generalsekretär der Industriellenvereinigung

Am 12. Mai wurde die von Günter Düriegl kuratierte Ausstellung »Das neue Österreich« über die Entwicklung des Landes von 1918 bis 1955 von Bundespräsident Heinz Fischer im Belvedere eröffnet. Zeitgerecht wurde auch der Ausstellungskatalog fertig, der in Analogie zu den vier Alliierten auch in englischer, französischer und russischer Sprache erschien. Überdies gab es einen Katalog für junge Besucher. Die zentrale Staatsvertragsausstel-

240

lung wurde von zahlreichen kulturellen Veranstaltungen begleitet und lief bis 11. Dezember. Sie wurde von mehr als 310.000 Menschen besucht, darunter viele Schulklassen. Für mich ein Zeichen dafür, wie groß das Interesse an der Zeitgeschichte, speziell auch an der österreichischen Identitätsfindung, war und ist – und zwar an einer objektivierbaren Erinnerungskultur, abseits von Selbstbeweihräucherung und Selbstgeißelung. Ich war beeindruckt, als Nationalratspräsident Andreas Khol meines Wissens erstmals für die ÖVP bei einer Podiumsveranstaltung im Belvedere offiziell zugab: »Dollfuß, das war eine Diktatur.«

Schüssel war im Gegensatz zu Bürgermeister Häupl bei der Eröffnung nicht anwesend, er besuchte die Ausstellung später privat mit Außenministerin Ursula Plassnik. Für den Erfolg der Ausstellung sprach auch das öffentliche Lob, das nicht nur die »Presse« unserer Initiative spendete: »*Ohne die Privatleute Androsch, Weiser, Krejci gäbe es die Belvedere-Ausstellung nicht.*« Von Regierungsseite gab es weniger Anerkennung. Wir boten Ministerin Gehrer an, unsere Erfahrungen und Möglichkeiten auch in Richtung eines so oft diskutierten »Hauses der Geschichte« zu nutzen. Darauf wurde nicht eingegangen. Jahrelang hat sich weiter nichts getan. Umso gespannter bin ich, wie das von Minister Josef Ostermayer nun endlich in Angriff genommene ehrgeizige Projekt umgesetzt werden wird.

Die größte Weltausstellung aller Zeiten: Expo 2010

Die nächste Ausstellung, bei der ich eine Rolle spielen konnte, hatte größere Dimensionen. Noch unter Kanzler Alfred Gusenbauer und Wirtschaftsminister Martin Bartenstein wurde ich zum österreichischen Regierungskommissär für die Expo 2010 in Shanghai bestellt – die größte Weltausstellung aller Zeiten mit 240 Teilnehmern, 72 Millionen Besuchern und einem Budget von über drei Milliarden Euro, dem doppelten der Olympischen Spiele von Peking zwei Jahre zuvor. Meine Beziehungen zu China reichen weit zurück. Die CA war weltweit eine der ersten Banken, die dorthin ihre Fühler ausstreckten, um die Reformpolitik Deng Xiaopings zu nutzen. Das führte mich schon in den Achtzigerjahren mehrmals nach China. Bei meinen ersten Besuchen wurde auf der Straße vom Flughafen in die Hauptstadt noch Korn gedroschen, das Land hat in den letzten Jahrzehnten einen weltgeschichtlich unübertroffenen Aufhol- und Modernisierungskurs eingeschlagen. Seit 2002 ist die AT&S in China präsent, ich besuche jährlich unsere dortigen Niederlassungen. Und nun diese Chance, Österreich im Rahmen des Expo-Mottos »Better City – Better Life« nicht nur als Kultur- und Reiseland zu präsentieren, sondern unter unserem Titel »Austria – feel the harmony« auch Kompetenz und österreichisches Know-how für die Lösung von Umweltproblemen durch Hightech zu dokumentieren.

Diese Vermittlung scheint gelungen zu sein: In einem futuristischen Pavillon wurden ab 1. Mai gängige Klischees (von Mozart bis Strauß, von »virtueller Sisi« bis zu echtem Schnee) bedient, 1000 heimische Firmen (370 von ihnen verfügten schon über 630 Niederlassungen in China) konnten ihre Produkte und Ideen zeigen, Forscher und Techniker weiter reichende Kontakte knüpfen. Vor allem die Wiener Kommunaltechnologie wurde als Voraussetzung für die international regelmäßig prämierte Lebensqualität der Stadt herausgestrichen – besonders aktuell für chinesische Großstädte, die unter extremer Luftverschmutzung leiden. Bis zum Expo-Ende am 31. Oktober besuchten drei Millionen Menschen den österreichischen Pavillon. Ich hätte mir noch mehr Gewicht für die Präsentation unserer wirtschaftlichen Innovationen gewünscht, aber insgesamt war es doch gelungen, Österreich nicht nur als Land der Schuhplattler und Jodler darzustellen: eine letztlich 13 Millionen Euro teure Visitenkarte (wobei das ursprünglich bereitgestellte Budget deutlich unterschritten wurde) auf einem der wichtigsten Märkte der Welt, einem wirtschaftlich wie politisch zur Supermacht aufstrebenden

Land. Zahlen belegen den positiven Nachnutzen, für den Tourismus wie für die Wirtschaft: In den drei Jahren danach sind die Besucherzahlen aus China um jeweils durchschnittlich 35 Prozent gestiegen, der Anteil unserer Exporte nach China von 2,1 auf 7 Prozent. Birgit Murr, meine Stellvertreterin und wesentlichste Mitstreiterin bei der Expo, sorgte dafür, dass dieser Trend anhält: Sie leitete in Nach-Expo-Zeit ein neu eingerichtetes Office for Science and Technology (OST) an der österreichischen Botschaft in Peking.

Für Wissenschaft, Forschung und Technologie

Es gibt neben diesem Interesse für Geschichte kaum eine Tätigkeit, an der ich auch emotional so sehr hänge wie jener für Wissenschaft und Bildung, für Forschung und Technologie. Die erste offizielle Aufgabe für mich als »Teilzeit-Steirer« war gleichzeitig eine regionale: Vorsitzender des Universitätsrates der Montanuniversität Leoben, von 2003 bis 2013, entscheidend unterstützt von meiner Stellvertreterin Karin Schaupp. In diesen zehn Jahren wurde Leoben in mehreren nationalen und internationalen Rankings zur besten und beliebtesten Hochschule Österreichs gewählt – mein Beitrag beschränkte sich auf die Vermittlung entsprechender Rahmenbedingungen, wurde aber jedenfalls so geschätzt, dass mir am Ende der Periode das Ehrendoktorat verliehen wurde. Zuvor wurden mir bereits 2008 das Ehrendoktorat der Hochschule für Rechtswissenschaften in Bratislava, 2009 das Ehrendoktorat der Universität New Orleans und 2011 das Ehrendoktorat der Universität Salzburg verliehen. Seit 2005 bin ich in der Akademie der Wissenschaften vertreten und habe dort eine Zehn-Millionen-Euro-Stiftung für wissenschaftliche Arbeiten zum Thema »Arbeit und Festigung des sozialen Ausgleichs und Friedens« eingerichtet, die zu diesem Zweck den mit 100.000 Euro dotierten Hannes Androsch Preis vergibt. Sie stellt die bedeutendste von privater Hand getragene gemeinnützige Stiftung zur Förderung von Wissenschaft und Forschung in Österreich dar. Ich muss mich aber als Mäzen nicht beweisen: Ich trage keinen Scheck vor mir her als Argument. Es wäre keines.

»Wir wurden zufällig im Universitätsrat der Montanuniversität Leoben zusammengewürfelt, er hat mir telefonisch sofort den Vorsitz angeboten, ich habe ihm gesagt, es wäre sachlich sinnvoller, wenn er das selber mache und ich ihn im operativen Bereich unterstütze ... Wir haben das dann zwei Perioden – zehn Jahre – produktiv praktiziert. Ich komme aus der Forschungsszene, er ist ein Macher, ein Kontroller und Stratege, aber er kann sich auch sachlich für ein kompliziertes Thema begeistern, da verschlingt er förmlich Bücher dazu ... Die Zusammenarbeit mit ihm scheint anfangs einfach: Er sagt in drei Sätzen, was er denkt, und verlässt sich drauf, dass das auch passiert ... Er ist nicht sehr geübt, mit Widerspruch umzugehen, aber wenn ihm der diskussionswürdig erscheint, kann er ihn auch in drei Sätzen akzeptieren. Die Erwartung an ihn war, er könne die Universität mehr in den Mittelpunkt stellen, das hat er auch rasch getan und sehr geholfen, finanzielle Investitionen für Gebäude und Infrastruktur aufzustellen. Er konnte aber auch sehr kritisch manche Sonderwünsche einzelner Professoren hinterfragen ... Später habe ich ähnlich erfolgreich mit ihm im Forschungsrat und bei der Reorganisation von Seibersdorf zusammengearbeitet.«
Karin Schaupp, Jahrgang 1950, Unternehmensberaterin, unter anderem stellvertretende Vorsitzende des Unirates Leoben, Mitglied des Rates für Forschung und Technologieentwicklung, Vorsitzende des Unirates der TU Graz

Zentraler sind zwei leitende Funktionen: 2007 wurde ich Aufsichtsratspräsident des ARC (Austria Research Center, lange Jahre dem Ortssitz entsprechend als »Seibersdorf« bekannt), das

2009 auf mein Betreiben hin als AIT (Austrian Institute für Technology) neu gegründet wurde. Diese größte außeruniversitäre Forschungseinrichtung in Österreich war seit 2000 ins politische Gerede gekommen, seit der Zeit, da Politiker der FPÖ (später des BZÖ) die Verantwortung trugen. Ihnen wurde vorgeworfen, aus »Seibersdorf« eine Versorgungsstelle für Gesinnungskameraden gemacht zu haben, der Rechnungshof übte schwere Kritik an dubiosen Ausgliederungen und Honorarzahlungen, der Schuldenstand wuchs Existenz gefährdend, die blauen Politiker Helmut Krünes und Martin Graf mussten sich zurückziehen. Es ist gelungen, die Forschungsgesellschaft wieder auf Erfolgskurs zu führen: durch eine neue organisatorische Ausrichtung, eine straffe finanzielle Führung und ein hervorragendes Team mit einer beeindruckenden Leistungsperformance in der angewandten Forschung, was sich auch in der Zunahme von Aufträgen aus dem Ausland manifestiert. 40 Prozent der Umsatzerlöse werden durch Export erzielt. AIT verkörpert eine wichtige Säule in der österreichischen Forschungsarchitektur und ist mit inzwischen über tausend Mitarbeitern ein wichtiger Innovationsmotor für Industrie und Wirtschaft, speziell für Gesundheit, Informationstechnik, Mobilität und Energie.

Seit Oktober 2010 agiere ich gemeinsam mit Peter Skalicky als Vorsitzender des Rates für Forschung und Technologieentwicklung. Der Rat besteht aus acht Personen, je vier werden vom Wissenschafts- und vom Infrastrukturministerium besetzt. Er hat »nur« eine beratende Funktion, aber eine gewichtige, näher dran an der Politik: Seine Hauptaufgabe liegt in der systematischen, ebenso unabhängigen wie fundierten Beratung der Bundesregierung in allen Fragen der Forschungs-, Technologie- und Innovationspolitik. Als zentraler Knoten des Netzwerkes der weit gespannten Technologie- und Forschungslandschaft, als Koordinator und Verstärker der vielfältigen Aktivitäten, als Verbindungsglied zwischen den Akteuren, als Filter und vor allem als Akzentsetzer. Wichtige Arbeitsergebnisse wurden in der »Strategie 2010« und »Strategie 2020« präsentiert, ab 2015 wird jährlich der »Global Innovation Monitor« der Öffentlichkeit präsentiert. Auf diese Weise bindet der Rat auch die Bevölkerung ein und sucht die Bedeutung von Wissenschaft und Forschung zu vermitteln. Deshalb unterstützt der Rat auch die »Lange Nacht der Forschung« und lädt die österreichische Bevölkerung (online) zur Diskussion über »Österreich 2050«. Die ersten Ergebnisse wurden in einer Publikation verarbeitet und bei den von AIT veranstalteten Alpbacher Technologiegesprächen präsentiert, eine Plattform, die immer stärker die einstigen »Hochschulwochen« prägt.

Das Bildungsvolksbegehren

Meine jahrelange Beschäftigung mit Fragen der Wissenschaft und Forschung war natürlich nie zu trennen von jener mit Bildungspolitik im Allgemeinen, der Schulpolitik im Besonderen. Mit wachsender Verärgerung beobachtete ich die Ineffizienz des Schulsystems: Laut OECD waren seit 2000 die Kosten dafür um 35 Prozent gestiegen, obwohl die Zahl der Schüler um 15 Prozent gesunken war. Die regelmäßig in verschiedenen Fächern durchgeführten PISA-Tests der OECD belegten, dass Österreich im Begriff war, von einer Position im oberen Mittelfeld Europas auf eines im unteren Mittelfeld abzufallen. Und alle Bundesregierungen fanden keine Mittel dagegen. Die ÖVP war in der Schulreform gespalten: Während die westlichen Landesparteien Reformen bis hin zur Ganztags- und Gesamtschule positiv gegenüberstanden, blockierten andere und insbesondere die Führung der Lehrergewerkschaft. Und der SPÖ war das Thema keinen wirklichen Koalitionsstreit wert, Unterrichtsministerin Claudia Schmied wurde im Gegenteil bei etlichen Anlässen im Regen stehen gelassen. Die Sozialpartner dagegen hatten die Ausbildungsprobleme erkannt, ja am eigenen Leib gespürt: Die

Qualität der Lehrstellenkandidaten sank, die Rate der Drop-outs aus dem Bildungssystem stieg, die Vertreter der Universitäten klagten zu Recht über krasse Finanzmängel.

Am 18. Oktober 2010 stellte ich in der Akademie der Wissenschaften das von mir herausgegebene Buch »Österreich. Geschichte, Gegenwart, Zukunft« vor. Die chinesische Ausgabe des Buches fand bei der Expo 2010 in Shanghai als Präsent Verwendung. Ich nutzte die aus diesem Anlass gehaltene Rede auch zu einer Philippika gegen die Verweigerung einer so nötigen Bildungsform – und zu der eigentlich ungeplanten Bemerkung, »da müsste man eigentlich ein Volksbegehren starten«. Am Tag darauf mahnte mich Beppo Mauhart: »Du hast das angekündigt mit dem Volksbegehren, du musst das jetzt auch machen.« So geschah es. Am 5. November kündigte ich bei einer Pressekonferenz das Volksbegehren an. Am 10. Jänner 2011 luden wir 150 Personen ins Wiener Museumsquartier ein, die sich als Pädagogen oder Wissenschaftler, als Lehrer-, Schüler- oder Studentenvertreter schon bisher für Reformen erklärt und eingesetzt hatten. Oder einfach als Eltern, so wie auch ich: Meine Enkelkinder und mein damals 13-jähriger Sohn Gregor – inzwischen hat er erfolgreich maturiert – vermittelten mir regelmäßig Eindrücke über den Schulalltag, über die Stärken und Schwächen des Systems. In mehreren Arbeitsgruppen und Veranstaltungen erarbeiteten diese Vertreter einer gelebten Zivilgesellschaft die Forderungen des »Volksbegehrens Bildungsinitiative« mit dem Motto »Österreich darf nicht sitzen bleiben« (im Folgenden nur die Kapitelüberschriften ohne die ausführlicheren Detailforderungen):

1. *Wir fordern ein modernes, unbürokratisches und weitgehend autonomes Schulsystem unter Einbeziehung der SchulpartnerInnen und ohne parteipolitische Einflussnahme.*

2. *Wir fordern die Gleichstellung der Kindergärten mit den Schulen und der KindergartenpädagogInnen mit den LehrerInnen.*

3. Wir fordern ein flächendeckendes Angebot an elementarpädagogischen Einrichtungen (Krabbelstuben, Kinderkrippen, Kindergärten) sowie bundesweite Ganztagsangebote.

4. Wir fordern ein Bildungssystem, in dem alle Kinder und Jugendlichen so früh wie möglich in ihren Talenten und Fähigkeiten kontinuierlich gefördert und in ihren Schwächen unterstützt werden.

5. Wir fordern die systematische Abschaffung des Sitzenbleibens und ein Ende der Nachhilfe.

6. Wir fordern ein flächendeckendes Angebot an Ganztagsschulen.

7. Wir fordern ein sozial faires, inklusives Bildungssystem, in dem die Trennung der Kinder nach ihren Interessen und Begabungen erstmals am Ende der Schulpflicht erfolgt.

8. Wir fordern die Aufwertung des LehrerInnenberufs und einen konkreten Finanzierungsplan dafür.

9. Wir fordern einen verbindlichen Ausbau- und Finanzierungsplan für unsere Hochschulen und Universitäten und die jährliche kontinuierliche Erhöhung der öffentlichen Finanzierung auf 2 Prozent der Wirtschaftsleistung im Jahre 2020.

10. Wir fordern Hochschulqualifikationen für 40 Prozent eines Jahrgangs bis zum Jahr 2020.

11. Wir fordern für das lebenslange Lernen (Erwachsenenbildung) eine Erhöhung der staatlichen Mittel auf 40 Prozent der Aufwendungen für die Erstausbildung bis zum Jahr 2020.

12. *Wir fordern ein weltoffenes Bildungssystem, das Internatio-*
    nalität und kulturelle Vielfalt als Bereicherung ansieht und
    den MigrantInnen und ihren Kindern faire Bildungs- und
    Berufschancen einräumt.

Für diese Forderungen gewannen wir in den nächsten Monaten breite politische Unterstützung ohne jede parteipolitische Schlagseite: SPÖ, Grüne, ÖGB, Industriellenvereinigung, weite Teile der ÖVP, Teile der Kirchen, viele »Promis« aus Wissenschaft und Kultur, Sport und Medien. Die überparteiliche Bewegung profitierte vom Wissen und Einsatz ihrer Mitstreiter und Mitstreiterinnen, viele Initiativen wurden vom leider im Mai 2015 allzu früh verstorbenen ehemaligen Präsidenten des Landesschulrates in der Steiermark, Bernd Schilcher, koordiniert und immer wieder neu angestoßen. Er hat seine Zielsetzung für ein zeitgemäßes Bildungssystem über Jahrzehnte unermüdlich und im Glauben, dass letztlich die Vernunft über überkommene ideologische Scheuklappen den Sieg davontragen wird, mit Eloquenz auf der Basis stichhaltiger Argumente verfochten.

Bildung wurde zu einem öffentlichen Thema. Das Bildungsvolksbegehren war dafür der Katalysator. Neun Monate lang stellte ich mich ebenso wie zahlreiche Mitstreiter quer durchs Land den Diskussionen, an der »Basis« ebenso wie in den Medien, so intensiv wie seit dem Ende meiner Ministertätigkeit nicht mehr. Das Ergebnis stand am Ende der offiziellen Eintragungsfrist am Abend des 10. November 2011 (nach einer ersten Eintragungswoche im Mai) fest: Es gab 383.830 Unterschriften. Das beste Ergebnis erzielten wir in Wien (8,8 Prozent), das schwächste in Tirol (3,7 Prozent). Kein begeisterndes Ergebnis (der Politologe Peter Filzmaier meinte, die Forderungen seien »zu komplex« gewesen), aber ein für mich durchaus zufriedenstellendes: Wir hatten ein ganzes Jahr lang das Bildungsthema als entscheidenden Punkt auf die innenpolitische Tagesordnung gesetzt.

Die wirkliche Enttäuschung lieferte die parlamentarische Behandlung des Volksbegehrens im Juni 2012. Diese war zwar äußerst respektvoll, es kam aber – vorrangig wegen des Drucks der Lehrergewerkschaft und einzelner Ländervertreter – kein einziger Beschluss zustande, obwohl es im zuständigen Ausschuss davor große Unterstützung geben hatte. Und das trotz der Bemühungen der leider bald darauf verstorbenen großartigen Präsidentin Barbara Prammer. Es war in der doppelten Bedeutung des Wortes ein schwarzer Tag, nicht nur für die Bildung, sondern auch für den Parlamentarismus. Und er entlarvte die sich überhäufenden Vorschläge für direkte Demokratie als lächerliche Heuchelei.

Das Thema aber blieb auf der Tagesordnung, muss es für jede Regierung bleiben (der aufgeschlossene Reinhold Mitterlehner ist inzwischen dem besonders unbeweglichen Michael Spindelegger als ÖVP-Obmann und Vizekanzler gefolgt, Gabriele Heinisch-Hosek Claudia Schmied als Unterrichtsministerin). 2014 hat die Industriellenvereinigung weite Teile des Volksbegehrens neuerlich zu ihrer Forderung erklärt und neuerlich Teile der ÖVP-Betonmauer zum Bröckeln gebracht. So ist zu hoffen, dass es – wie angekündigt – doch noch in dieser Legislaturperiode zu einer echten Bildungsreform kommen wird und vor allem der Rückschritt einer »Verländerung« des Schulsystems nicht Wirklichkeit wird. Obwohl: Die Botschaft hör ich wohl, allein mir fehlt (etwas) der Glaube.

Die Bundesheer-Initiative

Ab 2010 spitzte sich die Debatte über die Zukunft des Bundesheeres zu. Seine Finanzprobleme wurden immer größer, sein sichtbarer sicherheitspolitischer Sinn immer kleiner. Michael Häupl deutete im Herbst in der »Krone« im Wiener Wahlkampf überraschend einen möglichen Schwenk der SPÖ an – man solle doch die Abschaffung der allgemeinen Wehrpflicht und die Abhaltung einer Volksbefragung darüber ins Auge fassen. Damit wurde die bisherige Parteilinie, die Verteidigungsminister Norbert Darabos noch wenige Tage zuvor unter Hinweis auf die historischen Erfahrungen in der Zwischenkriegszeit als »in Stein gemeißelt« bezeichnet hatte, umgedreht. Ich hatte keinerlei Problem damit. Vor allem deshalb nicht, weil ich die Fortsetzung der im Kalten Krieg praktizierten österreichischen Verteidigungspolitik als problematisch fand und immer einer gemeinsamen europäischen Sicherheits- und Verteidigungspolitik das Wort geredet habe, für die unser Land ebenfalls einen angemessenen Beitrag zu leisten hat.

Die Reform unseres Bundesheeres könnte über weite Strecken einem Stück von Fritz von Herzmanovsky-Orlando entsprungen sein. Eine echte Reform steht bis heute aus. Die neue Österreichische Sicherheitsstrategie der Bundesregierung vom März 2011, die aus dem ein Jahr zuvor vorgelegten Bericht der Bundesheerreformkommission (»Zilk-Kommission«) hervorgegangen ist – ich gehörte dem Evaluierungsbeirat ÖBH 2010 als Mitglied an –, blieb ebenso Makulatur wie die Umsetzung des Votums der Volksbefragung zur Zukunft des Bundesheeres. Budgetär wird »unser Heer« immer mehr ausgehungert. Im August 2012 gab Michael Spindelegger bekannt, die ÖVP habe sich entgegen ihrer früheren Linie mit der SPÖ auf eine Volksbefragung über die Wehrpflicht verständigt. Dabei sollten sich die Abstimmenden zwischen dem von der SPÖ favorisierten Modell (»Sind Sie für die Einführung eines Berufsheeres und eines bezahlten freiwilligen Sozialjahres?«) und jenem der ÖVP (»Sind Sie für die Beibehaltung der allgemeinen Wehrpflicht und des Zivildienstes?«) entscheiden. In diesen Tagen erreichte mich ein Anruf Werner Faymanns während eines Urlaubs auf Mali Lošinj: ob ich mich nicht nach meinem Einsatz für das Bildungsvolksbegehren erneut einer direktdemokratischen Initiative annehmen könne, eben für ein Berufsheer.

Ich war über den Ausgang des Volksbegehrens im Vorjahr nicht enttäuscht, eher weiter kampfeslustig. Gerade auch in dieser

Sache: Auch von meinem Sohn und meinen Enkelsöhnen wusste ich, dass einem großen Teil der Jungen der Sinn des Bundesheeres in seiner jetzigen Form alles andere als klar war. Also sagte ich Faymann mein Engagement für die Linie der SPÖ bei der ersten bundesweiten Volksbefragung zu.

Die parteipolitischen Fronten schienen nur oberflächlich klar: SPÖ und Grüne für Berufsheer plus bezahltes Sozialjahr, ÖVP und FPÖ für die Beibehaltung des jetzigen Zustandes. Die Sache war in Wirklichkeit komplexer. Teile der SPÖ hingen an der alten, traditionellen Linie – auch Bundespräsident Heinz Fischer, Oberbefehlshaber des Bundesheeres. Und in der ÖVP verstand es insbesondere Erwin Pröll, knapp vor der niederösterreichischen Landtagswahl, das angebliche Wohl der österreichischen Katastrophenhilfe und des gesamten Rettungswesens als abhängig vom Weiterbestand des Zivildienstes (den die ÖVP ehedem heftig bekämpft und lächerlich gemacht hatte) darzustellen. Dagegen operierte Minister Darabos von vornherein auf verlorenem Posten: Er wurde stets mit seiner früheren Position konfrontiert und von seinem obersten Generalstabschef Edmund Entacher in einen peinlichen Infight verwickelt.

Ich argumentierte bei zahlreichen Veranstaltungen, Interviews und Kommentaren in österreichischen Medien mit internationalen Vergleichen: Eben war Deutschland von der allgemeinen Wehrpflicht abgekommen, lange zuvor schon die USA, Frankreich, Großbritannien, Italien. Überall dort gibt es eine professionelle Freiwilligenarmee, besser für den Ernstfall, mittelfristig billiger im Normalfall. Und für Österreich: Der Heeresapparat mit seinen 24.000 Verwaltungsbeamten ist grotesk aufgebläht, die 95 Kasernen fast alle in einem desolaten Zustand, der Alltag verläuft für die Präsenzdiener überwiegend sinnlos nach dem Motto: »Alles grüßen, was sich bewegt, alles putzen, was sich nicht bewegt.« Und für die innerparteiliche Diskussion: Ich verstehe zwar emotional die Sorgen über ein Berufsheer mit Bezug auf die Geschehnisse in unserem Land im Jahr 1934, sie sind aber nach rationalen

Kriterien inzwischen historisch überholt. Ich zog wie beim Bildungsvolksbegehren wie ein Wanderprediger durch das Land, diesmal aber einsamer: Mir fehlten die vielen engagierten Mitstreiter aus der Zivilgesellschaft, die SPÖ entwickelte keine echte Kampagne, das Ergebnis war abzusehen: Fast 60 Prozent der Bürger bejahten den Weiterbestand der »Wehrpflicht für einen Papiertiger« (Hans Werner Scheidl in der »Presse«). Immerhin stimmten die Jungen mit klarer Mehrheit dagegen.

Die Grundprobleme des Bundesheeres sind damit nicht ausgestanden, ganz im Gegenteil. Die Suppe muss nun nicht Darabos auslöffeln (wie von Spindelegger zynisch erklärt), sondern sein Nachfolger im Ministeramt Gerald Klug. Sie wird nicht nur für ihn immer weniger verdaulich. Es fehlen die finanziellen Ressourcen für den angekündigten neuen, reformierten Wehrdienst, Klug musste sogar weitere Millionen aus dem Budget kürzen.

Die Sache mit den Eurofightern

Ich schlug deshalb 2012 vor, die auch vom Betrieb her teuren Eurofighter stillzulegen (noch besser: zu verkaufen) und die Luftraumüberwachung im Verbund mit anderen Staaten (am besten mit der neutralen Schweiz) zu regeln. Prompt wurde mir höhnisch gekontert, ich hätte 2002 beim damaligen Finanzminister Grasser für die FACC um Zulieferungen für die Eurofighter und/oder um Gegengeschäfte lobbyiert. Aus mehreren Gründen falsch: Schon als Finanzminister der Republik Österreich hatte ich die Sinnhaftigkeit eines Ankaufs von Abfangjägern bezweifelt, dies während meiner Amtszeit auch verhindert und meine Zweifel bei der Anschaffung der Eurofighter nicht abgelegt.

Die schwarz-blaue Bundesregierung entschied sich dann anders. Unter den gegebenen Umständen war Grassers Entscheidung für den Eurofighter (obwohl diese gegen einen anfangs favorisierten US-Typ über Nacht unter nicht geklärten Umständen

fiel) in gesamteuropäischer Sicht und auch in jener des Flugzeug-
zulieferers FACC die sinnvollste Wahl, dementsprechend schrieb
ich auf Wunsch des Managements einen Brief an Grasser. Ebenfalls 2002 hatte ich zwar Gegengeschäfte für sinnvoll gehalten,
doch deren von der Regierung angegebenes Ausmaß – das Dop-
pelte des Grundgeschäftes – bezweifelt. Auf Geschäftsabschlüsse
von FACC mit Airbus hatten sie keinen Einfluss, die gab es schon
früher. Der versprochene Anschub der österreichischen Wirtschaft durch Gegengeschäfte blieb aus, die vom Wirtschafts-
ministerium angepeilte Zurechnung von Aufträgen kam nicht
zustande. Das Modell der Gegengeschäfte kann inzwischen aufgrund der internationalen Wettbewerbsregeln als weitgehend
überholt betrachtet werden.

10. Ausblick:
Die Welt, Europa und Österreich

Die größte Krise des Bankensystems seit der Weltwirtschaftskrise vor rund 90 Jahren prägt noch immer das internationale Gefüge. Am 15. September 2008 saß ich mit einem jungen Freund aus der Investmentgilde beim Mittagessen in der Kervansaray, da erreichte uns die Nachricht, dass der damalige US-Finanzminister, vorheriger Chef von Goldman Sachs, die Investmentbank Lehman Brothers über die Klinge springen lässt. Wir waren entsetzt und uns einig, dass das auch auf Europa verheerende Auswirkungen haben würde. Das wahre Ausmaß haben wir noch unterschätzt.

Damals konnten wir auch noch nicht ahnen, dass wir beide in den Aufsichtsrat der FIMBAG (Finanzmarktbeteiligung Aktiengesellschaft des Bundes, umgangssprachlich auch Banken-ÖIAG genannt) berufen würden. Die Gründung dieser Institution erfolgte durch die notwendig gewordene Übernahme der Aktienkapitalanteile an der damaligen Kommunalkredit Austria AG durch den Staat. Diese Anteile werden von der FIMBAG treuhändisch gehalten. Seit Ende Oktober 2014 hält die FIMBAG für die Republik auch treuhändisch 100 Prozent der Aktien an der Hypo Group Alpe Adria. Aufgabe der FIMBAG, in deren Aufsichtsrat ich zunächst den stellvertretenden und seit 2012 den Vorsitz innehabe, ist, den Bund im Rahmen der Maßnahmen nach dem Finanzmarktstabilitätsgesetz zu unterstützen.

Die internationale Finanzkrise hat nicht nur in Österreich viele Sünden der Vergangenheit, unterlassene Reformen und nicht vorgenommene Korrekturen von bedenklichen Entwicklungen, an die Oberfläche gebracht. Ausgelöst wurde die Krise aber in den USA: US-Präsident Bush hat jedem Bürger sein Eigenheim versprochen, Notenbankchef Greenspan flutete den Markt mit billigen Dollars, profitgierige Finanzakrobaten haben aus der amerikanischen Immobilienblase ein globales Pyramidenspiel gemacht, dem anarchisch-liberalen Zeitgeist gemäß haben alle Kontrollen versagt.

Die ganze Welt wurde zum Spielball skrupelloser Spekulanten, welche die »echten« Unternehmer und die ehrlich bemühten Politiker überspielten. »Die unsichtbaren Hände des Marktes hätten uns beinahe erdrosselt. Nur die eiserne Hand des Staates konnte die Welt vor Massenarbeitslosigkeit, Armut und politischem Radikalismus retten.« (Gabor Steingart, Herausgeber des deutschen »Handelsblattes«) Nach der Regierung Obama reagierte zögerlich auch die Europäische Zentralbank (EZB), aber letztlich richtig; die europäische Budget- und Wirtschaftspolitik hinkt allerdings den Erfordernissen noch immer hinterher. Und trotz aller Schönrederei und Gesundbeterei ist die Krise bis heute nicht überwunden.

Der internationale Ausblick: Vom »amerikanischen Jahrhundert« ...

Die Welt befindet sich durch digitale Revolution, Globalisierung, demografische Veränderungen und Klimawandel in einem Zustand radikaler und rasanter Veränderungen. Ausgelöst durch die Finanzkrise hat sich seit 2008 die weltwirtschaftliche Lage deutlich verschlechtert. Manche Experten befürchten eine säkulare Stagnation, wie es sie in Japan mittlerweile seit einem Vierteljahrhundert gibt.

Politisch markierte der Fall der Berliner Mauer 1989 eine Epochenzäsur. Der Kalte Krieg ging mit der Implosion des Sowjetimperiums friedlich zu Ende. Die bipolare Weltordnung der zwei Supermächte wurde obsolet, die USA blieben als konkurrenzlose Hypermacht zurück. Obwohl das »amerikanische Jahrhundert« noch lange nicht zu Ende ist, gerieten die USA immer mehr ins Kreuzfeuer globaler Kritik.

Unilaterale, arrogante Vorgangsweisen haben ihr Ansehen vor allem in der islamischen Welt schwer beschädigt. Trotzdem gibt es für uns in Europa gute Gründe, die einst so bewährte transatlantische Achse als eine Partnerschaft, möglichst auf Augenhöhe, zu erhalten. Nicht nur den USA gegenüber muss Europa seine Position im globalen Kontext auch politisch definieren. Ob Europa in der globalen Zukunft Mitspieler oder Spielball sein wird, hängt von seinem Willen zu politischer Einheit ab.

... zum »asiatischen Jahrhundert«?

Die technologischen Errungenschaften in den Bereichen Kommunikation und Transport haben die Welt und die Weltwirtschaft zum »globalen Dorf« vernetzt. Globalisierung heißt aber heute vor allem, dass die halbe Weltbevölkerung aus politischer Isolation in die Weltwirtschaft zurückgekehrt ist. Mit dynamischem Wachstum und riesigen Bevölkerungsmassen strebt vor allem China, aber auch Indien, Indonesien oder Brasilien nach Wohlstand. Selbst wenn man heute deshalb noch nicht das »asiatische Jahrhundert« ausrufen muss, sind wir doch mit drastischen geopolitischen Verlagerungen in Richtung Asien konfrontiert. Die boomende Wirtschaft der dortigen Bevölkerungsgiganten dürstet nach Erdöl und hungert nach Rohstoffen, der Anspruch auf die Biokapazitäten der Erde wächst. Doch die Ressourcen sind ebenso begrenzt wie die Belastbarkeit der Umwelt. Klimawandel und Umweltbedrohungen sind die Vorboten der Einsicht, dass das Wirtschaftsmodell der entwickelten Industriestaaten an seine Grenzen stößt. Aber auch Asiens Newcomer kopieren bereits das »schmutzige«, umweltbelastende, energie- und rohstoffintensive Wohlstandsmodell. Damit wird die globale Biokapazität zunehmend überschritten.

Zudem wächst die Weltbevölkerung rasant, allerdings nicht in Europa. Daher müssen innovative Wege gefunden werden, um für immer mehr Menschen Überleben und Lebensqualität zu sichern. Wir brauchen dringend ein vollkommen neues, »sauberes«, nachhaltig sozial wie ökologisch verträgliches Wohlstandsmodell. Auch andere globale Probleme bedürfen der friedlichen Kooperation einer Weltgesellschaft: internationaler Terror und Kriminalität, Seuchen und Pandemien, weltwirtschaftliche Ungleichgewichte, Migration und Flüchtlingsströme oder der »Age-Quake«, die Überalterung der Industriegesellschaften der Nordhalbkugel, während in südlichen Ländern die Bevölkerungszahlen explodieren.

Die Aufgaben Europas

So unvollständig der europäische Integrationsprozess heute auch sein mag, so bescherte er doch Westeuropa – auch mit Unterstützung der USA – eine nie gekannte Epoche des Friedens, der Sicherheit und des Wohlstands. Das Friedensmodell EU ist ein Erfolg, der eine Fortsetzung im Sinne von Erweiterung und Vertiefung verlangt. Wenn wir uns eine multipolare Weltordnung statt eines bipolaren Kräftemessens der USA mit China wünschen, dann wird künftig ein Mehr an Europa notwendig sein, ein starkes einiges, politisch kohärentes Europa. Zugunsten dieser Stärke muss sich Europa jedoch von populistischen Neo-Nationalismen verabschieden. Schon heute schlagen die Wellen auf den wirtschaftlichen und politischen Weltmeeren hoch und jeder einzelne der EU-Mitgliedsstaaten – auch die größten unter ihnen – wäre als kleine Nussschale zum Untergang verdammt. Im festen Zusammenhalt bilden sie jedoch ein durchaus hochseetaugliches Schiff, dem nur noch Kurs und Steuermann fehlen. Europa stehen nur zwei Optionen offen: als starkes Europa, also mehr Europa; oder als Europa der Bedeutungslosigkeit seiner einzelnen Teile mit üblen Perspektiven: wirtschaftlicher Abstieg, rascher Verlust an Wohlstand, sozialer Sicherheit und politischer Stabilität. Kein einzelner europäischer Staat ist so groß und mächtig, um auf der Bühne der Welt allein eine wichtige Rolle spielen zu können. In einem zersplitterten Europa hätte der fatale Spruch von Mark Twain Geltung: »Either we hang together or we will hang separately.« Heute ist Europa »ökonomisch zwar (noch) ein Riese, leider politisch aber ein Zwerg und militärisch ein Wurm«. (Egon Bahr)

Und was braucht Österreich?

Österreich gehört zu jenen Ländern, die sich nach dem globalen Schock von 2008 noch recht gut schlagen konnten. Unsere Exporte und unser Tourismus haben sich gut gehalten und eine positive Leistungsbilanz ermöglicht. Dennoch ist nicht zu übersehen, dass auch wir nur mehr ein schwaches Wachstum, eher schon Stagnation verzeichnen, die Arbeitslosigkeit – obwohl vergleichsweise noch immer niedrig – rasch ansteigt und die Lage der Staatsfinanzen sich weiter verschlechtert. Es gibt in vielen Bereichen einen immer größer werdenden Modernisierungs- und Reformbedarf, der einen Anstoß »von oben« benötigt. Neben der direkten Demokratie braucht es starke Persönlichkeiten, die gegen den Strom schwimmen und keine Angst haben, ihr Amt zu verlieren, sondern Interesse an der Gestaltung der Zukunft haben und nicht dem Motto huldigen: »Da geht mein Volk. Ich muss ihm nach. Ich bin sein Führer!« (Talleyrand)

Verschläft es Österreich, auf den raschen Wandel in allen Bereichen zu reagieren, könnte die große Erfolgsgeschichte des kleinen Landes an ein Ende gelangen. Andere Staaten würden innovativere Unternehmen hervorbringen und mit ausgeglicheneren Staatskassen Sozialsysteme und Pensionen besser sichern. Mittelfristig droht der Verlust von Wettbewerbsfähigkeit, Arbeitsplätzen und Wohlstand.

Seit 2008 hat Österreich seinen Status quo einbetoniert, wir haben es verabsäumt, mehr für die Zukunft zu tun, insbesondere für Bildung, Forschung und Wissenschaft. Unsere Verwaltung ist von Doppelgleisigkeiten (als »Föderalismus« behübscht) und Ineffizienz geprägt, viele Regionalpolitiker werden politisch überbewertet.

Insbesondere die öffentlichen Haushalte haben zahlreiche Speckgürtel angesetzt, weshalb unsere Staatsverschuldung unnötig stark weiter steigt. Erschwerend kommt hinzu, dass es sich um Konsum-, nicht um Investitionsschulden handelt. Daher ist eine nachhaltige Sanierung der öffentlichen Haushalte durch eine Budget-Diät in den Bereichen öffentliche Verwaltung, Subventionen und Transferleistungen unumgänglich – wir sind offensichtlich trotz einer der welthöchsten Steuerbelastungen nicht in der Lage, mit den Einnahmen auszukommen. Dieses gesundheitsfördernde Abspecken muss aber gleichzeitig mit Maßnahmen zu Muskelstärkung und -aufbau verbunden werden. Dies erfordert Prioritätensetzungen insbesondere in den Bereichen Bildung, Universitäten, Wissenschaft, Forschung und Innovationen. Hier wäre Sparen der falsche Weg. Wir würden in eine Austeritätsfalle tappen, würden einem Bauern gleichen, der Schulden hat und es daher unterlässt, Saatgut zu beschaffen und auszusäen.

Also muss die längst überfällige und das Vorschulalter einschließende Bildungsreform umgesetzt, die chronische Unterfinanzierung der Universitäten beseitigt und der Forschung die zur Umsetzung der von der Regierung beschlossenen einschlägigen Strategie benötigten Mittel zur Verfügung gestellt werden. Nur so werden wir die Talente der jungen Menschen heben und durch Innovationen unsere Wettbewerbsfähigkeit stärken können. Dafür brauchen wir neben den finanziellen Ressourcen auch ein entsprechendes wirtschafts- und gesellschaftspolitisches Klima in Verbindung mit einem entsprechenden Mix aus Pioniergeist und Wagemut. Das Potenzial dafür gibt es. Es bedarf nun auch der mutigen Entschlossenheit, dieses im Interesse unseres Landes zu nutzen. Dies ist nicht nur ein Appell an die Politik, sondern auch an die Verantwortung jedes Einzelnen von uns.

Mit den üblichen Trippelschrittreformen ist das allerdings nicht erreichbar. Ein Schulterschluss der Regierungsspitze mit den Spitzen der Länder und Sozialpartner für einen Großumbau der öffentlichen Haushalte muss her, für die Bereiche Steuern, Pensionen, Gesundheit, Staatsverwaltung und Föderalismus. Einzelmaßnahmen sind schon deshalb sinnlos, weil sie in der Regel wie Tontauben abgeschossen werden. Grundsätzlich haben Bund, Länder und Gemeinden nicht zu wenig Geld, sie verwenden es nur falsch. Pläne für eine Gesamtreform haben Rechnungshof, Wifo und IHS längst dargelegt, auf mehrere Jahre verteilt sind sie verwirklichbar.

Ein Budgetproblem liegt auch in der »Überdotierung« der Bundesländer im Finanzausgleich. Ich ärgere mich maßlos darüber, dass die Länder 40 Prozent der Bankenabgabe bekommen, obwohl sie zur Bewältigung der Bankenkrise nicht nur nichts beigetragen, sondern – siehe Hypo Alpe Adria – sogar wesentliche Verursacher waren. Überhaupt: Echter Föderalismus ist gut – eine weitere »Verländerung« Österreichs, wie bei der Bildungspolitik gefordert, wäre katastrophal.

All diese Appelle können sich aber nicht nur an die Politik oder die Wirtschaft richten, an »die da oben«. Wir brauchen Bürger (Citoyens, nicht Bourgeois), die »an der Basis« selbstbewusst und eigenständig agieren, mit mehr Europabewusstsein anstatt provinziell nationalstaatlichen Souveränitätsillusionen.

11. Der Mensch im Rückblick: Das persönliche Interview

Peter Pelinka: Es gibt unzählige Klischees über Sie, die wir zu Beginn dieses Interviews nacheinander durchgehen könnten. Das erste davon, bezogen auf Ihre Lebensgeschichte: »Der Hannes, der kann es!« So wurde in den späten Sechziger- und frühen Siebzigerjahren des vergangenen Jahrhunderts ein politischer Jungstar beworben, der erste in der Zweiten Republik, nur altersmäßig vergleichbar mit Karl-Heinz Grasser und Sebastian Kurz in den ersten beiden Jahrzehnten des 21. Jahrhunderts. Haben Sie das damals als Überforderung empfunden oder ohnehin als treffende Bezeichnung Ihres Talents?

Hannes Androsch: Ich bin vor nunmehr fast 50 Jahren sehr jung in eine Regierungsfunktion gekommen – und zwar in eine besondere. Auf der ganzen Welt gilt das Finanzministerium als eine solche, weil sich auf der geldlichen Ebene das gesamte öffentliche Geschehen widerspiegelt. Schon von Beginn an habe ich Bundeskanzler Kreisky ersucht – die ersten Jahre sehr erfolgreich –, er solle mich demonstrativ unterstützen, weil jede Regierung so stark ist wie die Achse Regierungschef–Finanzminister. Das hängt mit unterschiedlichen Rollenerwartungen zusammen, ein bisschen mit der Dialektik zwischen Faust und Mephisto, wobei in Frage steht, welche die attraktivere Rolle darstellt. Augenzwinkernd neige ich eher dazu, sie in der Rolle des Mephisto zu sehen.

Sie haben sich jedenfalls dieser Rolle gewachsen gefühlt?

Ich habe mich auf diese Aufgabe gut vorbereitet gefühlt. Ich bin in einer Steuerberatungskanzlei aufgewachsen, wurde von meiner Mutter schon vor meiner Einschulung ins Finanzamt mitgenommen. Später wurde ich an der Hochschule für Welthandel, der heutigen Wirtschaftsuniversität, im Revisions- und Treuhandwesen als Steuer- und Wirtschaftsprüfer ausgebildet. Parallel dazu war ich von frühester Jugend an politisch aktiv, war vor meinem Regierungseintritt schon sieben Jahre im Parlament tätig, zuerst als Klubsekretär für Wirtschaftsfragen, dann als Konsulent für Steuer- und Finanzfragen. Zum frühestmöglichen Zeitpunkt stand ich für die Wahl im März 1966 auf der Kandidatenliste, durch den tragischen Unfalltod der Abgeordneten Rosa Weber wurde ich im Oktober 1967 Abgeordneter und bekam zahlreiche Gelegenheiten zu auch internationalen Weiterbildungen und Kontakten. Daher konnte ich Kreisky mit gutem Gewissen im April 1970 zusagen, als er mich als 32-Jährigen fragte, ob ich mir die Aufgabe des Finanzministers zutraue.

Dann bewegte sich Ihre Karriere mehrere Jahre wie auf Schienen. Anfangs stetig aufwärts, für Sie logisch?

Aufwärts ja, aber nicht erwartet, noch weniger darauf angelegt. Sie hat sich ja auch nicht geplant ergeben, bekanntlich hat Kreisky vorher andere Anwärter gefragt, mit welcher Ernsthaftigkeit auch immer: Alfred Schachner-Blazizek, Rudolf Häuser, Felix Slavik, Franz Ockermüller. Durch meine Tätigkeit beim Wirtschaftsprogramm 1968 und bei der Erstellung des Finanzierungskonzeptes 1969 fühlte ich mich jedenfalls gut vorbereitet, auch durch meine Tätigkeit als stellvertretender Staatskommissär der Wiener Zentralsparkasse zwischen 1968 und 1970.

Wohl auch durch Ihre Tätigkeit in der Studentenpolitik. Haben Sie eigentlich schon damals, zu Beginn der Sechzigerjahre, in der »großen« Politik Ihr Lebensziel gesehen?

Eine Infektionsbereitschaft war da, keine Zielsetzung: »Halb zog es ihn, halb sank er hin.« Ich bin ja auch in einem sozialdemokratischen Elternhaus aufgewachsen, war also schon früh politisch interessiert und sozialdemokratisch sozialisiert.

Nächstes Klischee: »Der eiskalte Engel«. Das wurde von Ihren Gegnern wohl nicht nur wegen Ihrer Feschheit aufgebracht – Stichwort Alain Delon –, sondern auch wegen Ihrer angeblichen Kälte und Härte. Delon spielt im gleichnamigen Film ja einen äußerlich höchst attraktiven Killer. Eine gewisse Härte brauchten Sie wohl auch, wie jeder Finanzminister, speziell angesichts des allmählichen Bruches mit Ihrem anfänglichen Förderer Bruno Kreisky.

Natürlich war das eine große Enttäuschung. Die ersten Jahre waren von einem fast symbiotischen Verhältnis gekennzeichnet, legendär die Hinweise des Kanzlers zu Regierungskollegen und Wirtschaftsführern: »Da geht's zum Androsch!« Er hat ja öfter auch halb kokett gemeint, er verstehe nichts von Wirtschaft. Dann hat sich daraus aber eine allmähliche Eifersucht entwickelt, er hat sich in Wirtschaftsfragen immer öfter übergangen und ausgeschlossen gefühlt und hat – sicher auch durch Krankheiten verstärkt – Verschwörungsfantasien entwickelt. Obwohl er mit anderen, auch internationalen, Aufgaben ohnedies voll beschäftigt war.

Oliver Rathkolb, Herausgeber von Kreiskys Biografie, hat mir bestätigt, Kreisky habe bis zuletzt in einem Gästebucheintrag aus dem Jahr 1975 sein erstes Misstrauen bestätigt gesehen. Da waren Sie mit Leopold Gratz im Restaurant Lusthaus im Prater.

Ich war mit dem Poldi nie verhabert, aber immer gut mit ihm. Wir sind gelegentlich gemeinsam spazieren gegangen, an einem Sonntagvormittag eben auch zum Lusthaus. Der Chef hat uns das Gästebuch gebracht, schließlich ist der Besuch von Bürgermeister und Finanzminister kein schlechtes Renommee. Kreisky entdeckte dies später, er hat sofort gemeint, wir hätten uns gegen ihn verschworen. So hat sich sein Misstrauen vor allem gegen mich immer mehr verfestigt. Erstmals hatte sich das 1974 gezeigt, als wir ihm gesagt haben, er wäre unserer Meinung nach der beste SPÖ-Kandidat für die Bundespräsidentschaft – gleichzeitig aber auch, dass wir beide nicht daran dächten, ihm als Kanzler und Parteivorsitzender zu folgen. Ich will aber nicht verhehlen: Später hat es mir vielleicht an Feinfühligkeit und Rücksichtnahme gemangelt.

Beispielsweise?

FPÖ-Obmann Friedrich Peter hat mir einmal nach einer Auseinandersetzung zwischen unseren Parteien geraten: »Sie haben ja recht. Aber Sie müssen uns auch leben lassen.« Das hab ich oft vergessen, auch Kreisky gegenüber. Auch auf ihn nahm ich in späteren Jahren zu wenig Rücksicht, wenn ich mich im Recht fühlte. Die war bei wichtigen Fragen mehrfach der Fall. Das galt auch für Pressekonferenzen: Margarete Freisinger von der »Presse« stellte mir einmal eine kritische Frage, die ich fast als Sakrileg empfand. Ich habe sie öffentlich niedergemacht, sie hat sich sehr gekränkt, heute sind wir Freunde. Das galt für viele Journalisten, nur Ronald Barazon von den »Salzburger Nachrichten« ließ sich nie abschrecken.

Also doch der »eiskalte Engel«: hart, unnahbar, autoritär. Hat Sie auch diesbezüglich die Weisheit des Alters erfasst?

Insofern, als ich gesehen habe, dass ich manche Schläge deswegen nicht ganz zu Unrecht erhalten habe. Dass ich sie bekommen habe, ja, jedoch nicht in der Art, wie ich sie bekommen habe. Da ist ein Außenbild der Arroganz entstanden, das nicht meiner emotionalen oder sozialen Befindlichkeit entsprochen hat.

Dazu gehörte auch das Schema: » Wer nicht für mich ist, ist gegen mich.« Das galt wohl auch für Ihren großen Gegner Kreisky, besonders in seinen letzten Lebensjahren. Gilt es für Sie noch heute?

Rachegefühle bis zum Tod gibt es bei mir nicht. Das kann ich ruhigen Gewissens sagen, das habe ich erkannt – es beeinträchtigte mein Wohlbefinden, meine Lebensqualität. Das Schlimmste, was einer von mir erfahren kann, ist, dass ich ihn ignoriere, dass er mir egal ist.

Nicht zufällig behaupten Sie exakt das über Ihren zweiten großen innerparteilichen Widersacher, jenen aus der späteren Phase, Franz Vranitzky. Mit Verlaub: Das glaube ich Ihnen nicht. Gerade über ihn sprechen Sie stets auch mit einer gewissen Emotionalität, der ist Ihnen nicht egal. Früher zumindest äußerten Sie sich im Ton fast so abschätzig wie der späte Kreisky über Sie. Sind Sie auch diesbezüglich etwas milder geworden?

Was diesbezüglich bleibt, sind Enttäuschungen, politische wie persönliche. Aber auch da schaue ich lieber in die Zukunft. Nehmen wir das Beispiel Karl Blecha, auch während meiner Auseinandersetzung mit Kreisky einer seiner begeistertsten Mitspieler. In den Neunzigerjahren wollte er mich plötzlich wieder treffen. Ich traf ihn in der Bristol-Bar, er sprach von Missverständnissen zwischen uns. Meine Frau hat nicht verstanden, dass ich ihn überhaupt treffe. Ich habe das getan und ihm gesagt: »Charly, ich kann mich nicht um die Vergangenheit kümmern, ich muss mich um die Zukunft kümmern.« Inzwischen haben wir eine gute Beziehung.

Vor allem manche in der SPÖ nahmen Ihnen Ihren Wohlstand krumm. Nächstes Klischee: der »Leider-nein-Millionär«, der »mit den hundert Anzügen vom Luxusschneider Knize«.

Das mit dem »Leider-nein-Millionär« – sicher keine glückliche Bemerkung – habe ich schon im Text klargestellt, das war eine verfälschende Verkürzung. Und im Schrank hatte ich nie hundert Anzüge. So werden gestreute Gerüchte zu unausrottbaren Legenden, so wie auch die Mär von einem angeblich verlängerten Dienstauto.

Das waren jeweils Nadelstiche gegen Hannes Androsch, angebliches Symbol für die Verbürgerlichung der Sozialdemokratie, ein Neureicher, der in die Politik ging, um mit seiner Consultatio mehr Gewinn zu machen. Haben Sie diesen Vorwurf in seiner Gefährlichkeit unterschätzt?

Mein Fehler war, dass ich den Vorwurf meines ohnehin erst später erworbenen Wohlstands nur als politische Bedrohung wahrgenommen habe, nicht als Asset. Dabei hat schon die legendäre Rosa Jochmann gesagt, ich solle mich nicht gegen mein Millionärs-Image verteidigen: »Was willst, heute ist doch jeder schon mit einer Eigentumswohnung ein Millionär« – damals in Schilling gedacht. Der heutige Finanzminister Schelling redet offen über seine Vermögenssituation, niemand nimmt ihm das übel. Ganz im Gegenteil: Man sieht dies als Grundlage seiner Unabhängigkeit an.

Er steht aber auch nicht für eine SPÖ. Die zumindest damals den Anspruch erhob, DIE Arbeiterpartei zu sein.

Aber deswegen muss sich nicht automatisch ein Neid auf Besserverdiener entwickeln. Den gab es schon damals eher bei manchen Funktionären als bei den Mitgliedern oder Wählern. Und dort gab es viel Heuchelei, vielleicht begünstigt durch ein seltsam schlechtes Gewissen. Da gab es etwa einen früheren Parteivorsitzenden, der eine relativ bescheidene geförderte Wohnung auswies – aber dafür besaß er gleich drei davon. Ein früherer Bundespräsident besaß auch regelwidrig zwei geförderte Wohnsitze. Und Bruno Kreisky pflegte als Bundeskanzler einen sehr großbürgerlichen Lebensstil, in einer Villa mit mehreren Angestellten, dazu ein Ferienhaus mit Pool auf Mallorca. Das war mit seinem Gehalt allein nicht finanzierbar, dafür musste er sein privates Vermögen und das seiner Frau einsetzen – und hatte immer noch Geldprobleme. Ich wollte nie in eine ähnliche Abhängigkeit geraten. Ich bin sicher nicht aus pekuniären Gründen in die Politik gegangen. Ich habe als Abgeordneter und Wirtschaftsprüfer mehr verdient als dann als Regierungsmitglied.

Heute sollten Politiker nach Meinung von politischen und medialen Populisten noch weniger verdienen als damals.

Wer in die Politik geht, sollte doch nicht das Gelübde von Armut und Keuschheit ablegen müssen. Wer es dennoch tut, ist meist ein Heuchler. Ich war schon als Klubsekretär auch eine Art Beichtvater: Abgeordnete, die nach außen die offizielle Bescheidenheit vorgaben und dann zu mir kamen: »Kannst du mir vom Klub einen Vorschuss für einen Hausbau beschaffen?« Ein Politiker sollte ein Mindestmaß an materieller Unabhängigkeit besitzen, das ist die nötige Basis für eine innere Festigkeit.

In diesem Zusammenhang traf Sie aber der zentrale Vorwurf bezüglich der Steuerberatungskanzlei Consultatio: Sie hätten durch Ihr politisches Amt überdurchschnittlich profitiert. Härter noch: Sie wären nur in die Politik gegangen, um Ihr Vermögen zu vermehren.

Das ist eine tatsachenwidrige Behauptung. Ich bin einen geraden Weg in die Politik gegangen, dafür spielte Geld keine Rolle. Auch bei der Consultatio haben sich letztlich alle Vorwürfe in nichts aufgelöst. Der Höhepunkt war, dass die Finanzprüfer, nachdem ihnen nichts anderes mehr eingefallen ist, mir Gewinne zugeordnet haben, von denen sie selbst sagten, die hätte es gar nicht gegeben. Das war leider am Ende das Ziel Kreiskys: Hauptsache, wir bekommen Beschlüsse, die ihn aus der Politik entfernen. Das hat natürlich der ÖVP und einigen Medien gefallen. Und in der SPÖ einigen Kreisen, denen ich ideologisch als ein wirtschaftsliberaler Sozialdemokrat nicht gefallen habe. Es war einer meiner Fehler, dass ich denen nicht mit Gesprächsangeboten entgegenkam. Brigitte Ederer hat mir vor kurzem lachend erzählt, wie sie und andere Jusos mich bei Kreisky angriffen und der ihnen verschmitzt entgegnet hat: »So erfolgreich müsst ihr einmal werden!« Sie hat es jedenfalls erreicht.

Sie waren damals wirklich eine perfekte Zielscheibe für Jusos. Gerd Bacher hat geschildert, Sie hätten auf seine Frage, was Ihnen wichtiger wäre, Geld oder Macht, geantwortet: Beides.

Da hat mein alter, nun leider verstorbener Freund etwas missverstanden. Bezogen auf das Kanzleramt hätte es das auch gar nicht spielen können: Ich habe es nie offensiv angestrebt, natürlich wäre es eine Zeitlang eine logische Möglichkeit gewesen, wenn Kreisky das gewollt hätte. Hat er aber nicht. Und während der folgenden Kampagne gegen mich war auch diese theoretische Möglichkeit vorbei: Da wunderten sich Leute, die an meinem

Haus in Neustift vorbeifuhren, darüber, wie klein es war im Vergleich dazu, wie es manche Medien schilderten, als wahre Protz- und Prachtvilla. Heute ist es weit größer und keiner kümmert sich darum, warum auch: Es ist ausschließlich von meinem privaten Einkommen finanziert. Aber in der Politik benötigt man natürlich auch Macht, um etwas bewegen zu können. Das Gegenteil zu behaupten wäre eine Heuchelei. Oder man will gar nichts gestalten. Macht muss aber legitimiert sein, zeitlich begrenzt und kontrollierbar.

Und heute sind Sie wirklich reich …

Ich habe mit sieben Jahren erlebt, wie mein Großonkel und meine Großtante von einer Stunde auf die andere Haus und Hof verlassen mussten, wie rasch alle Güter weg sein können. Habe aber auch erlebt, wie sie sich danach trotzdem eine neue Existenz aufbauen konnten und im hohen Alter zufrieden gestorben sind. Geld ist für mich ein Organisationsmittel, ich habe keine erotische Beziehung dazu, noch weniger eine raffgierige. Es ist aber ein gutes Gefühl, in Maßen stets das tun zu können, was einen gerade interessiert. Die Tatsache eines inzwischen erreichten Wohlstandes ist angenehm, doch war es nie und ist es nie mein Ziel, Vermögen anzuhäufen.

Ein Beispiel dafür, dass es sich in der Welt der Wirtschaft besser lebt als in jener der Politik?

Natürlich lebt es sich in der Welt der Wirtschaft einfacher und bequemer und du musst dich nicht ständig rechtfertigen. Andererseits bietet die Welt der Politik mehr faszinierende Perspektiven, gesellschaftliche Rahmenbedingungen zu gestalten. Auch die damals größte Bank Österreichs, die CA, bot Gestaltungsmöglichkeiten, aber die betrafen nicht umfassend die Rahmenbedingungen. In der Wirtschaft sind die vergleichsweise einfacher, orientieren sich an monatlich oder vierteljährlich vorliegenden Bilanzen oder am Jahresergebnis. Die Bilanz in der Politik dagegen, das Wahlergebnis, hängt von viel mehr emotionalen, auch irrationalen Faktoren ab. Es sind auch die Sanktionen verschieden: hier eine mögliche Abwahl, dort die Insolvenz.

In welcher Welt haben Sie sich wohler gefühlt?

Am wohlsten fühle ich mich in meiner jetzigen Situation: als industrieller Investor, der weiter politisch und publizistisch agieren kann, ohne Rücksichtnahme auf den öffentlichen Raum, auch ohne geheuchelte Askese.

Sie haben von der starken politischen und beruflichen Prägung durch Ihr Elternhaus berichtet. Wie stark haben Sie selbst Ihre Kinder und Enkel geprägt?

Für meine Töchter habe ich leider während meiner politischen Tätigkeit zu wenig Zeit gehabt, bei meinen vier Enkelkindern – ein Mädchen, drei Buben – versuche ich solche Fehler zu vermeiden. Vor allem auch bei meinem Sohn, der eben mit 18 Jahren maturiert hat. Als er zur Welt kam, wünschte ich mir, ihn zur Matura begleiten zu können, jetzt haben wir uns ein neues Ziel vorgenommen.

Welches?

Den Abschluss seines Studiums. Vor allem aber, dass wir beide noch möglichst viele gemeinsame Jahre erleben können, in meinem Alter sicher viel schwieriger als in seinem. Es war stets meine besondere Sorge, dass ein Kind einmal schwer krank zur Welt kommen könnte, das habe ich – dem Schicksal sei Dank – nie erlebt. Aber 2010 habe ich eine extrem schwierige Phase erlebt: Dass meine Mutter mit fast 99 Jahren starb, war natürlich überaus schmerzlich, aber vorhersehbar. Dazu bekam ich selbst einen nicht gerade erfreulichen Befund von Altersleukämie. Sie erwies sich als relativ leichter Fall, sonst wäre ich heute nicht hier. Die größte Sorge bereitete mir aber der damals 13-jährige Gregor: Auch bei ihm schien die Diagnose Leukämie fix zu sein. Ich fuhr nach Graz, um ihn bei seiner entscheidenden Untersuchung zu begleiten. Während der Fahrt hat er mich angerufen: »Papa, wann bist du endlich da, du strahlst so eine Ruhe aus.« Dabei war ich alles andere als ruhig. Die Ruhe stellte sich erst ein, nachdem sich alles zum Besseren gewendet hatte.

»Ich habe anfangs natürlich nicht mitbekommen, welch bekannter Mann mein Vater ist. Nur, dass er selten da war, darunter habe ich eine Zeitlang gelitten. Da habe ich mir auch gewünscht, dass wir eine Hauptfamilie werden, mit Wohnsitz in Graz. Das wird aus verschiedensten Gründen nie eintreten, auch weil ich vielleicht in den USA Architektur studieren will ... Ich hatte als Kind große Angst, wenn mein Vater in die USA flog: Als ich vier Jahre alt war, haben wir gemeinsam am Wörthersee den Flugzeugangriff auf das World Trade Center erlebt, das hat er mir später als Zäsur des Jahrhunderts erklärt. Ich wollte nie Androsch heißen, schon aus Angst vor einer Entführung, wie sie meiner Halbschwester in Wien einmal angedroht wurde. In meiner Volksschulzeit hat er sehr oft angerufen, meist täglich, auch aus Indien oder China. Die politische Biografie oder die als Banker bekam ich ja nicht mit, erst die als Unternehmer ... Wir machen regelmäßig Kulturreisen, etwa nach Rom mit dem Monsignore Plöbst. Oder eben nach New York, das hat mir Papa jetzt nach meiner Matura gezeigt. Es stimmt, dass ich recht faul war in der Schule, aber er hat immer gesagt, ich soll mich nicht aufregen, auch er hat Fünfer gehabt im Zeugnis. Filme im Fernsehen konnte ich fast nie mit ihm sehen, er hat im gleichen Zimmer Zeitung gelesen oder telefoniert ... Spielfilme interessieren ihn

nur, wenn sie mit Geschichte zusammenhängen. Übrigens:
Wenn mein Vater mir etwas aus unserem Gespräch zensiert,
ziehe ich mein Interview zurück ...«
Gregor Rothschedl, Jahrgang 1997, Maturant, Sohn

Sie haben Gregor mit knapp 60 Jahren bekommen, er wurde von
Ihnen erst später als Ihr Sohn »geoutet«. Seither haben Sie neben
Ihrer drei Generationen umfassenden Kernfamilie in Wien eine
Art zweite Familie in Graz, mit Gregor und seiner Mutter Claudia.
Für Gregor sind Sie ein »Wochenend- und Urlaubspapa«. Eine
ungewöhnliche Situation, die Sie aber nach anfänglichem Schwei-
gen öffentlich leben.

Meine Sorge war, dies unter einen Hut zu bringen. Es war nicht
einfach, für keinen der Beteiligten, vor allem für keine der Beteiligten. Ich kann nur immer wiederholen: Für mich ist Liebe keine
Bruchrechnung. Ich hatte einmal den Wunsch, zu meinem 70. Geburtstag alle an einem Tisch zu versammeln, das war kein großer
Erfolg. Seither habe ich keinen mehr gestartet.

»Kennengelernt habe ich Hannes durch seine damalige Sekre-
tärin, die gemeint hat, zwei so interessante Persönlichkeiten
sollten sich kennenlernen. Politisch war er mir nicht so nahe,
ich bin in einer ÖVP-Familie aufgewachsen, ich war als Mäd-
chen höchstens von der Persönlichkeit Kreiskys beeindruckt ...
Wir sind durch unsere Beziehung in eine schwierige Situation
geraten, er auch. Er hat sehr gelitten, wollte niemanden krän-
ken, vor allem seine Stammfamilie nicht ... und ich wollte
eigentlich keine ledige Mutter sein, schon weil ich selbst ohne
Vater aufgewachsen bin. Aber natürlich wollten wir beide
diesen Sohn, er ist ein geliebtes, gewolltes Kind, Hannes hat
sich auch sofort als Vater registrieren lassen. Eine Zeitlang
haben wir quasi inkognito gelebt, als die Situation dann doch
bekannt wurde, hat er einmal versucht, alle unter einen Hut

zu bringen, das war nicht sehr erfolgreich, das Austragen persönlicher Konflikte ist nicht gerade seine Stärke … Zu seiner Mutter hatte ich stets ein gutes Verhältnis, ebenso heute noch zu seiner Schwester und seinem Schwager … Der Bub gibt ihm jetzt noch zusätzliche Motivation, aber er ist ja so und so ein sehr dynamischer Mensch. Jetzt kann ich dem Gregor objektiv sagen, es gibt kaum einen anderen Österreicher, der solche Fähigkeiten hat wie er, der so auf allen Ebenen mit allen sprechen und ihnen seine Ansichten vermitteln kann.«
Claudia Rothschedl, Jahrgang 1964, Wirtschaftspsychologin

Gab es nie den Gedanken einer Scheidung?

Von mehreren Seiten. Aber ich bin sozial ein treuer Mensch. Man darf auch nicht vergessen, dass meine Frau ebenso wie meine Mutter sich in Zeiten größter politischer und wirtschaftlicher Belastung stets äußerst unterstützend verhalten hat. Nicht nur sie verdient dafür respektvolle Dankbarkeit, ebenso meine Töchter, meine Schwester und ihr Mann. Und etliche Freunde: Das erfreulichste Ergebnis der konfliktgeladenen Zeit zwischen 1976 und 1996 war die Vielzahl derer, die zu mir gehalten haben, ohne von mir etwas erwarten zu können.

Existiert noch der frühere Androsch, dem die Frauenherzen zuflogen? Fritz Hofmann hat mir geschildert, wie beliebt Sie bei den Mädels waren, wohl auch in späteren Phasen. Zumindest gab es stets etliche Gerüchte, die wohl keine reinen Gerüchte waren.

Dabei war ich eher ein gehemmter, junger Mann, ohne deswegen zölibatär gelebt zu haben. Meine spätere Popularität als Politiker wird wohl auch auf die weibliche Welt ihre Wirkung gehabt haben.

Ihre heutige diesbezügliche Bilanz: Hier stehe ich und kann nicht anders?

Ja, ich bereue, dass ich den vorhersehbaren Konflikt nicht gleich ausgetragen habe.

Etliche Wegbegleiter berichten von Ihrer Schwierigkeit, persönliche Gefühle zu zeigen.

Das mag neben meiner Durchsetzungshärte ein weiterer Grund dafür sein, dass ich bisweilen arrogant wirke. Das mag zusammenhängen mit der Unsicherheit der Kriegs- und Nachkriegszeit, die ich erlebt habe, oder mit der Invalidität meines Vaters oder mit den zahlreichen Schul- und Ortswechseln. Vielleicht tut man sich da schwerer, seine Gefühle zu zeigen, vielleicht baut man deshalb eine gewisse Panzerung auf. Ich habe einmal zu Beppo Mauhart gesagt – wir beide fanden den anderen beim ersten Zusammentreffen übrigens schrecklich arrogant: »Arroganz ist der Schutzschild von feinfühligen oder empfindsamen Menschen.«

Weil Sie die zahlreichen Ortswechsel angesprochen haben: Was bedeutet der Begriff »Heimat« für Sie?

Ich mag den Begriff nicht sehr, weil er von politischen Bewegungen immer wieder missbraucht worden ist. Ich erinnere mich an die kluge Bemerkung Bruno Kreiskys, als er die Ehrenbürgerschaft von Wien entgegennahm: »Heimat ist nicht der Ort, wo man geboren, sondern wo man begraben sein will.« Ich erfuhr schon vom elterlichen Umfeld her eine kosmopolitische Orientierung, mir gehen manche Duseleien in diesem Zusammenhang ziemlich auf die Nerven. Vor allem wenn sie sich prinzipiell gegen die Weltoffenheit richten, politisch etwa gegen eine Vertiefung der Europäischen Union, wirtschaftlich gegen die Globalisierung oder Handelsabkommen. Da wird oft versucht, durch eine Abgrenzung nach außen eine innere Erhöhung zu erzielen. Regionale Identität im Verbund mit Weltoffenheit schätze ich natürlich.

Aber zu bestimmten heimischen Regionen hat der Wahl-Ausseer Androsch doch eine besondere Beziehung?

Ja, ich habe speziell zum Ausseerland eine tiefe Beziehung, durch soziale Kontakte und Beziehungen über Jahrzehnte, inzwischen auch zu Graz, Maria Wörth und Lech. Mir ist die Oberflächlichkeit von angepassten und sich ständig neu anpassenden Flachwurzlern, überall gewesen, aber nirgendwo hingekommen zu sein, zuwider. Ich habe dort örtliche Bindungen, das hat aber mehr mit den Menschen zu tun als nur mit den Orten. Ich bin auch Kosmopolit, vor allem ein Europäer, der den westlichen Werten der Aufklärung, der Demokratie und des Humanismus verpflichtet ist. Und ich bin Patriot in dem Sinn, dass ich stolz darauf bin, wie sich Österreich in den letzten 70 Jahren entwickelt hat.

Offenbar leiden Sie derzeit umso mehr unter manchen Fehlentwicklungen.

Ich ärgere mich vor allem über Unterlassungen und Versäumnisse. Über Trägheit, Bequemlichkeit, Mutlosigkeit, Feigheit, die zu Fehlentwicklungen führen. Und zwar nicht ausweglos, wie etwa eine schreckliche Naturkatastrophe, wie der Tsunami 2004 oder die Erdbeben in Nepal 2015. Österreich könnte besser dastehen, wenn es nicht diese Unterlassungen gäbe, durch die wir an Boden verlieren. Und erst recht gilt dies für Europa. Wohin dies führt, erleben wir derzeit in Österreich wie in ganz Europa.

Sind da hauptsächlich die Politiker schuld?

Keineswegs ausschließlich. Ich sage bei Veranstaltungen immer wieder: Leute, von nichts kommt nichts. Ihr dürft doch nicht warten, bis euch Politiker für komplexe Probleme schnelle, angeblich einfache Lösungen präsentieren, dazu sind selbst gutwillige nicht in der Lage. Ihr müsst euch auch selbst einmischen, bemühen, engagieren. So wie ich das in einer späten Phase meines Lebens versucht habe, beim Bildungsvolksbegehren oder der Bundesheer-Volksbefragung. Jeder ist in diesem Sinn auch seines Glückes Schmied. Sosehr ich beispielsweise den Wohlfahrtsstaat für eine große Errungenschaft halte, ist er doch kein Ersatz für eine Eigenleistung – die ist schon für den Eigenwert eines jeden nötig. Es geht aber nicht, dass sich zwar die Verhältnisse ändern mögen, aber alles gleich bleiben soll.

Ist der vielfache Millionär Hannes Androsch noch ein Sozialdemokrat?

Von der Wertestruktur jedenfalls, abgeleitet von Humanismus und Aufklärung, von Toleranz und Solidarität. Aber diese Werte sind in einer sich ständig und so rasch wie kaum jemals zuvor verändernden Welt zu realisieren. Solidarität bedeutete im Frühstadium der Industrialisierung etwas anderes als in einer Phase, wo – jedenfalls in unseren Gesellschaften – die meisten Menschen weit mehr zu verlieren haben als ihre Ketten. Daher gilt es das Erreichte abzusichern. Das bedeutet, das, was man verteilen will, zu erwirtschaften, wozu man den Veränderungen, Umstürzen und Umbrüchen Rechnung tragen muss, will man nicht Stillstand in Kauf nehmen und Rückschritt erleiden.

Es gibt kaum einen Sozialdemokraten, der seine Partei oder zumindest deren Spitzenvertreter so oft kritisiert wie Sie. Warum?

Weil ich besorgt bin, mich der Niedergang nach den großen Erfolgen schmerzt und traurig macht. Wohl auch, weil ich der Sozialdemokratie und ihren Grundwerten so verbunden bin, natürlich auch, weil ich in einer für Österreich besonders erfreulichen Periode große Verantwortung tragen konnte und nun unter den zahlreichen Versäumnissen leide. Es schmerzt, den Abstieg der Sozialdemokratie miterleben zu müssen, auch wenn dies in ganz Europa der Fall ist und auch andere große Gruppierungen betrifft. Die Mitte schrumpft, die radikalen Ränder werden stärker, die politische Handlungsfähigkeit sinkt dramatisch.

Mit Bruno Kreisky haben Sie sich lange und tiefe Konflikte geleistet ...

Er eher mit mir ... und wohl auch mit anderen.

... die in diesem Buch ausführlich behandelt werden. Fast ebenso bitter wie er über Sie urteilten Sie lange über Ihren ehemaligen Mitarbeiter Franz Vranitzky. Sind Sie heute etwas objektiver?

Vranitzky ist mir von Heinz Kienzl empfohlen worden, tatsächlich wurde er zusammen mit Beppo Mauhart mein wichtigster Mitarbeiter im Finanzministerium. Dann wollte er sich zu seinem Vorteil in der CA verwirklichen und ist durch meine Veränderung in die Länderbank gekommen. Sinowatz hat ihn nach drei Jahren zum Finanzminister gemacht nach dem Motto: »Da habe ich den Androsch ohne Androsch.« Ich war anfangs erfreut über sein Avancement zum Finanzminister. Dann hat er mich aber enttäuscht, sowohl sachlich als auch persönlich.

279

Vor allem weil er nicht die Überprüfung der Finanzverfahren gegen Sie verfügt hat?

Ja, das war der Knackpunkt. Es hätte Möglichkeiten gegeben, die Sache zu objektivieren, ohne dass er sich als Minister einmischen und sich Befangenheit hätte vorwerfen lassen müssen.

Und als Kanzler?

Musste er mehr den Bundespräsidenten ersetzen und war daher weniger Kanzler und noch weniger Parteivorsitzender. Die FPÖ hat er nach dem Sturz Stegers wenig weitsichtig zu rasch fallen lassen, ohne Haider wirklich inhaltlich zu stellen, weil er die ÖVP so rasch wie möglich wieder ins Boot holen wollte. Kreisky hat dies sofort als historischen Fehler kritisiert. Ich muss aber zugeben, dass Vranitzky dadurch der SPÖ wahrscheinlich noch eine Wahl retten konnte, die schon verloren schien – eine ambivalente Geschichte ähnlich wie bei der Volksabstimmung Kreiskys über Zwentendorf vor der Wahl 1979. Danach hat er davon profitiert, dass Österreich durch die internationale Isolierung Kurt Waldheims gelähmt war und er dieses Vakuum geschickt gefüllt hat. Heute ist er mir egal.

Und seine Nachfolger?

Klima hat Österreich als Finanzminister gut auf den Euro vorbereitet. Als Regierungschef und Parteivorsitzender war er weniger glücklich und hat die Absicht Schüssels zu spät durchschaut: Der hat dem Regisseur Luc Bondy bereits am Tag nach der Wahl 1999 auf dessen entsetzte Frage, ob er etwa ein Bündnis mit Haider erwäge, gesagt, ihm werde nichts anderes überbleiben. Gusenbauer ist gebildet und geschickt, aber er hat zu wenig emotionale Kompetenz. Und Faymann wollte eigentlich Wiener Bürgermeister werden.

280

In der gesamten europäischen Politik, speziell in der sozialdemo-
kratischen, scheinen heute große Figuren zu fehlen. Bei aller Kri-
tik an Einzelnen: kein Kreisky, kein Brandt, kein Palme, kein
González, kein Mitterrand, kein Delors, auch kein Schröder.

Europa wurde im Wesentlichen aufgebaut von zwei großen Volks-
parteien, der sozialdemokratischen links der Mitte, der christde-
mokratischen rechts der Mitte. Das ist auch heute noch der große
Kern im Europäischen Parlament. Aber dem fehlt es heute meinem Eindruck nach an großen Visionen wie damals etwa der
eines geeinten, friedlichen Europa. Daher lassen sie sich so vielfach von rechten oder linken Extremisten vor- und zu punktuel-
lem Populismus verführen. Es fehlen insgesamt die Antworten auf
die großen Fragen der Zeit, die den verständlicherweise besorgten
Menschen Perspektiven und Orientierung bieten könnten. Die
wenden sich dann eben populistischen Verführern zu, wie manche Wahlresultate in Europa beweisen.

Was wäre denn heute Ihre europäische Vision?

Die eines vertieften Europa, qualitativ, nicht nur quantitativ er-
weitert. Mit einer koordinierteren Wirtschafts- und Sozialpolitik,
einer einheitlicheren Sicherheits- und Außenpolitik. Die EU ist
heute zwar ungleich mehr als ein Staatenbund, aber gleichzeitig
noch weit davon entfernt, ein Bundesstaat zu sein. Sie nennt sich
Union, ist aber vielfach eine Disunion. Das beweist ihre – gelinde
gesagt – zögerliche Haltung in Sachen Ukraine, in Sachen Naher
und Mittlerer Osten, in Sachen Kriege in West- und Nordafrika,
in Sachen der auch daraus entstehenden Flüchtlings- und Migra-
tionsströme. All das betrifft doch unsere Nachbarschaft, nicht
jene der USA oder Chinas.

Es spricht doch für oder besser gesagt gegen den Zustand der Union, dass sie derzeit einzig und allein von Angela Merkel zusammengehalten wird, einer geschickten Pragmatikerin, aber nicht gerade einer Visionärin. Und dass der logische Führer der europäischen Linken, François Hollande, alles andere erfüllt als diese Funktion?

Wer seinen eigenen kleineren Zug nicht auf Schiene hält, kann es bei einem wesentlich größeren dann schon gar nicht.

Merkel scheint wenigstens ihren gar nicht kleinen deutschen Zug gut im Griff zu haben.

Hat sie dank eines soliden ökonomischen Unterbaus, der aber – wie sie selbst zugab – großteils noch Gerhard Schröder geschuldet ist. Es gibt aber auch genug Schwachstellen, wenn ich mir die Streikwellen von den Kindertagesheimen bis zu den Lokführern ansehe. Und es gibt außenpolitische Schwächen, etwa die Behandlung Putins. Man muss kein besonderer Freund Putins sein, um es unklug zu finden, ihm ausgerechnet an einem wichtigen Feiertag nach einem Gespräch öffentlich zu sagen, die Besetzung der Krim wäre völkerrechtswidrig – was in der Sache stimmt, aber nicht zu diesem Zeitpunkt an dieser Stelle noch einmal festgehalten werden musste. Da scheint mir die britische, zynische Haltung angebrachter: »Wir haben keine Feinde oder Freunde, wir haben nur Interessen.«

Entspricht es den europäischen Interessen, Russland noch stärker in die Isolation zu treiben, als es das selbst schon tut?

Russland hat wirtschaftlich in den letzten Jahren hauptsächlich vom hohen Gas- und Ölpreis profitiert, sonst gibt es dort nichts Wesentliches außer der Militärtechnologie. Man sollte aber nicht in einen Triumphalismus verfallen und Russland nur als eine Re-

282

gionalmacht ansehen: Das ist ein Land mit 17 Millionen Quadratkilometern, reich an Erdöl- und Rohstoffvorräten, mit nuklear bestückten Raketen, es ist eine Vetomacht im Sicherheitsrat, die man für Lösungen von Afghanistan über den Iran bis Syrien und Libyen braucht. Europa hat Russland zuletzt nicht mit diplomatischer Weisheit behandelt. Man muss Rücksicht nehmen auf Russlands Einkreisungs- und Bedrohungsängste, für die es von Napoleon bis Hitler historische Anlässe gibt. So wie man natürlich auch umgekehrt die historisch geprägten Ängste Polens oder der baltischen Staaten vor einem imperialen Russland berücksichtigen muss. Schon vor 15 Jahren hat mir Henry Kissinger gesagt, man müsse bei der Ukraine vorsichtig sein: Die sei für Russland ebenso wichtig wie Mexiko für die USA. Darauf hat man nicht Bedacht genommen, sondern die NATO vor die Nase Russlands gesetzt. Und nicht berücksichtigt, dass Russland und Europa sicherheitspolitisch wie auch wirtschaftspolitisch voneinander abhängig sind wie siamesische Zwillinge.

Haben die Russen nicht auch die chinesische Karte in der Hinterhand? Oder China die russische?

Eher die Chinesen die russische. China und Russland sind bei allen Zweckbindungen doch von der Logik der Geografie und der Demografie her eher Opponenten als Partner. Wobei man sich kaum etwas weniger wünschen könnte als russisch-chinesische Konflikte, wie es sie schon gab. Es wäre sehr gut, wenn sie ihre unterschiedlichen Interessen partnerschaftlich lösen könnten. Die Eurasische Wirtschaftsunion Putins ist trotz aller Appelle an den russischen Nationalismus mehr eine politische Ersatzbefriedigung als eine tragfähige Alternative.

Die andere der beiden früheren Supermächte scheint zumindest noch eine zu sein. Oder werden die USA weiter Terrain verlieren?

Da kann man Mark Twain zitieren: »Die Nachricht von meinem Ableben war etwas voreilig.« Die USA haben zwar riesige Probleme, weil sie ein mehrfach gespaltenes Land sind: Die weiße, ehemals so dominante Schicht hat immer noch nicht die Rassenprobleme mit den Schwarzen gelöst und hat neue mit den Latinos und jetzt auch noch – andere – mit den Asiaten. Dazu kommt die innenpolitische Spaltung, viele Republikaner haben schon Carter und Clinton gehasst und tun das noch mehr bei Obama. Eine Überwindung dieser sozialen und politischen Spaltungen wäre extrem wichtig, nicht nur für die USA, für die ganze Welt. Denn die beherrschen sie noch immer, technologisch wie militärisch. Es ist etwa atemberaubend, was sich in den letzten 20 Jahren im Silicon Valley abspielt, von Google bis Microsoft, von Apple bis Facebook. Dann haben die Amerikaner nach wie vor die besten Universitäten und Denkfabriken, die größte Forschungs- und Innovationskapazität. Weltwirtschaftlich läuft nichts gegen die USA, das meiste nicht ohne sie, vor allem nichts im globalen Finanzwesen.

Und militärisch?

Die Briten haben im 19. Jahrhundert gesagt, »Britannia rules the waves«, die USA tun das heute mit ihren elf Flugzeugträgerflotten. Auch der Luftraum und das Weltall werden weiter von den USA dominiert.

Wird China nicht bald die zweite, gar die erste Supermacht?

Diese Szenarien sind mehr als verfrüht. Aber das 21. Jahrhundert wird nicht mehr so deutlich wie das späte 20. Jahrhundert nach dem Zweiten Weltkrieg das amerikanische sein.

*Noch einmal zurück zum Menschen Androsch: Die Schwäche der
alten politischen Ideologien lässt international religiöse Funda-
mentalismen à la IS blühen. Andererseits schwächelt in unseren
Breiten die »normale« Religiosität. Sieht der Atheist Androsch
das mit Sorge oder Freude?*

Ich habe immer wieder mit katholischen Geistlichen wichtige
Gespräche geführt, etwa Kardinal Franz König oder meinem
persönlichen Freund, dem Leobener Stadtpfarrer Monsignore
Markus Plöbst. Deren Rat habe ich sehr geschätzt oder schätze
ihn noch. Es macht ja offenbar den Homo sapiens auch aus, dass
er auch ein religiöses, jedenfalls ein spirituelles Gen hat, es zeichnet den Homo sapiens überhaupt nicht aus, dass es bei allen
Religionen fundamentalistischen Irrsinn gab oder gibt. Aber unbestritten haben Religionen für die zivilisatorische Entwicklung
der Menschheit eine wichtige, wenngleich bisweilen auch fatale
Rolle gespielt.

*» Wir haben seit meiner Zeit in Aussee relativ engen, jedenfalls
regelmäßigen Kontakt miteinander. Das ergab sich auch daraus, dass sich unsere beiden Mütter bestens miteinander
unterhalten konnten, beispielsweise, welcher Sohn mehr Kin-
derkrankheiten gehabt hat. Er war schon Eigentümer der
Salinen, als er zu einem Mittagessen bei uns vorbeikam und
seine Mutter mahnend gesagt hat: Hannes, du musst dir
schon die Hände waschen, bevor du dich an den Tisch setzt.
Er hat das sofort gemacht. Wir haben eine starke intellektuelle Beziehung zueinander entwickelt, er interessiert sich sehr
für religiöse Kultur, ich bekam von ihm die Thesen von Adam
Smith und Joseph Schumpeter vermittelt ... Über bestimmte
päpstliche Sozialenzykliken können wir dann gleichberech-
tigt diskutieren ... Ich nenne ihn immer den ›spirituellsten
Atheisten, den ich kenne‹ ... Er interessiert sich ungeheuerlich
für kirchliche Lehren, einmal hat er mich für die Klärung*

einer theologischen Frage nächtens aus New York angerufen. Er hat mir und der Kirche schon in Aussee sehr praktisch geholfen, finanziell, als Privatperson wie im Namen der Salinen ... Dass er kurz zuvor zum Vorsitzenden des Unirates von Leoben gewählt wurde, hat mir dann den Wechsel dorthin sehr erleichtert. Er hat auch hier keinerlei Berührungsängste, setzt sich bei einem Studentenfest eben an unseren Tisch wie früher an den Stammtisch von Aussee. Kürzlich ist dem Bundespräsidenten bei einem Besuch in Leoben erzählt worden, ich sei ein guter Freund von Dr. Androsch, und der Dr. Fischer hat geantwortet: Ich bin mir nicht sicher, ob der Magister Plöbst den Dr. Androsch mehr braucht oder umgekehrt.«
Markus Plöbst, Jahrgang 1963, seit 1998 Pfarrer von Bad Aussee, Altaussee und Grundlsee, seit 2007 Stadtpfarrer von Leoben

Opium des Volkes oder Opium für das Volk?

Marx wird ja immer wieder falsch zitiert: Religion ist nicht Opium für das Volk, sondern Opium des Volkes, ein entscheidender Unterschied. Natürlich schieben viele Interessen- oder Machtkämpfe spirituelle Motive vor. Aber andererseits wäre die europäische Kultur in der Architektur, Malerei, Literatur und Musik ohne christliche Motive ebenso wenig vorstellbar wie etwa die chinesische ohne Konfuzius oder Laotse. Vielen Menschen ist Religion ein wichtiges Anliegen, sie gibt ihnen Hoffnung, Haltung oder Trost. Ich versuche als historisch interessierter Mensch, solche Zusammenhänge zu verfolgen und zu verstehen, muss sie deswegen aber nicht teilen. Ich respektiere, wenn Menschen dadurch Halt suchen.

Was gibt Ihnen persönlich dann Halt?

Eben meine klaren Wertvorstellungen, die ich vorher genannt habe. Dazu habe ich ein starkes Nervenkostüm, das manche Tiefschläge aufgefangen hat und dazu geführt hat, dass ich manchmal verhärtet oder ohne Empathie erscheinen mag. Halt geben mir aber vor allem auch Menschen, die zu mir gehalten haben und halten. Für diese Menschen fühle ich mich zuständig, für sie übernehme ich auch soziale Verantwortung. So haben meine beiden Töchter bereits das neue Hotel in Altaussee übernommen, so wird mein Sohn das in absehbarer Zeit bei jenem in Maria Wörth tun.

Diese Autobiografie trägt den Titel »Niemals aufgeben«. Gab es nicht Momente, in denen Sie an diesem Prinzip gezweifelt haben, wo Sie richtig down waren?

Natürlich gab es die, ich fühlte mich einige Male ohnmächtig angesichts unfassbarer Vorgänge um mich und gequält, natürlich nicht im physiologischen Sinn. Aber ich bin nicht ins Wanken gekommen.

Fürchten Sie dann nicht umso mehr Zustände, wo Sie tatsächlich fast oder ganz ohnmächtig sind, etwa schwere Krankheiten oder den Tod?

Nein. Aber vielleicht rede ich mir das nur ein, und es kommt dann doch anders. Bisher habe ich das noch nicht getan. Wenn es so weit kommt, soll man bereit sein und sich bis dahin nach dem Motto richten: »Alt werden und gesund sterben.«

Und was soll von Hannes Androsch überbleiben in den Ge-
schichtsbüchern des Jahres 2050?

Die Notiz, dass ich während meiner Lebensstrecke Österreich als
Wegweiser ein wenig nützlich sein konnte. Aber natürlich ist es
noch wichtiger, dass meine Nachfahren eine gute Erinnerung an
mich haben. Nur wer vergessen ist, ist gestorben. Speziell für die
nachkommenden Generationen habe ich in einem letzten Kapitel
dieses Buches noch einige Überlegungen zusammengefasst.

Epilog
Was mir wichtig ist:
Zehn Empfehlungen für Jüngere

Das sollte keine gewöhnliche Biografie werden, in der die Stationen meines Lebens nur aneinandergereiht werden, aufgezeichnet von Peter Pelinka, unterstützt von Mitarbeitern und Freunden – an der Spitze Beppo Mauhart und Renate Osterode, dazu Ingrid Sauer und Michaela Häusler –, autorisiert von mir. Das soll – auch – eine Art Vermächtnis sein für meine Kinder, meine Töchter und meinen Sohn, meine Enkel. Mehr noch: Basierend auf meinen Werten und Erfahrungen möchte ich allen Jüngeren einige Empfehlungen geben.

1. Seid bildungshungrig, stets offen gegenüber
neuen Erkenntnissen!

Macht, was euch Freude und Erfüllung bringt, aber macht es ganz, mit Begeisterung und vollem Einsatz, auch mit der Bereitschaft, umzudenken und umzulernen. *»Die einzige Möglichkeit, Zufriedenheit zu erlangen, besteht darin, das zu tun, was man selbst für großartige Arbeit hält. Und der einzige Weg, großartige Arbeit zu leisten, besteht darin, zu lieben, was man tut ...«* (Steve Jobs) Bildung ist der Schlüssel zum Erfolg, nicht nur individuell, auch gesellschaftlich: *»Es gibt keinen gebildeten Staat, der arm ist, und es gibt keinen ungebildeten Staat, der irgendetwas anderes als arm ist.«* (John Kenneth Galbraith) Mehr, neue, bessere Bildung ist der Schlüssel zur positiven Veränderung der Welt: *»Wer*

will, dass die Welt so bleibt, wie sie ist, will, dass sie nicht bleibt.«
(Erich Fried)

2. Seid also in einem bestimmten Sinne verrückt, neugierig, erfindungsreich!

Nur innovative, »verrückte« Leute bewegen und verändern die Welt, die sich immer schneller dreht. Nicht so sehr formale Prüfungsergebnisse zählen heute und künftig, sondern die Fähigkeit, sich dem schnellen sozialen und technologischen Wandel anzupassen, im Idealfall an neuen Wegen fur sich und andere mitzubauen. *»Bleiben Sie hungrig, bleiben Sie verrückt!«* (Steve Jobs in seiner bewegenden Rede an der Stanford University)

3. Seid leistungsbereit, nutzt eure Chance!

Das setzt auch den individuellen Willen voraus, sich zu mühen: Wer nicht bereit oder fähig ist, schnell und lebenslang zu lernen, der wird unwiderruflich zurückbleiben. Auch wenn das keineswegs immer persönliche Schuld ist, sondern die (bildungs-)politische Schuld einer konservativen Gesellschaft: Wer beispielsweise nicht einschulungsfähig ist nach sechs Lebensjahren – etwa durch unzureichende Sprachkenntnisse –, wird darunter lebenslang leiden. Ebenso nötig wie individueller Einsatz sind aber politische Rahmenbedingungen: Die bildungspolitischen Versäumnisse sind gerade in unseren Breitengraden ebenso ein Skandal wie die Tatsache, dass allein in den 28 EU-Mitgliedsländern beinahe jeder vierte junge Erwachsene arbeitslos ist, nämlich mehr als fünf Millionen unter 25 Jahren. Wenn ihr aber vom Leben, vom Land oder eurer Familie eine Chance bekommt, so nutzt sie. Es ist wie bei einem Fußballspiel: Man muss gerne Fußball spielen, man muss trainiert haben, und man muss Tore erzielen können und wollen. Es gehört auch etwas Glück dazu – auch einen Elfmeter kann man vergeben.

4. Seid selbstbewusst, aber auch solidarisch um eure Freiheit besorgt!

Freiheit muss erkämpft werden, nicht nur im »großen« Kampf gegen autoritäre Strukturen und Systeme, sondern auch im »kleinen«, alltäglichen Leben: Freiheit bedeutet auch Verantwortlichkeit, für sich wie für andere. *»Nur der verdient die Freiheit wie das Leben, der täglich sie erobern muss.«* (Goethe) Eigenverantwortung, Eigeninitiative und Eigenvorsorge sind die Voraussetzungen für Freiheit und Solidarität. *»Freiheit bedeutet Verantwortlichkeit; das ist der Grund, weshalb die meisten Menschen sich vor ihr fürchten.«* (George Bernard Shaw) Ohne Leistungsgerechtigkeit gibt es keine Verteilungsgerechtigkeit. Und ohne Chancengleichheit – und damit Durchlässigkeit im Bildungsbereich – keines von beiden. Die größten Ungleichheiten entstehen durch unterschiedliche Zugangsmöglichkeiten zur Bildung. Stabile Gesellschaften brauchen aber ein Mindestmaß an fairer Ausgewogenheit, an Solidarität und Teilhabe, materiell wie immateriell. Verteilt kann aber nur werden, was vorher erwirtschaftet wurde: Nur wer sät, kann auch ernten.

5. Seid international, denkt über die Tellerränder Österreichs hinaus, auch über die Europas!

Nutzt die Chancen, welche die unumkehrbare Globalisierung mit sich bringt, fürchtet euch nicht davor. Natürlich ist es bisweilen schwer, sich zurechtzufinden in der neuen Unübersichtlichkeit und Komplexität der modernen Welt, angesichts des enormen Tempos der digitalen Revolution und der riesigen Herausforderungen der weltweiten Konkurrenzen. Aber: Nur wer sich diesen Globalitäten mit all ihren – auch – individuellen Chancen stellt, wird bestehen können. Und wird vielleicht dazu beitragen können, dass die Fortschritte der modernen Welt wirklich international werden. Dass es – um mit Eric Hobsbawm zu sprechen – einem Durchschnittsbürger heute besser geht als einem Monarchen vor 200 Jahren, dass es uns mit unseren Kindern und Enkelkindern unendlich besser geht als unseren Eltern, Groß- und Urgroßeltern, gilt nur für unsere Breitengrade, nicht für große, eigentlich größere Teile der Welt, die in entsetzlicher Weise um Lichtjahre von unserer Entwicklungsstufe entfernt sind.

6. Seid euch des Privilegs bewusst, in Österreich leben zu können!

Trotz der vielen Opfer zweier Weltkriege, trotz eines schmerzhaften Bürgerkriegs in der Zwischenkriegszeit, trotz der Ausrottung wichtiger Bevölkerungsgruppen – vor allem der jüdischen – durch den Nationalsozialismus, trotz der Belastungen durch eine zehnjährige Besatzung danach steht Österreich heute als ein Land da, das in vielen internationalen Wirtschaftsvergleichen hervorragende Positionen einnimmt. Wir alle leben im elftreichsten Land der Welt, im drittreichsten Europas, trotz aller bestehenden Verteilungsunterschiede auch in einem der sozial am ehesten ausgeglichenen. Und Wien wird regelmäßig unter die drei Städte mit der weltbesten Lebensqualität gereiht, was aber immer von Neuem erkämpft werden muss.

7. Seid euch aber auch dessen bewusst, dass Österreich grundlegende Reformen benötigt!

Österreich gerät in den letzten Jahren zunehmend in Gefahr, diese Spitzenposition zu verlieren. So hat der Wohlfahrtsstaat, eine der größten Errungenschaften des 20. Jahrhunderts, an Treffsicherheit eingebüßt: Der Anteil aller Sozialausgaben an der jährlichen Wirtschaftsleistung ist seit Einführung des ASVG (Allgemeines Sozialversicherungsgesetz) im Jahr 1956 von 16 Prozent auf 21 Prozent (1970), 26 Prozent (1990) und 31 Prozent (2014) gestiegen, gleichzeitig ist aber der Anteil der – relativ – Armen nicht gesunken. Auch andere Förderbereiche zeigen (zu) wenig Wirkung. Wir haben etwa eine der niedrigsten Geburtenraten, dafür aber eines der höchstdotierten Familienförderungssysteme der Welt: weil zu viel Geld direkt ausgezahlt wird, aber zu wenig Sachleistungen (Kinderbetreuungsplätze) den Familien zugutekommen. Vor 30 Jahren gab es 50.000 Frühpensionisten, jetzt sind es 650.000. Besonders spürbar sind unsere Defizite im Bildungssektor – allein die Aufregungen rund um die schulischen PISA-Tests sind wohl noch in bester (?) Erinnerung. Unser Land ist zwischen 2009 und 2014 im EU-Innovationsranking vom 6. auf den 10. Platz abgerutscht. Das ist ein wesentlicher Grund dafür, dass wir auch in der Wettbewerbsfähigkeit stark eingebüßt haben und international von Platz 14 auf Platz 21 (Global Competitiveness Report) zurückgefallen sind.

8. Seid euch der tickenden »Generationenbombe« bewusst!

Besonders beunruhigend sind die Perspektiven des Pensionssystems: Die durchschnittliche Lebenserwartung ist seit 1956 erfreulicherweise um 20 Jahre gestiegen (2013 auf 81,1 Jahre; Männer: 78,5, Frauen: 83,6), das effektive Pensionsalter ist aber in den letzten 30 Jahren von 61 auf 58 Jahre zurückgegangen. Die Zahl der Kinder und Jugendlichen (unter 15 Jahren) ist in vielen Regionen gesunken, die Bevölkerung im nicht mehr erwerbsfähigen Alter (65 Jahre und älter) stark gestiegen. Die erwerbsfähige Bevölkerung (15 bis 64 Jahre) ist in den letzten Jahren fast nur mehr durch – politisch oft bekämpfte – Zuwanderung gewachsen. Das kann sich für ein Pensionssystem auf bisherigem Niveau nicht ausgehen, schon gar nicht angesichts der demografischen Prognosen: Sind derzeit 18 Prozent der Bevölkerung 65 Jahre oder älter, werden es bis 2020 rund 20 sein, ab 2030 mehr als 25, 2060 fast 30 Prozent. Der Anteil der 20- bis 64-Jährigen wird von 62 Prozent (2012) bis 2030 auf 57 Prozent zurückgehen, 2060 nur mehr bei 53 Prozent liegen.

9. Seid politisch, nicht unbedingt parteipolitisch, aber engagiert euch!

Ich nehme für mich in Anspruch, mich mein ganzes Leben lang als Citoyen betätigt zu haben, als Bürger, der sich den historischen Werten der Französischen Revolution von Freiheit, Gleichheit und Brüderlichkeit verpflichtet fühlt, am Gemeinwesen teilnimmt und dieses mitgestaltet. Das war für mich niemals Sache eines Amtes oder einer Partei. Aber die Welt der Politik war und ist stets meine Sache, faszinierend wie die Welt der Wirtschaft oder der Wissenschaft. Wobei zu den wichtigsten Ratschlägen, die ich je erhalten habe, jener meines väterlichen Freundes, des Bundespräsidenten Adolf Schärf, gehört. Als ich in der Frühphase meiner Karriere vor der Entscheidung stand, ob ich einen weiteren Schritt in die Politik wagen sollte, meinte er: » *Wenn du in der Politik deinen Beruf oder deine Berufslaufbahn aufgeben musst, musst du Nein sagen. Wenn man dir aber einräumt, diese weiterverfolgen zu können, dann sage Ja, weil das dann die Krönung ist: für die Politik: ja, von der Politik: nein!* «

10. Seid niemals resignativ, lasst euch nicht unterkriegen!

Mein Leben war alles andere als stromlinienförmig, war eine Aneinanderreihung von Erfolgen und Enttäuschungen. Einem schnellen Aufstieg in der Politik folgte eine schmerzhafte, auch persönliche Auseinandersetzung, dann ein Wechsel in die Bankenwelt, schließlich ein harter Fall. Dann aber ein erfolgreicher Neustart als Industrieller, der aber seine politischen Wurzeln niemals vergisst. Und nicht (s)eine Lebensweisheit: Es gibt Niederlagen, aus denen man lernt, die stärker machen. So betrachtet ist jeder Fehler ein Gewinn, wenn man die richtigen Schlüsse daraus zieht. Nur wer nichts tut, macht keine Fehler, aber das ist der größte von allen. Es scheitern nur jene, die liegen bleiben. Es gewinnen jene, die niemals aufgeben.

Abbildungsnachweis

Alle Bilder aus dem Privatarchiv von Hannes Androsch, ausgenommen:

AIC/Roman Zach-Kiesling/OTS: S. 39 o. / AIC (Maler: Martin Schnur / Foto: Martina Draper): S. 47 / APA/News/Ricardo Herrgott: S. 39 u., 48 / APA/News/ Lukas Ilgner: S. 44 o. / APA/News/Markus Morianz: S. 43 / APA/ÖNB Bildarchiv: S. 23 / APA/ÖNB Bildarchiv/Photo Simonis: S. 12 f. / APA/Walter Pernkopf: S. 42 / AT&S: S. 40 f. / Bildarchiv Hall: S. 28, 32 / BMWFW/photonews.at/ Georges Schneider: S. 38 / Fritz Danzmayr: S. 33 / imagno/Nora Schuster: S. 16, 18, 19 o., 24, 26 f., 34 / Kleine Zeitung/Jürgen Fuchs: S. 45 / Johann Klinger: S. 11, 14 f., 17, 25, 30 / Kronen Zeitung/Gino Molin: S. 19 u. / Kronen Zeitung/ Uta Wiedergut: S. 46 / August Makart: S. 8 / Fritz Miho Salus: S. 20–22 / ÖNB Bildarchiv/Kern + FO 400534, 21: S. 29 / ÖStA/AVA/AVS: S. 31 / SPÖ Floridsdorf: S. 35 / Johannes Zinner: S. 44 u.

Wir danken allen Inhabern von Bildnutzungsrechten für die freundliche Genehmigung der Veröffentlichung. Sollte trotz intensiver Recherche ein Rechteinhaber nicht berücksichtigt worden sein, so werden berechtigte Ansprüche im Rahmen der üblichen Vereinbarungen abgegolten.